领导科学与方法

萧鸣政 等编著

中国社会科学出版社

图书在版编目（CIP）数据

领导科学与方法 / 萧鸣政等编著. —北京：中国社会科学出版社，
2019.6（2025.1重印）

ISBN 978-7-5203-4826-3

Ⅰ.①领… Ⅱ.①萧… Ⅲ.①领导学－教材 Ⅳ.①C933

中国版本图书馆 CIP 数据核字（2019）第 171441 号

出 版 人	赵剑英
责任编辑	许　琳
责任校对	鲁　明
责任印制	郝美娜

出　　　版	中国社会科学出版社
社　　　址	北京市鼓楼西大街甲 158 号
邮　　　编	100720
网　　　址	http://www.csspw.cn
发 行 部	010-84083685
门 市 部	010-84029450
经　　　销	新华书店及其他书店

印刷装订	北京君升印刷有限公司
版　　　次	2019 年 9 月第 1 版
印　　　次	2025 年 1 月第 3 次印刷

开　　　本	710×1000　1/16
印　　　张	18
字　　　数	286 千字
定　　　价	98.00 元

凡购买中国社会科学出版社图书，如有质量问题请与本社营销中心联系调换
电话：010-84083683

前　　言

要想火车跑得快，全凭车头带。领导者肩负着引领社会转型发展与政治经济建设的重任，既是改革的引领者与实践者，又是制度环境最重要的塑造者。组织的发展程度与领导者的领导能力及其工作成效密切相关。一个好的领导能够引领组织成员更有效地实现组织目标，能够充分调动组织成员的积极性，实现组织与人的共同发展。然而，好的领导需要科学理论的指导。领导科学就是研究领导工作的特点和规律的学问，是研究领导者以及领导力的特点和规律的学问。当今社会，随着现代科学技术的日新月异，发展的全球化与多元化日益深入，人类社会已经进入一个充满机遇与挑战的快节奏的信息时代，知识经济社会正在向我们走来。传统社会的领导管理方式也日益受到挑战，亟待现代领导科学理论的更新与指导。现代社会，领导者必须把握多变的社会现象，整合社会资源，进行合理决策，突出现代领导工作的科学性与领导力，而不仅仅是传统的政治性与经验性。在众多机遇和挑战中，领导者和领导工作的科学性对于组织的发展起到至关重要的作用。任何国家或组织都一直是把选拔、任用领导者作为重要的事情开展，把领导工作的科学化、价值化、艺术化作为领导干部学习与领导力提升与发展的方向。

《领导科学与方法》主要是参考了领导科学领域里众多专家学者的理论观点与新成果，结合领导者的工作内容和方法，从基础理论与操作方法两方面进行论述。全书共十章，前两章属于领导科学的基础理论，后八章主要是具体的领导工作内容与方法。

具体来说，第一章主要是领导概述，包括领导的概念、特征、体制、机制，领导的职能、内容以及领导的地位和作用。

第二章主要介绍特质理论、行为理论与权变理论等三种领导理论及其主要内容，介绍新时代下领导理论的新发展。同时，也包括在知识经济时代、组织文化多元化、信息技术快速更新的新形势下，领导工作的各种变革与发展趋势。

第三章主要对领导者的素质与思维、领导力方面进行具体地阐述，包括领导者的个人素质、领导思维方式以及领导力。

第四章主要介绍领导战略的概念、作用、构成及类型，以及战略规划的影响因素，战略规划的实施等内容。

第五章主要就领导决策问题进行了阐述。包括领导决策的概念、要素、层次特点、类型、作用意义，领导决策的原则程序以及有效决策的方法。

第六章主要阐述领导者用人与团队建设，包括领导者选人用人的概述、制度规范，也包括领导团队的概念界定和团队领导的一些具体方法与操作技能。

第七章主要就领导激励问题进行阐述，包括领导激励的概念、作用、原则和基本理论，此外也阐述了领导激励的内容及其关键点，领导激励的方法与技巧。

第八章主要阐述领导工作的方式方法，包括领导方式方法的概念、特征类型，代表性的领导方式和典型的领导方法。特别介绍了领导的沟通技能问题，简述了领导者的沟通技巧和策略。

第九章主要阐述危机管理中的领导，包括危机管理概念、特点、职能以及基本程序。对危机管理中的利益相关者、信息管理、沟通管理等几个关键点进行了阐述。

第十章主要阐述领导的效能与评估，包括领导效能的概念、内容、影响因素及其重要性，以及领导效能的五种不同取向。此外对领导效能的评估及其提升等问题进行阐述。

本书的特色有四：

第一，体系设计上的理论性与实践性相结合。本书主要分为两个部分：基础理论和操作方法。本书首先介绍了领导科学的一般界定、理论发展与变革探索，其次具体阐述了领导工作的内容和方法。在内容和方法中同样融合了理论指导与方法技巧，突出领导科学的理论指导作用和实践操作指南，并配有案例分析，具有科学性与实操性。

第二，知识选择上的全面性与最新性相结合。本书构建充分参考了领导科学领域众多知名学者的研究成果，特别是列出单章全面阐述危机管理中的领导工作，注重知识的全面性和整体性，同时，在各种原有教材的基础上突出了现代社会理论知识的新发展、领导力的新研究、领导工作的新趋势，以及在具体工作内容上的新变化。

第三，应用上的通识性与实用性相结合。由于本书将阅读对象定位于广大领导工作者与教学人员，作为其学习、培训的通识读本，因此，本书注重内容的通用性与实用性，在内容编写上坚持简约、普通与通俗的原则，在技巧方法上力求全面、易懂、实用。

第四，编写上的案例性与文献性相结合。每章在理论阐述与技巧方法介绍之后添加案例分析，通过对个案的分析有助于加深知识、方法的理解与应用。此外，本书在每章开头以学习目标与重点建议导读，结尾增加了小结部分，为读者的学习与掌握提供了指导与参考。

本书编写的基本思想是，立足于现代社会领导工作的现实需要，汲取领导科学领域优秀教材和相关专著的精华，梳理领导科学工作中的具体方法，面向新形势下领导科学发展的新研究与新趋向，按照基本理论、基本方法、教学应用的三结合方式，充分突出领导科学理论与方法的全面性、科学性、最新性、操作性的特点，最大限度满足广大领导科学研究、领导实践工作者阅读与相关学科教学的实际需求。因此，本书适于用于公共管理、工商管理与经济管理中领导科学的课程教学，适用于领导干部的领导力的培训与学习，也适用于其他领域从事领导工作与研究的相关人员的参考。

参加本书编著工作的专家学者，按照章节顺序，分别包括萧鸣政、曹凤珍、洪巧英、顾志昊、王江洲、王艳新、吴新辉、温俊君、王艳涛等。其中萧鸣政教授负责第一章内容、负责整个书稿内容的策划、设计、写作指导、审稿与修改工作，洪巧英博士负责第三章，并且协助主编萧鸣政教授完成了统稿与协调工作，包括部分章节的初步修改；曹凤珍博士负责第二章，顾志昊主要负责第四章，王江洲主要负责第五章，温君君与王艳新主要分别负责第八章与第六章，吴新辉博士负责第七章与第十章，王艳涛博士负责第九章。韩翘楚参与了第一章初稿的写作工作。由于时间紧，水平有限，不当之处，敬请各位批评指正！

萧鸣政

2019 年 3 月于北京大学政府管理学院

目　　录

CHAPTER

第一章
领导概述

本章学习目标与重点建议

1. 理解领导的概念与特征

2. 了解领导体制与领导机制的内容与分类

3. 掌握领导的职能与内容以及领导地位与作用

第一节　领导的概念与特征

一　领导的概念

在生活中，领导现象无处不在，领导活动无时不有，关于领导的定义也众说纷纭，但这并不意味着领导无法把握和界定，相反，其为我们理解领导这一概念提供了多重视角。作为领导科学中最基本的概念，厘清领导的含义和本质，对于研究领导科学和提升领导能力均具有重要意义。

中文语境下的"领导"一词既可以作为名词，也可以作为动词。一方面，可以理解为施加影响力和领导力的个人，即领导者；另一方面，也可以理解为施加影响力和领导力的过程，即领导活动。那么，究竟什么是领导？如何从专业视角界定领导？不同学者从自身研究所长出发，提出了不同的看法。

著名学者巴斯根据领导学界元勋斯托格蒂尔的研究而编撰的《斯托格蒂尔手册》，归纳出了领导的11种不同定义：（1）领导是群体过程的中心。（2）领导意味着人格及其影响。（3）领导是劝导服从的艺术。（4）领导是影响力的运用。（5）领导就是一种行动或行为。（6）领导就是一种说服的形式。（7）领导意味着权力关系。（8）领导就是一种互动中逐渐性成果的效果。（9）领导是一种分化出来的角色。（10）领导意味着结构的创始。（11）领导就是一种实现目标的手段。

加里·尤克尔也对具有代表性的领导的定义进行了梳理，见下表：

领导是指"一种引导团体行动实现共同目标的个体行为。"	Hemphill & Coons，1957
领导是指"对机械服从组织日常指令额外施加的影响。"	D.Katz & Kahn，1978

续表

领导是"人们通过运用制度、政治、心理以及其他方法来激发、鼓舞和满足追随者动机实现的。"	Burns, 1978
领导是"在一个或多个个体成功地框定和界定其他人情境的过程中实现的。"	Smircich & Morgan, 1982
领导是"影响组织团体活动达成目标的过程。"	Rauch & Behling, 1984
领导是指"在可完成的事项范围内阐明愿景、赋予价值和创造情景。"	Richard & Engle, 1986
领导是"为集体行动指明目的（提供有意义的指导），并激发自愿积极实现目的的过程。"	Jacobs & Jaques, 1990
领导是"一种能力，即跳出企业文化着手进行更具适应性的渐进式变革过程的能力。"	E.H.Sehein, 1992
领导是指"为人们在一起共同工作赋予意义，从而使人们能够理解并承担这些工作的过程。"	Drath & Plaus, 1994
领导是"一种影响、激励以及使他人为实现组织效能和成就而作出贡献的个人能力。"	House et al., 1999

资料来源：［美］加里·尤克尔：《组织领导学》（第七版），中国人民大学出版社 2015 年版，第 3 页。

整理不同学者对于领导概念的解读，我们可以了解到，由于不同学者研究角度和关注焦点的不同，其所得出的领导的概念也各不相同。但总体而言，本书认为领导一词至少包括以下几个方面：

（1）领导的主体既包括领导者也包括被领导者，二者互动共生，缺一不可。其中，领导者处于主导和支配的地位，被领导者处于追随和服从的地位。

（2）领导活动发生在一定的由组织和团体构成的情境之中，离开了组织和团体，就无所谓领导，与此同时，领导活动也受到该情境的影响。

（3）领导活动的目的是为了实现一个特定的目标。该目标决定了领导活动的方向和归宿。

（4）领导者的职责，就是凭借自身的角色、权力和个人特质等施加影响，从而引导和控制被领导者与组织实现特定的目标[①]。

据此，我们将领导定义为：领导是指在特定的群体情境之中，通过对个人或组织有效地施加影响，从而引导和控制组织实现特定目标的行为过程。

----

① 萧鸣政：《新时代领导干部政治素质及其考评初探》，《北京大学学报》（哲学社会科学版）2018年第3期。

二 领导与管理

领导与管理是两个联系紧密却又相互区别的概念。一方面，二者在基本功能和最终目标上存在着大量交叉和重叠；另一方面，二者在本质上仍存在诸多显著的差异。为更好理解领导的内涵，本章将重点对领导和管理两个概念进行辨识。

首先，就二者的联系而言，领导与管理相互作用，互相补充。缺乏管理的领导是杂乱无章的领导，而缺乏领导的管理则是乏味的、没有想象力的管理。[①] 一方面，从历史沿革来看，领导是从管理中分化出来的社会活动。伴随着社会生产的日益扩大，管理事务逐步增加，仅依靠科学管理难以高效地实现组织目标，于是经营权和管理权开始一分为二，领导活动逐步从管理活动中分化出来；另一方面，二者在工作内容上存在着复合性和相容性，无论是领导目标还是管理目标的实现，均需要涉及沟通协调、选人用人等工作内容；与此同时，管理者与领导者的身份也具有一定的重合性，上级组织中的管理者可能也是下级组织中的领导者。

其次，就领导与管理的区别而言，其一直是领导学所讨论的热点话题，以哈佛商学院教授约翰·科特为代表的学者们对其进行了深入讨论。

约翰·科特认为领导是率领人们并引导他们朝一定方向前进，而管理则是负责某项工作使其顺利进行。领导侧重于企业的发展，而管理则侧重于具体工作的组织实施。管理者的工作是计划与预算、组织及配置人员、控制并解决问题，其目的是建立秩序；而领导者的工作是确定方向、整合资源、激励和鼓舞员工，其目的是产生变革。领导是面向未来的，而管理是面向现在的。如下图所示。

管理行为	领导行为
计划与预算	确定方向、规划愿景与确定战略
组织与人员配置 确定组织结构、设立职位 安排人员、沟通、授权 设立监测系统以求实现计划	与相关人员结盟 与众多个体进行沟通 使其理解认同愿景规划与战略

① Mintzberg, H. 2009. The best leadership is management. Business Week. August 6.

续表

管理行为	领导行为
控制与问题解决	鼓舞与激励
通过正式或非正式途径	满足人们的成就感、归属感
监测过程和结果，确立偏差	激发人的潜能
确保计划完成	确保人们沿着正确方向前进

资料来源：方振邦，鲍春雷：《管理学原理》，中国人民大学出版社 2014 年版，第 230 页。

亚伯拉罕·扎莱兹尼克则从领导者和管理者的差异出发，理解领导和管理的区别。其认为，管理者和领导者是有区别的两类人。管理者注重理性和控制，他们是问题的解决者，而领导者注重愿景，能够激励被领导者为之奋斗。[①]与此同时，凯文·克鲁斯也提出了管理者和领导者的主要区别，他认为领导者应该具备一种长期注重未来的倾向，以提供一种超越下属短视行为的意识；管理者则注重短期目标注重自己的部门和集体日常问题的解决。[②]具体内容参照下表：

管理者	领导者
关注现在	关注未来
保持现状与稳定	引导变革
实施政策与程序	制定目标和战略
保持现有的结构	创造基于共享价值观的文化
对下属冷漠，客观公正	建立与下属的情感纽带
运用职权	运用个人权力

资料来源：纳哈雯蒂：《领导学：领导的艺术与科学》第 7 版，中国人民大学出版社 2016 年版，第 11 页。

在梳理上述学者观点的基础上，本章归纳出领导与管理的四个主要区别：

（1）权威凭借不同。管理活动主要依靠职位所授予的法定权威，而领导活动除凭借职位所授予的权威外，还需具备个人权威。由于领导者的本质是影响力的扩展，主要依靠对下属施加影响而开展活动，因此其必须具备建立在个人魅力基础之上的权威，才能有效引导下属自愿追随和服从。

---

① 方振邦，鲍春雷等：《管理学原理》，中国人民大学出版社 2014 年版，第 228~229 页。
② 纳哈雯蒂：《领导学：领导的艺术与科学》，中国人民大学出版社2016年版第7版，第10~11页。

（2）功能倾向不同。领导活动主要注重组织目标的确定和发展战略的选择，致力于整个组织方向的把握，具有根本性、宏观性和长远性的特点；而管理活动则更注重战略规划的实施和具体执行，具有操作性、微观性和暂时性的特点。相对而言，管理活动往往需要借助一定的专业知识和科学技术，专业性、科学性与规范性更强；而领导活动则需要凭借鲜明的领导特质和领导艺术，是科学与艺术的完美结合。

（3）工作方法不同。领导活动主要依靠建立愿景、塑造组织文化、有效激励、充分授权等手段引导和动员组织成员为实现组织的共同目标而努力奋斗；而管理活动则更侧重于微观层面的奖励、惩戒、监督、检查等具体控制手段来管束下属。相对而言，领导活动更具柔性，而管理活动则更具刚性。

（4）职能效果不同。管理活动所达到的主要效果是维持组织运行秩序、保持组织现状稳定；而领导活动所能达到的主要效果则是识别组织面临的机遇和威胁，引导组织的发展和变革。良好的管理通过制定计划、配置人员、实施控制、解决问题等一系列的管理手段，可以有效保证组织运行的有序性；而领导则通过设定目标、战略决策、鼓舞激励等领导行为，帮助组织寻找发展方向，增强组织凝聚力，推动组织变革。

三　领导的特征

从领导的内涵和本质出发，其是在特定的群体情境之中，通过对个人或组织有效地施加影响，从而引导和控制组织实现特定目标的行为过程，因此其必然是一种存在于某一具体的社会系统之中的特殊的社会活动。而在这一社会活动进程中，主要存在着凭借权威处于支配、决定和主导地位的领导因素和处于被支配、被决定和被动地位的被领导因素，二者之间的地位差异和矛盾运动使得领导活动成为一个反复持续和不断变化的行为过程。而在这一动态变化的过程中，领导战略性、超前性以及综合性成为把握领导活动方向和控制领导效果的关键，是推动和促进组织的发展与变革的保证。因此，下面将从领导的社会性、系统性、权威性、动态性、战略性和综合性出发，介绍领导的主要特征。

（一）领导的社会性

领导是一种有目的、有意识地改造自然和改造社会的自觉活动，是调整人与自然、人与人之间关系的社会行为。一方面，领导在某一具体的社会系统中居于主导和支配地位，对社会组织和群体的行为都发挥着重要作用；另一方面，领导也是从社会系统中孕育而生，其同时也受到社会系统中其他要素的影响和制约。因此，领导是一种复杂的社会行为和社会范畴，具有典型的社会性。

（二）领导的系统性

领导活动是一个有机系统，其中，领导者、被领导者、领导环境是构成该系统的基本要素，这些要素彼此之间相互联系、相互影响、相互作用、密不可分。在这一系统中，领导者是领导活动的主体，在领导活动中处于主导和中心地位，统揽全局，协调各方；被领导者是领导活动的客体，在领导活动中处于从属和被支配的地位，其自身素质、工作态度等对于领导活动的开展发挥着不可替代的作用；领导环境是领导者实施领导时所面临的外部情境，既包括自然条件、时代特征等宏观环境，也包括人际关系、物质条件等微观环境，其对领导活动发挥着一定的影响和制约作用，领导者需正确认识环境、利用环境，抓住机遇，规避风险，实现自身预定的目标。

（三）领导的权威性

权威性是领导活动的又一重要特性。领导者的权威一方面来自于组织法定权，即由组织机构的正式授予、受到法律保护的法定职权，具有一定的强制性；另一方面来自于基于领导者个人特质、领导艺术、领导风格等形成的人格魅力，其能够有效引导被领导者的自觉追随与服从。领导者的法定职权与人格魅力缺一不可，法定职权为领导活动的开展提供了合法依据，而人格魅力为法定职权的有效运用和持续拥有提供了必要保证。

（四）领导的动态性

领导活动的过程性和领导现象的复杂性，决定了领导活动并非是简单的自上而下发号施令，而是包含了一系列复杂有序的行为过程。从调查研究、搜集信息、确定目标到制定方案、实施方案等一系列领导行为，都是领导者带领组织不断发现新问题、确立新目标、寻找新方法、开创新局面的过程，在这些过程中，领导者、被领导者、领导环境、领导目标等均相互作用、相互影响，不断进行动态地调整和变化，以适应组织的发展要求。

（五）领导的战略性

战略性是为实现使命和达成特定目标所作出的具有一定长远性和全面性的计划和蓝图，是领导所必须具备的特征之一。在环境复杂、模糊、难以预测时，领导必须具有远见卓识，迅速评估组织的长处和短处，辨识环境的机遇和威胁，决定长期目标和优先领域，及时准确地做出战略决策和战略规划，帮助组织规避风险和威胁，带领组织步入发展的新时期和新阶段。

（六）领导的综合性

领导的综合性主要表现在三个方面：第一，领导职能具有综合性，领导的职能复杂且多样，包含了确定目标、科学决策、人员配置、组织变革、监督检查等各个环节；第二，领导的内容具有综合性，领导的内容全面而丰富，包含了引导、指挥、组织、沟通、控制等方方面面；第三，领导素质具有综合性，领导职能和领导内容的综合性必然要求领导素质也同样具有综合性，领导需具备政治素质、道德素质、职业素质、思想素质、法律素质、身体素质等多层次、全方位的综合素质。

第二节　领导的体制和机制

领导体制和领导机制是领导活动的制度框架，其决定了领导活动运行的基本规则。了解和认识领导体制和领导机制是研究和学习领导科学的前提和基础。

一　领导体制的概念及作用

（一）领导体制的概念

所谓领导体制就是指组织内部以领导权限划分为基础所形成的组织结构和制度体系，包括组织结构、人员配置、职责定位等一系列制度安排。理解和掌握其具体含义可以着眼于以下几个方面：

（1）领导体制是一种基于权限划分的制度安排。领导权限划分是领导体制的核心问题，合理划分领导权限是领导活动有效开展的重要前提。而衡量领导权限划分的合理与否，主要有以下三个标准：一是权责划分是否明确，清晰的权责边界有利于领导者知其职、明其责、尽其力，规范运用和行使自身权力；二是权责是否一致，权责匹配既可以避免有权无责带来的权力滥用和官僚主义，也可以避免有责无权导致的积极性、主动性低下；三是权责配置是否得当，权责配置不仅包括权力与责任的匹配，还包括权责与承担者的匹配，人事相宜的权责配置有利于人尽其才、才尽其用，最大限度释放人力资源。

（2）领导体制规定了领导系统内部的组织结构。所谓组织结构，即是领导系统内部各部门之间的相互关系和联系方式，其既包括纵向的领导隶属关系，也包括横向的协作关系。领导体制通过职责定位、机构设置、人员安排、权责体系、运行规则等一系列制度安排将领导系统内部的组织架构和事权分工制度固定下来，从而推动领导活动的有序运行。

（3）领导体制是一套完整的制度体系。领导体制在权限划分的基础上，不仅规定了领导系统内部的组织制度，还确定了人事制度、分工制度、管理规范等一系列制度安排，搭建起了领导活动的制度框架。

（二）领导体制的作用

（1）领导体制是领导者行使权力的合法性确认。不论是在对外交往活动中，代表组织与外界发生各种联系，还是在对内的管理活动中，开展一系列的领导活动，领导者都需要凭借足够的合法性支持，而领导者的合法性恰恰是来源于领导体制的赋予。领导体制通过明确权责、划分层级、制定规则等活动授予领导者组织法定权，保障领导者合法行使领导权力。

（2）领导体制是领导活动有序开展的重要条件。首先，领导体制将领导者、被领导者、领导环境等构成领导系统的要素组织起来，使各要素之间形成持续有效的互动关系，共同构成一个层级分明、分工协作的有机整体，推动领导活动的正常开展。其次，领导体制也为领导系统提供了明确的行为规范，有效制约和塑造着领导主体。第三，领导体制通过对权力、责任、资源等的分配，形成特定的领导结构，这一领导结构引导和规范着领导主体的领导方式、领导作风、领导素质，也影响和决定着领导主体的领导观念和领导行为。因此，科学的领导体制是领导活动有序开展的重要前提。

（3）领导体制是领导绩效的必要保证。对于领导系统而言，领导绩效是领导体制运行的集中展示，是领导体制科学与否的综合体现。科学的领导体制通过明确的领导权责划分、合理的组织机构设置、恰当的领导层级安排，可以有效地调动和引导领导者与被领导者的积极性、主动性、创造性的发挥，提高领导者个人的工作绩效，从而推动领导组织整体绩效的提升。

（4）领导体制对于组织发展具有根本性、全局性和长远性的影响。首先，领导体制关系到整个组织的前途和命运。科学的领导体制可以理顺和协调各方面关系，从而保障领导活动的有序开展、领导效能的稳步提升；反之，不科学的领导体制则会抑制领导者和被领导者积极性、主动性的发挥，阻碍组织的有效运转，甚至引发组织的生存和发展危机。其次，领导体制所发挥的作用是全局性的。领导体制作为一套完整的制度体系，对于领导系统之中的各个要素均存在着影响和制约作用，牵一发而动全身。第三，领导体制对组织发展具有深远影响。领导体制通过一系列的制度安排将组织结构等各项设置固定下来，而一个组织的领导体制一旦建立起来，就处于相对稳定的状态，很难发生改变，因此，领导体制往往对于组织发展影响深远，要求领导者构建领导体制时，必须进行科学的配置和安排。

二 领导体制的内容及其基本演变

（一）领导体制的内容

（1）领导组织结构：领导组织结构是指领导组织内部各岗位、各机构之间的相互关系和联结方式。在领导组织结构之中，主要包括两种基本关系，一种是纵向的领导隶属关系，它决定了组织内部上下级之间的相互关系；另一种则是横向的领导协作关系，它决定了组织内各平行部门之间的相互关系。常见的领导组织结构主要包括：直线式领导结构、职能式领导结构、复合式领导结构、矩阵式领导结构、事业部式领导结构等。

（2）领导层次与领导幅度：领导层次是指组织系统内部纵向划分的领导层级数目，即该组织系统设置多少层级进行领导和管理；领导幅度则是指领导者能够直接有效地指挥下级的范围和数量。领导层次和领导幅度呈反比例关系，领导层次越多，领导幅度越窄；相反，领导层次越少，领导幅度则越宽。

（3）领导权限和责任划分：领导权限和领导责任的划分是领导体制的实质。所谓领导权限和责任的划分就是指明确规定不同领导机构、领导岗位、领导部门的职权和责任，通过一系列行政法规将领导权限和责任制度化、固定化。

（4）领导机构设置：领导体制规定了组织的分工协作制度，这必然要求组织的不同机构承担不同的职权及相应的责任。现代领导组织的机构设置主要包括以下五个部分：决策机构、咨询机构、执行机构、信息机构和监督机构。其中，决策机构是组织的大脑，它明确组织发展目标、确定组织的发展方向、制定组织发展战略，缺少了决策机构，领导系统就丧失了其核心和灵魂；咨询机构是决策机构的智库，它负责搜集信息、调查研究、科学预测、提出建议，为组织决策提供重要参考；执行机构是决策机构的具体执行部门，它负责及时有效地贯彻落实决策机构的各项决策；信息机构是为领导决策提供信息服务的专业部门，它主要负责有关信息的搜集、整理、筛选和传递工作，为决策机构提供信息支持；监督机构是领导决策机构的督查部门，它主要负责对决策的制定和执行进行监督和检查，保障决策制定和执行的准确无误。

（5）领导管理制度：领导的管理制度主要指领导工作与活动的一系列规则和程序。包括领导干部管理制度、领导决策制度、领导用人制度、领导办公会制度、政务公开制度、请示报告制度等。

（二）领导体制的历史沿革

（1）资本主义国家行政领导体制变迁

在资本主义国家，与其经济基础相适应，其主要实行议会民主制，采用三权分立的组织原则，即国家的立法权、司法权和行政权分别由议会、法院和政府（内阁或总统）掌握，三者彼此制约、相互制衡。在三权分立的制度之下，其行政领导体制主要有三种类型：内阁制、总统制和委员会制。内阁制是由内阁总揽行政权并对议会负责的一种政府制度；总统制是总统兼任国家元首和政府首脑的政治制度；而委员会制则是将国家最高行政权集中在由议会产生的委员会手中的一种政府组织形式。

（2）资本主义国家企业领导体制变迁

家长制的领导体制：所谓家长制，是指组织中的最高领导者凭借自身地位和权力从事领导和管理，将组织中大部分问题的裁决权集于自身的一种领导体制。家长制有其存在的历史条件。工业革命前，生产力水平低下，主要以小规模的生产作坊为主，工作流程简单，家长制的领导体制基本可以满足生产需要，因此，在当时，家长制是西方资本主义国家的主流领导体制。家长制的核心特点在于组织经营权与管理权的合二为一。企业的领导者既是企业的所有者，也是企业的经营管理者，企业的一切事务都由企业的领导者个人决定。该种领导体制在一定的历史阶段曾发挥过积极作用，推动了生产力的发展，但随着历史条件的变化，也逐步暴露出诸多弊端。

经理制的领导体制：经理制领导体制又称"硬专家"式领导体制。工业革命时期，大机器生产逐步取代传统的手工劳动，生产劳动的专业化迫切要求企业管理的专业化，以适应社会生产力的发展要求，在此基础上，经理制的领导体制应运而生。这一领导体制的实质是经营权与管理权的分离，由那些在相应技术领域有专长、熟悉业务流程的"硬专家"承担"职业经理人"的角色，负责企业的管理工作。从家长制领导体制到经理制领导体制，是企业领导和管理体制的巨大进步，极大地推动了资本主义企业的发展。

"软专家"式领导体制：所谓"软专家"，是指相对于硬专家而言，管理技能远远超过技术技能，具备专门化的管理知识和管理经验的管理人才。20世纪20年代以后，伴随着生产社会化程度日益提高、社会分工日益精细，管理工作也越来越复杂，迫切需要具备专门管理知识和管理经验的既懂业务又精通管理的"软专家"领导企业。软专家的兴起是现代化大生产的必然，标志着企业对管理者素质要求的进一步提高。

专家集团式的领导体制：二战后，随着现代生产和科学技术的高度分化和高度综合，"软专家"个人已难以胜任日益复杂和规模庞大的领导和管理工作，集体领导成为大势所趋，领导体制就逐步从"软专家式"过渡到了"专家集团式"的领导体制。专家集团式领导体制即是指专家集团参与企业的集体领导，通过群策群力弥补单个领导者素质和能力的不足。其主要存在两种表现形式：一是通过成立董事会、经理委员会等开展集体领导的形式；二是成立诸如"智囊团""思想库"等参谋机构的形式。专家集团式的领导体制充分发挥了集体领导的优势，促进了企业决策的科学化和民主化。

多级领导体制：在经理制的初期，其主要实行直线参谋制的领导结构，权力过分集中于经理手中，导致事无巨细，许多日常事务均需由经理处理和解决。随着企业经营规模的不断扩大，集权式的领导体制日益难以适应大生产的要求。于是，20 世纪二三十年代美国一些大企业开始探索施行"集中决策，分散管理"的事业部制，多级领导体制也逐步兴起。所谓多级领导体制，就是指将经营决策与日常管理相分离，使经理等一级领导摆脱日常管理事务的牵绊，专心研究制定企业的经营方针和政策的集中与分离相结合的领导体制。这一领导体制既增强了决策的科学性，又提高了领导和管理效率。

（3）中国党政领导体制变迁

第一阶段，1949 年—1955 年，这一时期是党和国家探索建立领导体制的阶段，逐步从分散的解放区政权过渡到全国统一的中央集权的领导体制。

第二阶段，1956 年—1966 年，这一阶段是领导体制的调整和巩固阶段。在这一阶段，党政机关试图调整央地关系，在巩固中央统一领导的前提下，适度扩大地方权力，给地方更多的独立性，但由于始终没有把握好央地关系的适度点，致使虽几经调整，却没有得到根本性的变化。

第三阶段，1966 年—1976 年，这一时期是领导体制混乱停滞阶段。"文革"十年使得党政领导机关陷入半瘫痪状态，革委会居于核心地位，实行一元化领导，党政机关处于混乱状态。

第四阶段，1978 年—至今，这一阶段是领导体制系统地改革和完善阶段。1980 年 8 月 18 日，邓小平在中央政治局扩大会议上关于《党和国家领导制度的改革》的讲话是改革党和国家领导制度的纲领性文件；在此之后，党的历届全国代表大会均对政治体制改革提出了新的要求，党的十三大对政治体制改革中的"实行党政分开"问题作了详尽的阐释；党的十四大明确建立社会主义市场经济体制的改革目标；党的十五大提出了"依法治国"方略；党的十六大明确提出了建设社会主义政治文明的任务；直至今日，党的十九大仍然不断强调深化机构和行政体制改革。这都表明，我国党政机关领导体制正日臻完善。

（4）中国企业领导体制变迁

新中国成立六十多年来，我国企业主要经历了以下几个阶段的历史变迁：

第一，一长制阶段。新中国成立初期，中国照搬苏联企业领导体制的经验，实行一长制。企业管理主要由厂长、车间主任和工段长全权决定，党委是厂长的附属机构，主要负责开展政治动员和思想教育。这一阶段工作效率高、规章制度严，但也滋生了独断专行的家长制作风。

第二，党委领导下的厂长分工负责制阶段。自1956年，毛泽东发表《论十大关系》，对一长制进行批判以后，企业就逐步开始实行党委领导下的厂长负责制。在党委领导下，党委负责一切重大决策，由厂长及其各级领导分工执行，大权独揽，小权分散。由此造成了以党代政，党政不分的党委书记的一长制。

第三，党委领导下的厂长负责制阶段。党的十一届三中全会后，我国企业开始实行党委领导下的厂长负责制。与以往党委领导下的厂长分工负责制相比，党委执掌决策权，厂长负责管理权。

第四，厂长（经理）负责制，1984年10月党的十二届三中全会通过了《中共中央关于经济体制改革的决定》，明确提出在企业中实行厂长（经理）负责制，厂长（经理）具有统一指挥生产经营活动的职权。企业中党组织的任务是积极支持厂长行使统一指挥生产经营活动的职权，保证和监督党和国家的各项方针政策的贯彻执行，并规定在实行厂长（经理）负责制的同时，必须健全职工代表大会制度和各项民主管理制度，充分发挥工会组织和职工代表在审议企业重大决策、监督行政领导和维护职工合法权益等方面的作用，体现工人阶级的主人翁地位。

第五，公司制阶段，1993年党的十四届三中全会以后，我国开始探索实行公司制。在实行公司制的企业中，采取董事会领导下的总经理负责制，取代了原来的厂长（经理）负责制。公司领导机构由董事会、股东会、监事会与经理共同组成。这种领导体制更有利于科学化决策和民主化管理，更能够适应市场经济的发展要求。[①]

---

① 刘银花：《领导科学》，东北财经大学出版社2015年第4版，第106~109页。

三　领导机制

领导机制，是为了正确有效实施对组织的领导，而对行政组织的领导活动方式、领导要素使用、领导体制运行中的一些重要方面、重要环节、重要过程、重要制度尤其是对组织的领导决策制度、领导干部选用制度和领导干部监督制度等作出的科学化、程序化、形式化、方法化和细则化的规范和保证。① 下面将重点阐述领导者的产生与退出机制、领导权力运用机制、领导监督机制和领导决策机制。

（一）领导者的产生与退出机制

领导者的产生与退出机制有三种常见的方式：自己决定式、他人决定式、众人决定式。自己决定式就是由领导者自己决定自己的产生与退出，如古代科举考试等；他人决定式就是由一个或几个其他人决定领导者的产生与退出，如禅让制和世袭制等；众人决定式就是由某个范围的全体人决定领导者的产生与退出，如由投票决定的民主选举等。②

就我国党政机关领导者产生机制而言，主要存在以下四种方式：选任制、委任制、考任制和聘任制。选任制，即领导者由被领导人或被领导人的代表选举产生，如我国县以上一级政府的领导人员均由同级人大选举产生。这种产生方式较为公平民主，但相对而言，效率较低；委任制是指由立法机关或其他任免机关经过考察而直接任命行政领导者的制度，在我国，国务院各部委的副职领导、直属机构、办事机构的正副职领导、县以上地方各级人民政府秘书长、局长、科长等都通过该种方式产生。这一产生方式权力集中、效率较高，但如果缺乏有效的监督，极易出现拉关系、搞宗派等不正之风；聘任制是指用人单位以合同的形式聘任工作人员的方式，主要应用于部分专业技术岗位和基层行政岗位，该种产生方式有利于引进外来人才、学习先进管理经验，培育"选贤任能"、"唯才是举"的社会风气；考任制是指国家专门机关根据统一标准，按照公开考试、择优录用的程序录用国家机关公务人员的制度，考任制公平公正公开，适用于大部分行政人员、专业人员和其他工作人员，但不适用于高级领导者、高级科学工作者等高层次领导者的选拔。

① 彭忠益：《领导科学基础》，中南大学出版社2012年版，第57页。
② 王雪峰：《领导学学科体系》，人民出版社2014年版，第270页。

就我国党政机关领导者的退出机制而言，主要存在以下三种方式：届龄型、问责型和自愿型。届龄型退出机制是指对已经达到或接近达到任职年限的领导干部，依照法定的条件和程序，使其离开领导岗位的退出制度；问责型退出机制是指问责主体在任职期间对其管辖范围内各级组织和成员承担职责和履行义务的情况，要求其承担离开领导岗位的否定性后果的退出制度；自愿型退出机制是指领导个人自愿离开领导岗位的退出制度。

（二）领导的权力运用机制

领导权力运用的核心问题是领导权与其他管理权限的划分问题。领导权限运用机制有四种常见的方式：包揽式、授权式、分权式和放权式。[①]

包揽式领导权力运用方式是指领导权不与其他管理权分割，权力集中在领导者个人手中。这种权力运用方式适用于组织发展初期，规模较小、事务简单的阶段。包揽式的权力运用方式决策速度快、办事效率高，但也易导致领导者个人独断专行、决策失误等弊端。

授权式领导权力运用方式是指领导者将部分管理权力交给下属或其他职能部门，并对其权力行使过程进行监督的权力运用方式。授权式领导权力运用方式灵活且富有弹性，有助于调动组织内各部门、各层级的积极性和主动性，但同时，其也存在随意性的弊端，要求领导者必须把握好授权的范围和内容，并建立健全监督机制。

分权式领导权力运用方式是指通过制度化的方式将领导权力与其他管理权力进行划分的权力运用方式。由于分权式权力运用方式是通过法律法规等制度化的形式将权力分割固定下来，因此其最大的优点就是规范性强，有利于保证管理活动和权力分配的稳定有序；但这一特点也决定了其灵活性差的弊端，使领导体制在应对突发事件时反应迟缓。

放权式领导权力运用方式是指将大部分甚至全部其他管理权力下放给下级单位的权力运用方式，是一种纵向的分权方式。联邦制国家是放权式领导权力运用方式的典型代表。采用放权式权力运用方式的组织普遍自由度较高、灵活性强、富有创造力，但与此同时，其内部结构也相对松散、一致性较差，不利于抵御外来威胁。

---

① 王雪峰：《领导学学科体系》，人民出版社2014年版，第278页。

（三）领导的监督机制

领导监督机制就是对领导者权力行使的合法性和规范性进行监督的体制机制。领导监督机制的健全和完善对于推动领导活动的科学化、规范化和法制化意义深远。

按照领导监督系统的关系划分，领导监督机制主要包括外部监督机制、内部监督机制和自我监督机制。其中，外部监督是指来自于领导系统外部、没有相互隶属关系的主体的监督；内部监督是指来自于系统内部包括上下级之间、同事之间的监督；自我监督是指领导主体对自身所进行的检查、反思和总结。构建外部监督、内部监督、自我监督并驾齐驱的全方位的监督机制有利于多角度、全方位地约束权力的运行。

按照领导监督的时间进行划分，领导监督机制可分为事前监督机制、事中监督机制和事后监督机制。其中，事前监督是指在领导活动付诸实施之前，对于拟定计划、配置人员等一系列领导过程和结果进行监督；事中监督是指对领导活动进行过程中的一系列行为所进行的监督；事后监督是指在领导活动结束之后对领导结果进行监督。构建包括事前监督、事中监督和事后监督的权力监督机制有利于及时预防、纠正和改进领导活动。

（四）领导的决策机制

领导决策机制就是围绕领导者决策活动的一系列相关机制。主要包括决策权力的配置机制、决策信息的收集处理机制、决策咨询机制、决策失误追究机制等。

决策权力的配置机制是指领导决策权限与其领导职能范围相匹配的机制。进一步完善决策权力在中央和地方、各级领导机关和领导者之间的纵向与横向的划分有助于提高决策的科学化、民主化。

决策信息的收集处理机制是指为决策机构和决策主体提供广泛的信息来源，并进行加工和处理的组织体系。当前，随着信息技术水平的不断提升，决策信息的收集处理机制也日益丰富和多元，除传统的抽样调查、调查问卷等模式之外，依靠电子政府的信息收集处理机制也日臻完善。通过电子化的虚拟政府机构，政府、企业和社会三者之间频繁地进行信息沟通，为领导者决策提供了丰富的信息支持；与此同时，随着民主化水平的提高，社情民意反映机制也不断完善，民众通过群众来信来访、市长信箱、网络微博等方式表达民意、反映诉求，进一步拓宽了决策信息的收集处理渠道。

决策咨询机制是指为决策主体提供咨询服务的由专门从事决策研究和咨询活动的官方或非官方组织组成的组织体系。智库和智囊团等都是典型的决策咨询机构。决策咨询机构往往独立性较强，专业化水平较高，因此其常常能够凭借自身强大的信息整理能力，中立地提出富有远见的决策设想和决策方案。为决策的制定提供支持。

决策失误责任追究机制是指当决策出现失误时，追究相关主体责任的制度。主要包括决策失误行政处分制、决策失误赔偿制、决策失误辞职制、决策失误法律追究制等。

第三节　领导的职能与内容

领导的职能与内容是领导活动的主要实现方式，切实履行领导职能、把握领导内容是充分发挥领导作用的基础。

一　领导的职能

（一）确定目标

目标是领导工作的起点，也是领导工作的终点，领导活动总是围绕着特定的目标展开的。任何层次、任何领域、任何行业的领导者都必须明确自己所领导的事业的意义和目的，从而成为其所在系统的目标的确定者，带领整个系统为特定的目标而奋斗。确立目标是领导者的基本职责，其包括目标分析、目标选择、新目标的确立、多目标顺序排列、沟通上下左右目标之间联系等一系列环节，需在对组织内外环境进行系统分析的基础上审慎进行。制定合理的目标是领导者的必备素质，也是提高领导效能的关键前提，因此，领导者必须履行好这一基本职能。

（二）科学决策

梳理关于领导职能的诸多研究，众多领导学家都将科学决策作为领导的基本职能，美国行政学家 L.D. 怀特认为领导有七项职能，其中首要的一项即为决定重要的决策；哈佛大学教授，著名的领导学家科特也认为，确定前进方向与决策是领导的三大职能之一。可见，科学决策是领导活动的核心内容，也是领导者的基本职能。领导决策这项基本职能往往包括调查研究，发现问题；分析预测，确定目标；统筹兼顾，制定方案；比较评价，择优选择；试点检验，实施决策；信息反馈，改进决策等一系列的环节，要求领导者必须按照科学、民主的方法和程序选择和决定。

（三）人员配置

选拔人员、使用人员和培养人员是领导者的重要职能之一，也是领导工作的重要内容，任何行业的领导者都应是其所在系统的人才的发掘者、使用者和培养者。人员配置这一职能主要包括正确的知人识人、公正的选人用人、经常地察人育人、恰当地评价人和激励人等若干环节。[①] 正确行使这一职能，有利于为组织发展培养和储备现实或后备人才，提高领导效能，提升组织竞争力。

（四）团队建设

威廉·D. 怀特（William D. Hitt）将领导者的职能定义为六大方面，其中之一即为团队建设——发展建设致力于实现愿景的群体。所谓团队建设就是指为了实现团队绩效和特定目标而进行的一系列的组织结构设计和人员激励等行为，既包括组织机构的健全、组织制度的完善，也包括组织价值观的贯彻、组织文化的培育等。团队建设是领导者的一项核心职能，它要求领导者组建科学、合理、有效的组织机构，建立严谨完善、结构严密的制度化规则，更要求领导者构建组织价值观、确定组织的使命和愿景、培育和建设组织文化，通过合理的激励考核和系统的学习提升，激发组织成员的积极性、主动性、创造性，提升组织的凝聚力和协同性。

（五）组织变革

组织所处的内外部环境处于飞速变化之中，不断对组织发展提出新的成长要求，尤其是在当今这样一个高度复杂高度不确定性的社会之中，组织的自我完善与发展变得日益重要。因此，及时识别组织变革征兆、抓住变革时机、进行组织变革成为领导者的一项重要职能。所谓组织变革，就

---

① 彭向刚：《领导科学概论》，高等教育出版社2013年版，第32页。

是指领导者根据内外部环境的变化，及时主动地对组织内部的要素和资源进行新的调整、配置与整合，以抓住组织发展机遇、抵御组织生存威胁、提升组织竞争力。约翰·科特在分析部分组织变革失败原因的基础上，提出了组织变革成功的八个因素：建立危机意识；形成强大的领导联盟；建立共同愿景；在组织内沟通愿景；授权他人为愿景努力奋斗；计划和创造短期胜利；巩固进步并持续创造更多变革；转变组织文化。[①]这对领导者的领导素质和领导能力提出了新的挑战。

（六）监督检查

监督检查是指查清领导活动中各项目标、方案、计划的执行情况，监视、督促和管理领导活动的各个环节，从而保证特定的领导目标的达成。有效的监督检查可以客观评价领导绩效、总结经验教训、改进领导工作、保证工作质量。监督检查的方式多种多样，如组织成员自我评价、组织内部民主评议、绩效考核、汇报工作、巡视检查等。

二　领导的内容

领导就是引导、指挥、协调、组织和控制下属为实现目标而不断努力的过程。因此，领导工作主要围绕以下方面展开：

（一）引导

引导是指领导者站在组织前方，带领组织向某个特定目标前进的过程。领导引导主要包括以下几种方式：

（1）定义组织的发展目标。领导者通过制定组织发展目标，确定组织的前进方向，激励组织成员为共同的目标而努力奋斗；

（2）制定组织发展战略。领导者通过制定组织发展战略，设定组织发展路线，团结组织成员，创造和引导变革，提升组织竞争力；

（3）创建组织的愿景、使命和价值观，营造组织文化。确立组织的愿景使命和价值观，构建组织文化，有助于使组织成员树立共同的责任感和使命感，增强组织的凝聚力，引导组织成员向正确的方向前进。

[①]　Kotter J. Leading change: why transformation efforts fail[J]. Harvard Business Review, 2010, 35(3):42-48.

（二）指挥

所谓指挥，就是领导者通过下达命令、指示等形式，促使组织成员个人的意志服从于一个权威的统一意志，各司其职，发挥作用，为达成组织目标实施的领导活动。[①]领导指挥的目的主要在于下达命令、传达指示、协调关系、推进工作、保障组织正常运转等。

由科曼首先提出，后由赫西和布兰查德发展的指挥方式寿命周期理论，也称情景领导理论，认为有效的领导风格应当适应其下属的成熟度。所谓"成熟度"，是指个人对自己的直接行为负责任的意愿和能力，包括工作成熟度和心理成熟度。其中，工作成熟度是指一个人的知识和技能，心理成熟度是指一个人做事的意愿和动机。根据二者之间的关系，指挥方式被界定为以下四种：命令式，说服式，参与式和授权式。

（1）命令式，适用于下属成熟度很低的情况，指挥者采用单向沟通，通过命令式领导指挥，责令下属执行工作任务；

（2）说服式，适用于下属较不成熟的情况，指挥者通过双向沟通的方式，将工作任务布置下去，并听取下属意见，在理解的基础上说服下属接受工作任务；

（3）参与式，适用于下属比较成熟的情况，指挥者非常重视双向沟通和悉心倾听与下属充分交流；

（4）授权式，适用于下属高度成熟的情况，指挥者赋予自主决策和行动的权力。

（三）组织

组织是指领导者通过设置结构、建立体制、配置权力等方式，设计和维持组织内部结构和相互之间的关系，使人们为了实现目标而相互协调和配合的过程。组织工作主要包括四个方面：

（1）组织设计：包括纵向管理层次的划分和横向管理部门的设置，除此之外，还包括对于各个部门及工作人员职能和责任的划分。

（2）组织联系：在保证各部门、各岗位各司其职的前提下，确定各个部门及其工作人员之间的相互联系和职权关系，保证组织各要素的充分协调。

---

① 彭忠益：《领导科学基础》，中南大学出版社2012年版，第85页。

（3）组织运行：通过开展各种领导和管理活动，使组织发挥作用，正常运行。

（4）组织变革：根据组织内外部环境变化和组织战略的调整，对组织结构进行变革。

（四）沟通

斯蒂芬·罗宾斯认为沟通是意思的传递与理解。完美的沟通如果存在的话，应该是经过传递之后被接收者感知到的信息与发送者发出的信息完全一致。[①]领导的过程就是沟通的过程，成功的领导必然建立在有效的沟通之上。沟通主要分为人际沟通和组织沟通。所谓人际沟通就是指作为个体而存在的领导活动主体之间的沟通，其目的主要在于协调组织成员之间的关系，保证各个成员之间相互配合、协同一致；而组织沟通主要指作为集体而存在的领导活动主体之间的沟通，其目的在于协调组织内部各部门之间、组织内部与组织外部之间的各种关系，为组织发展营造良好的沟通环境。

（五）控制

领导控制是领导者在领导活动中，运用各种方式和手段如批评、监督、检查、沟通等，确保领导工作与计划标准相适应的过程。通过领导控制可以及时纠正执行偏差，确保组织目标的实现，并维持组织的持续发展。

美国管理学家斯蒂芬·罗宾斯从控制与活动发生的相对时间关系出发将控制划分为前馈控制、同期控制和反馈控制。所谓前馈控制就是在活动开始之前实施控制，罗宾斯认为这是最理想的一种控制模式，这种控制可以预防问题、避免损失，但由于信息难以获取，这种控制往往难以实施；而所谓同期控制就是在活动进行的过程中实施控制，最常见的同期控制就是直接监督，走动式管理也是同期控制的典型代表；反馈控制就是在活动完成之后实施的控制，与其他两种控制方式相比，其具有信息充足、激励性强的优势。近年来，随着管理实践的日益深化，控制工具开始贯穿于领导工作的各个流程，财务控制、信息控制、标杆管理、平衡计分卡等控制工具日益融入领导工作之中，成为领导工作质量的强效保证。

---

① ［美］斯蒂芬·罗宾斯：《管理学》（第13版），中国人民大学出版社2017年版，第380、第505、506页。

第四节 领导的地位和作用

领导的职能和内容决定领导必然处于某一具体社会系统的关键地位，发挥影响全局的重要作用。为了更深刻地体悟领导科学这一学科的重要价值，本节将着重介绍领导的地位和作用。

一 领导的地位

从领导的含义和本质中，可以得知，领导是某一具体社会系统中处于支配和决定地位的主体，是具体的社会系统正常运转的核心要素之一。领导健康正常、充满活力，整个组织系统必然充满生机；相反，如果领导迟钝梗阻、发生故障，整个组织系统也将虚弱衰颓。

领导是所有社会行为、组织行为和群体行为中最紧要、最重大的核心部分；是某一独立系统中领导主体、领导客体和领导环境相互作用的结果，反映着诸要素之间的相互关系和内在联系；是有关的人和事被有区别地纳入被支配、被影响、被决定的范围，并发生实质变化的最高层次的社会过程、社会现象和社会结果；是社会生活中最富能动性的社会主流运动和最高社会行为。[①] 因此，领导在领导系统内部乃至社会系统之中都具有相当重要的地位。

首先，领导，无论作为组织结构的顶层还是组织过程的驱动因素，都处于统领全局的核心地位，其掌握、分配和整合着各种资源，有计划、有步骤地组织和调动组织系统内部的各个要素和各种力量，凭借远见卓识和坚强意志，有效发动所属群体排除万难、破除风险，以达到组织运行目标。领导的水平和质量决定着组织的竞争力，对于整个组织的前途和命运都具有关键而深远的影响。

其次，领导处于引领方向的重要地位。领导从根本上决定着组织的发

---

① 邱霈恩：《领导学》，中国人民大学出版社2014年版，第43、44页。

展方向，其定义组织发展目标、制定组织发展战略、拟定组织发展计划、选择和确定领导方法、塑造组织文化和氛围，是引领组织发展方向、创造集体业绩、实现特定目标的强效工具。领导者一旦树立了积极的目标，就会产生引导组织前进的巨大动力；相反，如果领导者目标选择失误，则会引导组织步入深渊。

最后，领导处于决定成败的关键地位。领导的一举一动在领导系统之中都会立刻产生引领和示范效果，成为领导范围中最重要、最关键的主流影响，正向的领导行为必然给整个组织带来奋发向上、积极有为等正能量，而负向的领导行为则会给整个组织带来被动怠惰、消极压抑等负面影响。现代社会的竞争从本质上来讲是核心竞争力的竞争，是科技领导力、国家领导力等各种领导力的较量，是领导素质和领导水平的角逐，因此，领导在根本上决定了现代竞争的得失成败。

二 领导的作用

无论是作为组织结构的顶层，还是组织过程的驱动因素，领导均处于统领全局、引领方向、决定成败的关键地位，也正因如此，领导发挥着其他组织要素所难以取代的重要作用。本章从静态与动态、宏观与微观的角度出发，将领导的作用总结为四个方面：

（一）从静态角度来看，领导是社会组织和社会系统稳定有序的重要保证。社会组织与社会系统均具有复杂性、多变性、层次性和多元性的特点，因此，想要保证社会组织和社会系统协调有序、正常运行，就必须存在统一意志和统一指挥。而领导通过确定目标、科学决策、选才用人、分配资源等一系列的领导环节，有效地引导组织成员和组织各要素有序运行，保证了社会组织和社会系统持续稳定地协调发展。

（二）从动态角度来看，领导是推动历史进步和发展的关键力量。领导是一种历史范畴，是一个不断变化发展的领域，具有突出的过程性和历史性。纵观古今中外数千年的历史变迁，可以发现，领导者往往在历史进步的过程中扮演着火车头的角色，引领和推动着历史变革和发展的进程，倘若缺少了领导者，历史的车轮就缺少了前进的动力和方向。

（三）从宏观角度来看，领导是决定社会兴衰的重要生产力。领导全方位地影响着社会的兴衰，站在时代的机遇面前，倘若缺少了领导的保证，成功就无从谈起。国家凭借领导力可以在全球化的竞争中夺得先机，公共部门凭借领导力可以提供更好的公共服务和公共产品，企业组织凭借领导力可以创造更丰厚的物质财富。这一切都深刻地影响着社会的进步与发展。

（四）从微观角度来看，领导是影响组织成败的核心竞争力。领导者在社会组织中处于主导性、支配性和决定性的作用，是一个组织的领路人和排头兵。领导者的精神导向和行为示范可以凝聚人心、激发斗志；领导者的英明决策和正确战略可以帮助组织一举成功；领导者的坚强领导和深谋远虑可以增进核心竞争力和群体创造力。总之，领导保障是组织成败的核心竞争力。

本章小结

本章主要介绍了领导的相关概念及其特征，重点阐述了领导体制、机制的相关内容，并在此基础上介绍了领导的职能和内容以及领导的地位和作用。

首先，本章认为领导是指在特定的群体情境之中，通过对个人或组织有效地施加影响，从而引导和控制组织实现特定目标的行为过程。其具有动态性、系统性、权威性、战略性、综合性和社会性等特征。

其次，本章认为领导体制是包括领导组织结构、领导层次与领导幅度、领导权限与领导责任划分、领导机构设置、领导管理制度等的制度安排。在数百年的发展历程中，领导体制逐步走向完善，对于领导活动的有序开展意义重大。而领导机制则是为了实现组织目标，而对包括领导产生与退出、领导权力运用、领导监督、领导决策等重要环节和关键领域作出的具体的制度设计，同样，对于领导活动的正常运行影响深远。

第三，本章认为领导的职能与内容均是领导活动的主要实现方式。其中，领导职能主要包括确定目标、科学决策、人员配置、团队建设、组织变革、监督检查等，而领导的内容则包括引导、指挥、组织、沟通、控制等。

第四，本章归纳总结了领导地位和作用，本章认为领导统领全局、引导方向、决定成败，在某一具体社会系统中，处于主导、支配和决定性的地位，发挥着保障社会系统稳定有序、推动历史发展变革的重大作用。

案例与讨论

习近平同志的为政之道

党的十八大以来，习近平同志在改革发展稳定、内政外交国防、治党治国治军等诸多方面和领域，表现出高超非凡的领导才干和领导艺术，凸显了其个性鲜明的领导风格及特点，获得点赞，赢得好评，用普通网民的话来形容，展现出了独特的可敬可爱、可亲可近的"主席范儿"、"领袖范儿"。

习近平同志亲民乐民的新风尚时时刻刻在体现。他第一次赴地方考察，车队出行看不到封路、封园、清场的场景，而是让自己走近人民群众，听民声、识民意，真正的从群众中来到群众中去。在深圳的莲花山公园，他与市民们相伴而行去瞻仰邓小平塑像，一边走一边与沿途人民群众寒暄交流，与民众面对面零距离的亲密互动。习近平同志还重视群众疾苦，多次考察贫困地区，在当地强调扶贫攻坚工作的重要性，个别人、个别地区富了不算富，广大贫困群众、广大贫困地区富了，国家才能真正地富起来。他在甘肃、河北等地调研扶贫工作时，舀起农民家缸里的水就喝；接过主人递上来的土豆就吃；在炕上与群众盘腿而谈；对身体抱恙的群众嘘寒问暖。对人民群众表现出的是满满深情，是那种对天对地的情怀。习近平同志乐于走到普通百姓当中去，听百姓所想，解百姓所忧，与民同乐、其乐无穷。在北京的庆丰包子铺丝毫没有国家主席的威严，只是作为一位顾客和就餐民众一起排队，只点一份简易套餐，向民众展现尚俭戒奢的传统美德。这种以人为本、为民富民、与民相亲、与民同乐的领导方式，既听了民声、又通了民情、更赢了民心。

习近平同志敢于担当。在习近平同志的系列重要讲话中，"担当"这个词语经常可见，成了总书记反复推崇并身体力行的一种领导行为。他反复强调"该承担的责任必须承担"，"要有担当意识，遇事不推诿、不退避、不说谎，向组织说真话道实情，勇于承担责任"，要"在大是大非面前敢于担当、敢于坚持原则"。他指出："有理想、有担当，国家就有前途，民族就有希望。"习近平同志还指出敢于负责、勇于担当是好干部必须具备的基本素质，"担当大小，体现着干部的胸怀、勇气、格调，有多大担当才能干多大事业"。总书记率先垂范，始终把责任举过头顶、把百姓装在心中，在深化改革上，亲自挂帅"深改"小组组长，啃"硬骨头"，涉"险滩"，带头攻坚克难；在惩贪肃纪上，坚持"苍蝇、老虎一起打"，坚决克服干部作风上的顽瘴痼疾；在实现"中国梦"上，扭住"两个一百年"的大目标，不走老路、不走邪路，昂首挺胸地走中国特色社会主义道路；在维护国家利益上，在大是大非面前，旗帜鲜明、针锋相对，亲任"网安"小组组长，大力推进网络强国建设；在为人民服务上，把人民对美好生活的向往作为自己的奋斗目标。敢于负责、勇于担当成了总书记领导风格中鲜亮的底色。

除此之外，习近平同志经常身体力行察实情、吃透情况、"接地气"，经常"钻矛盾窝"。在正定，他跑遍了所有村；在宁德，他到任 3 个月就走遍了 9 个县；在浙江，他用一年多时间跑遍了全省 90 多个县；在上海，他任职 7 个月就跑遍了全市 19 个区、县；到中央工作后，他的足迹已遍及了 31 个省（区、市）。他提出谋事要实、创业要实、做人要实，"三实"要求是这种务实精神的最好诠释。比如他要求对领导活动报道要"瘦身"，以"简朴求实"为要，避免"假、长、空"，他会见到访的美国前总统卡特，整个活动仅用 100 多字作了报道。

习近平同志亲民爱民、敢于担当和踏实肯干的领导风格，为各级领导干部树立了楷模和榜样，也推动了社会风气的清正廉明。

讨论

1. 结合本案例，分析习近平同志工作中体现了领导的哪些特征与作用？
2. 结合本案例，谈谈你对领导地位和作用的理解？

参考文献

Kotter, J. 2010. Leading change: why transformation efforts fail. Harvard Business Review, 35(3), 42-48

Mintzberg, H. 2009. The best leadership is management. Business Week. August 6

尤克尔：《组织领导学》，中国人民大学出版社 2015 年第 7 版。

方振邦、鲍春雷：《管理学原理》，中国人民大学出版社 2014 年版。

纳哈雯蒂：《领导学：领导的艺术与科学》，中国人民大学出版社 2016 年第 7 版。

刘银花：《领导科学》，东北财经大学出版社 2015 年第 4 版。

彭忠益：《领导科学基础》，中南大学出版社 2012 年版。

王雪峰：《领导学学科体系》，人民出版社 2014 年版。

罗宾斯·P. 斯蒂芬，黄卫伟：《管理学》，中国人民大学出版社 2017 年第 13 版。

邱霈恩：《领导学》，中国人民大学出版社 2014 年版。

萧鸣政：《新时代领导干部政治素质及其考评初探》，《北京大学学报》（哲学社会科学版）2018 年第 3 期。

CHAPTER

第二章
领导理论与发展

本章学习目标与重点建议

1. 了解领导理论的发展历程

2. 理解和掌握具有代表性的领导理论的主要观点和内容

3. 了解领导理论的新发展

自古以来，领导活动一直存在。可以说，自从人类社会出现，领导活动便开始产生。它产生于人类共同劳动之中，伴随着人类社会分工而发展。有关领导活动的探究历来备受人们关注，可是囿于人类认识活动与实践活动的诸多制约，直至领导科学诞生以前都未形成独立的研究领域。然而，将领导活动作为一门独立的学科来进行全面而系统的研究则是在 20 世纪。从此以后，人们才针对如何使领导更有效的问题进行了深入研究。于是，各国学者纷纷阐释了不同的领导理论。本章按照领导理论的发展历程来介绍相关的领导理论，其主要包括特质理论、行为理论、权变理论以及领导理论新发展。

第一节　特质理论

特质理论是在第一次世界大战期间发展起来的。在此期间，为了增补军事指挥官，有人提议要通过测评个人特性来确定指挥官人选。其测试结果是否定的论断（即不适合做指挥官）较为准确，而肯定的论断（即适合做指挥官）较为不准确。直至 20 世纪 20 年代到 30 年代间，特质理论才得到进一步发展，并将研究重点聚焦在领导者的个人特质方面。

特质理论着重研究领导者的个人特性、品质对领导成效的影响。它集中探讨这样几个问题：有效的领导者应该具备何种特质？如何正确地遴选优秀领导者？这种理论最初是由心理学家开始提出的。他们力图证明有效的领导者与无效的领导者之间存在较大差异的主要原因在于，有效的领导者有着不同寻常的特质使其展现出卓越的领导才能。特质理论把归纳分析法作为基本方法，即依照领导效果的优劣，寻找到有效的领导者与无效的领导者在个人特性、品质方面存在哪些不同，由此得出有效的领导者所应具备的一些特性，而后再根据这些特性来衡量组织中的领导者是否为一名优秀的领导者。按照其对领导特性、品质来源诠释的不同，特质理论可分为两类：一种是传统特质理论；另一种是现代特质理论。

一　传统特质理论

传统特质理论认为，领导者所具有的特性和素质是先天的、与生俱来的，其主要取决于遗传因素。换言之，天赋即为一个人能否成为领导者的关键因素。古希腊哲学家亚里士多德就曾言："人从出生之日起，就决定了他们是治人还是治于人。"[①]20世纪早期，领导研究集中关注在那些所谓的伟大领导者身上，通过发现领导者与非领导者在相貌、智力、性格以及意志等方面的差异，试图说明领导者本身具有某种先天性使其成为领导者的特质，即凡是领导者势必具有某种与众不同的天生素质，所以这个阶段的研究也曾被称作"伟人理论"。到了20世纪30年代，诸多心理学家针对领导特质进行大量探讨，期盼找到领导者与非领导者在生理、性格或智力方面的差别。研究者们普遍认为，领导者是管理过程中的关键角色，他们对群体成员乃至整个组织都会产生根本性的影响；优秀的领导者的确拥有某种超人的天生特质，正是这种个人特质如身材魁梧、智慧非凡、心理健康、感觉灵敏等影响着整个群体。

1869年，美国心理学家吉普（J. R. Gibb）讲道，富有天赋的领导者应当具有7种个性特征：潇洒英俊；善于言辞；才智杰出；健康自信；控制欲强；性格开朗；灵敏变通。斯托格迪尔（R. M. Stogdill）则认为，领导者应当具有16种天生特性：富有良心；稳当可靠；勇敢无畏；责任心强；胆略超人；创新进步；坦诚直率；自强自律；富有理想；人际良好；举止优雅；开心愉悦；身体健康；智力过人；判断力强,具有组织能力。

传统特质理论启迪人们意识到领导者的确具有某些非凡的个人特性，

---

① 詹华、陆忠平：《管理学》，中国纺织大学出版社2002年版，第288页。

然而其不足之处也是很显然的：一方面，一味强调先天个人素质却否定了后天环境影响；另一方面，某些因素是相互矛盾的。诸多富有先天素质的个人实际上并非是优秀的领导者；而杰出的领导者也绝非都是个个潇洒英俊、能说会道。

由于传统特质理论的研究存在很大缺陷，所以 20 世纪 40 年代后这种理论基本处于被否定状态，人们意识到领导者是可以在后天环境中得以培养和发展的。美国的西点军校和我国的黄埔军校均培养出了大批杰出的军事指挥官，美国的哈佛大学和我国的北京大学也同样都培养出了许多杰出的企业领导者。大量事实证明，领导者是可以通过后天教育训练培养的。可是，在我国"文革"期间，"天才论"还是曾风靡一时的。在中国，先天特质理论自古有之，例如，某某降生时有奇特景象呈现。其实，这些都只不过是为了愚弄老百姓而使他们顺从某种统治罢了。不可否认，一些个人特性确实与遗传因素有关。例如，一个人的脾气是温和还是急躁；一个人的性格是外向还是内向，等等。然而，这些个人特征与领导成效却并无直接联系。

如今，人们又开始恢复了对先天特质理论的研究兴趣，其主要体现在男女性别研究上。比如，在现代社会实践中，女性领导者是否能够比男性领导者干得更出色？研究显示，现代企业管理的诸多特点同女性特征相匹配。在聆听对方、增进沟通、提高效率以及鼓舞他人方面，女性更占有优势；在开展项目规划和问题研讨方面，男性与女性相称；在人心换人心方面，女性比男性做得更加出色。美国《哈佛商业评论》曾列举出 100 家最佳机构，其组织特性与女性特征全然匹配，如关爱他人、甘于奉献、关怀家庭等，这些为女性所代表的阴柔彰显了她们的优越性。

二 现代特质理论

与传统特质理论不同，现代特质理论反对夸大遗传因素的观点，认为领导者的先天素质不过是人的心理发展要求罢了。他们强调领导者的特性、素质是在现代社会实践中形成的，是可以通过后天的专业教育和专门训练加以培养的。因此，这方面的研究者侧重从满足现实工作需要和实现领导工作要求方面来研究领导者的能力、特性和素质。

20 世纪 60 年代，美国心理学家吉赛利（E. E. Ghisell）提出，领导者的个人素质与领导效率相关，领导者的自信心、魄力越大，成功的可能性越大。70 年代，他为了进一步研究有效领导者的素质，曾对 90 家企业的 300 名领导者进行调查，尔后其在《管理才能探索》一书中提出影响领导效率的五种激励特征和八种品质特征。其中，五种激励特征包括：对工作稳定性的需要、对金钱奖励的需要、对行使权力的需要、对职业成就的需要以及对自我实现的需要。八种品质特征包括：才能和智力的大小、创造与开拓的强弱、决断能力的强弱、指挥能力的大小、成熟程度的高低、自信心的强弱、受下级爱戴的程度、男性化或女性化的程度。经研究，吉赛利得出结论：保证领导效率的最强因素是对职业成就的需要、对自我实现的需要、才能和智力、决断能力和自信心等；其次是对工作稳定性的需要、对金钱奖励的需要、创造与开拓的强弱、成熟程度的高低、受下级爱戴的程度等；至于男性化或女性化的程度之性别问题却没什么大关系。①

美国现代管理学大师德鲁克（Peter F. Drucker）在《有效的管理者》一书中指出，通常情况下，管理者都具备很好的智力、想象力和知识水准。可是，一个人的有效性与他的智力以及想象力却关系微乎其微。往往有才能的人是最无效的，这是由于他们并未领会到才能本身不等同于成就。他们不懂得，一个人的才能只有通过有条理、有系统的工作才能是有效的。所以，德鲁克得出这样的结论：有效的管理者之间的差别，就如同医生、教员和音乐家一样各具不同类型。至于无效的管理者亦即如此。因此，从类型、性格以及才智方面出发来区分是有效的管理还是无效的管理，是一件非常困难的事情。管理者的有效性是一种后天的习惯，是一种能够学会的实务综合，同时它必须借助学习才能获得。为此，他强调一名有效的管理者必须拥有以下 5 种主要习惯：（1）善于有效管理时间。管理者应充分认识到时间的重要性，按照主次合理分配好各项工作时间。（2）注重贡献。优秀的管理者并非为工作而工作，而是为成功而工作。（3）善于发现人之长处。这些长处包括自身的长处、上级的长处以及下级的长处。（4）能够分清主次工作。管理者越是能够集中精力于少数重要工作，越是可能因成果卓越而产生优秀业绩，从而更有希望成为自身时间与环境的主宰者。（5）能够做出有效

① 孙耀君：《西方管理思想史》，山西人民出版社2002年版，第392页。

决策。优秀的管理者懂得何时需要做出何种决策，知道如何区分正确决策和错误决策。①

总之，特质理论偏向研究领导者与非领导者、高级领导者与一般领导者、成功领导者与失败领导者之间的个体差异，尝试找出优秀的领导者具备怎样的人格特质，以及总结具备怎样个人特性的人适合当领导者，继而在这个基础上明确开展怎样的培训可以造就优秀的领导者。然而，大量研究表明：具备某种特质的确可以提升领导者的有效性，但没有任何一种特质能够确保这种有效性。那么，为何特质理论在解释领导行为方面存在问题？其主要原因有四：其一，特质理论大多都不是很重视下属需求；其二，特质理论没有明晰各特质间的相对重要性；其三，特质理论没有区分因与果（例如，究竟是领导者的自信促成了成功？还是领导者的成功促成了自信？）；其四，特质理论常常忽略情境因素的作用。因此，这些方面的不完善使得一些研究者的研究领域转向其他方面。自从20世纪40年代末，特质理论就不再占有主导地位了。

第二节　行为理论

由于特质理论存在诸多缺陷没能获得预期效果，所以研究者们便把目光逐渐移向领导者的行为方式上，期盼通过研究领导者行为来发现领导有效性与领导者行为之间的关系。20世纪40年代末至60年代末，行为理论研究主要集中在领导风格和领导职能两个方面。领导风格是指他人眼中的领导者行为模式，即领导者企图去影响下属行为时所采取的、为下属所感知到的行为模式。有关领导风格的行为理论主要侧重于研究领导者在领导下属过程中所表现出来各种具体行为方式。而有关领导职能的行为理论则主要是从领导者所要履行的工作职能视角来探讨领导者的行为方式。无论如何，行为理论研究的核心问题在于找出领导者应当具备怎样的领导行为以及何种领导行为

---

① ［美］彼得·F. 德鲁克：《有效的管理者》，工人出版社1989年版，第112~128页。

最为有效。行为理论类型繁多，以下主要介绍几种典型理论。

一　勒温的领导风格理论

美国著名心理学家库尔特·勒温（Kurt Lewin）是最早研究领导行为的学者，他所提出的领导风格理论主要是探讨领导风格类型及其对下属员工行为的影响，从而希望找到最佳的领导风格。勒温根据领导者职权运用方式的不同，将其在领导过程中表现出来的领导风格分为三种类型：专制型领导、民主型领导和放任型领导。

（一）专制型领导

所谓专制型领导，是指领导者把所有权力都集中在个人手中，安排下属执行命令、服从指挥。这种类型的领导者只注重工作目标、工作任务和工作效率，他们靠手中权力和强制命令来使下属遵从、顺服。其特点是：孤行己见，从不听从他人意见，一切决策均由领导者个人决定；从不给下属透露任何消息，取消下属参与决策的任何机会，下属只能听其言观其行；主要依托职权、命令和纪律进行领导工作，很少给予奖励。据某人统计，拥有独裁风格的领导者与人交谈时，约有百分之六十左右的语言采用命令和指示的口气。领导者事前计划好所有工作方案和方法，下属只能遵从；领导者很少融入群体参与社会活动，同下属保持一定的心理距离。

（二）民主型领导

所谓民主型领导，是指领导者能够与下属共商决策、合作共赢。这种类型的领导者具有以理服人、以身作则的领导风格，他们能够使每位下属各展其长、各尽其能。其特点是：一切决策都是由领导者激励和协作、下属参与和讨论而制定的，并非是由领导者个人独自决定的，形成的政策是领导者及其下属共同智慧的结晶；分派工作时尽量考虑到群体成员的个人才能，充分调动每位下属的工作积极性；对下属工作只做指导性要求、不做详细具体安排，给予下属相当大的工作自由和选择权利；领导者主要运用个人权力和威望，而不是凭借个人职权和命令来令下属服从；交谈时他们多采取商量、建议、请求的口吻，下命令的仅有百分之五左右；领导者积极参与群体活动，同下属没有任何心理距离。

（三）放任型领导

所谓放任型领导，是指领导者对下属放任自流，下属喜欢怎么做就怎么做，给予下属全然的自由性和高度的独立性。其特点是：工作提前无安排，过后无检查；权力完全赋予组织成员，成员自由度大；组织无规章制度，各负其责，任其所为，全凭自觉。

勒温通过实验研究发现：在专制型领导的组织中，组织成员的攻击性语言颇多，而在民主型组织中则人人友好；在专制型领导的组织中，组织成员服从领导者，但自我表现或惹人关注的行为居多，而在民主型组织中则是互相以工作为中心的来往居多；专制型领导组织中的成员多聚焦于"我"，而民主型领导组织中的成员多聚焦于"我们"。当"挫折"被导入实验时，专制型领导组织中的成员互相推脱责任或展开人身攻击，而民主型领导组织中的成员则是万众一心，共同克服困难；当领导者离开时，专制型领导组织中的成员工作动力大幅下降，也没有成员出来主持工作，而民主型领导组织中的成员则可以如同领导者在场一样保持工作；专制型领导组织中的成员对群体活动没有满足感，而民主型领导组织中的成员则对群体活动有较强的满足感。

勒温依据实验得出结论：在三种类型的领导风格中，放任型的领导风格工作效率最低，只能达到成员交往目标，而不能实现组织工作目标；专制型的领导风格尽管凭借严格管理实现了工作目标，但组织成员无责任感、情绪低落、士气消沉；民主型的领导风格工作效率最高，不仅能够顺利完成组织工作目标，而且组织成员之间关系和谐、工作主动。同时，他们在工作中还富有创造性。[1]

二 二维领导模式理论

二维领导模式理论成果颇丰，最为著名的要属俄亥俄州立大学的研究成果和密歇根大学的研究成果，以及在此基础上得克萨斯州立大学提出的管理方格理论。

---

[1] 孙健：《领导科学》，南开大学出版社2017年版，第19~21页。

(一)领导行为四分图理论

1945年，美国俄亥俄州立大学的学者们在罗尔夫·M. 斯托格迪尔（Ralph M. Stogdill）和卡罗·H. 沙特尔（Carroll H. Shartle）两位教授的带领下，展开了对领导行为因素的调查研究。起初，他们列举了1000多种形容领导行为的因素，尔后经过反复筛查、归类，最后将领导行为概括为两类，即结构维度和关怀维度。

结构维度的领导行为主张以工作为中心，是指为了实现组织目标，领导者划分和布局自身与下属的角色的倾向程度。它包括开展工作设计、制定工作计划、明确权利义务、设立工作目标等。

关怀维度的领导行为主张以人际为中心，是指领导者与下属互相尊重、互相信任的程度。它包括营造信任的氛围、尊重下属的意见、关心下属的情感等。

根据领导行为的两类因素，研究组拟定了领导行为调查问卷。继而用问卷调查了诸多组织。据调查结果显示：两类领导行为在同一领导者身上时而一致、时而不一致，所以研究者们认为领导行为是两类行为的有机组合，可用两维四分图来表示，如图2—1所示。

低关怀、低结构的领导者既不关心人，也不关心组织。这种类型的领导者对下属漠不关心、且不与下属交换意见、交流思想，与下属的关系也不和谐；同时，他们无视规章制度、工作杂乱无章、忽视工作效率，表现为放任的领导者。

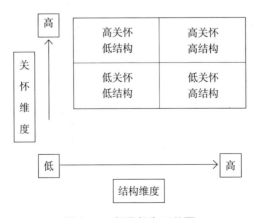

图2—1 领导行为四分图

低关怀、高结构的领导者忽视下属的情感和需要，不与下属交换意见、交流思想，同下属的关系并不和谐；可是，他们关注组织目标的实现和工作任务的完成，所以他们重视实施组织规章制度、建立工作优良秩序，表现为严厉的领导者。

高关怀、低结构的领导者注重人际关系但不注重组织工作。他们关爱下属，常与下属交流情感、交换信息；但是，组织内的规章制度执行得不够严格、工作秩序维护得不够良好。这种类型的领导者属于仁慈的领导者。

高关怀、高结构的领导者既注重人际关系又注重组织工作。这种类型的领导者不仅关爱下属，与下属沟通、交流，充分调动下属的积极性；而且注重组织规章制度的严格执行和团体工作秩序的建立。在下属心目中，这种领导者是可亲可爱、成功的领导者。[①]

（二）员工中心和生产中心的领导行为理论

与美国俄亥俄州立大学的研究同期，密歇根大学的研究中心也展开了类似的调查研究，试图发现领导者的行为特征与满意程度、工作绩效之间的关系。

经调查研究，密歇根大学的研究者们提出：领导行为可分为"以员工为中心"和"以生产为中心"两个维度。其中，以员工为中心的领导者注重人际关系，坚持考虑员工需要，并承认员工与员工之间存在个体差异。以生产为中心的领导者注重任务事项与工作技术，在乎生产任务的完成情况，视组织成员为完成任务、达到目标的工具。

密歇根大学的研究结论是以员工为中心的领导行为和以生产为中心的领导行为是相互对立的，领导者只能选择其一。以员工为中心的领导者与较高的群体生产率和较高的员工满意度呈正相关，而以生产为中心的领导者则与较低的群体生产率和较低的员工满意度相联系。

（三）管理方格理论

在美国俄亥俄州立大学和密歇根大学的研究基础上，得克萨斯州立大学的罗伯特·布莱克（Robert R. Blake）和简·莫顿（Jane S. Mouton）两位学者在1964年出版的《管理方格》一书中提出管理方格理论。这种理论

---

① 金延平：《领导学》，东北财经大学出版社2015年版，第30页。

是一种利用方格来分析和研究领导行为的二维方法，横坐标表示领导者对生产的关心程度，纵坐标表示领导者对员工的关心程度。横、纵坐标分别划分为 9 个小方格，横纵交错共形成 81 个小方格，用这些小方格来表示两种基本因素按不同程度结合的领导方式。同时，罗伯特·布莱克和简·莫顿还在管理方格中标注了五种典型的领导方式，如图 2—2 所示。

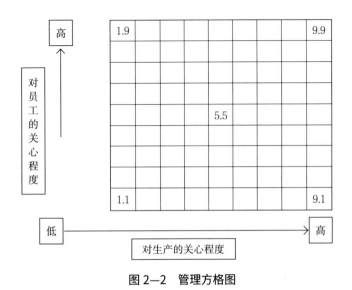

图 2—2　管理方格图

（1）1.1 型领导方式。这种领导方式又被称为贫乏型领导，领导者对生产和员工都不闻不问，以付出最小努力和维持人际现状为目标。事实上，他们已经丢弃了自身职责，无所用心或者最多只是传达上级命令给下级，无所作为。所以，采取这种方式的领导者则被称为无为型领导者。

（2）1.9 型领导方式。这种领导方式又被称为乡村俱乐部型领导，领导者不大关心生产，但十分关心员工。他们努力创设一种让员工轻松、和谐、友好的工作环境，通过极力满足员工的需要来赢得下属的支持与爱戴。然而，由于这种领导者不关心组织和生产目标，所以他们的领导方式是很难在富有激烈竞争的现实社会生活中生存扎根的。

（3）9.1 型领导方式。这种领导方式又被称为任务型领导，领导者高度关注生产，但不关心员工。他们借助严格的规章制度和有效的奖惩措施来确保任务的完成，为了提高生产效率采取专制的领导作风来压制下属，从而导致组织氛围不和谐、员工积极性不高。长此以往，员工便会满腹牢骚，生产效率大幅降低。

（4）5.5型领导方式。这种领导方式又被称为中庸型领导，领导者比较平均地关心着生产和员工，既能够适度地提高生产效率，又能够适度地保证员工士气。不过，他们并没有设立过高的工作目标，对待员工也是一会儿开明一会儿专制。所以，组织的绩效并不卓越，员工的创新也很不足。

（5）9.9型领导方式。这种领导方式又被称为团队型领导，领导者既十分关心生产，也十分关心员工。他们使自己员工能够清楚工作目标，使员工之间能够建立良好人际关系，从而充分调动和发挥整个组织的积极性。这种领导方式促使关心生产与关心员工协调一致，不仅实现了组织完善的目标，而且实现了员工发展的目标。因此，它是一种最为有效的领导方式。[①]

三 利克特的"领导系统模式"理论

与俄亥俄州立大学的研究同期，美国密执安大学的伦西斯·利克特（Rensis Likert）教授等人也开展着对以员工为中心和以生产为中心的比较研究，其结果显示前者对生产更有效。伦西斯·利克特通过研究大量材料证明，单凭奖罚来调动员工积极性的领导方式即将被淘汰。唯有凭借民主型的领导方式，才能充分调动员工的积极性、实现更高的生产目标；而专制型的领导方式不仅始终不能实现更高的生产目标，而且也不能实现工作给予员工的满足感。1961年，伦西斯·利克特教授在《管理新模式》一书中提出四种领导模式：专权专制型领导、温和专制型领导、协商民主型领导和参与民主型领导。他主张领导者应当选用参与民主型领导方式，强调领导者要多多顾及员工的境遇、想法和期盼，支持员工完成目标的积极行为，使员工意识到自身的意义和价值。因为领导者支持员工，所以才有员工同领导者的信任与合作，从而反过来实现员工对领导者的支持。因此，利克特的"领导系统模式"理论又被称为支持关系理论。

第一种模式：专权专制型领导。领导者对下属丝毫没有信心和信任，很少聆听下属的意见和建议。下属很少参与决策，组织的大政方针大部分

---

① 曹晓丽、林牧：《领导科学基础》，首都经济贸易大学出版社2016年第3版，第50~51页。

都是由高层领导者制定并向下贯彻实施。下属根本没有自由，常在恐吓、威胁、惩罚下被迫工作，且他们的薪酬也是微乎其微，至多能满足其生理需要和安全需要。另外，上下级之间沟通较少，即便存在某些沟通也是在恐吓和互不信任的氛围中展开的。因此，在这种模式下，与正式组织目标相对立的非正式组织最容易形成。

第二种模式：温和专制型领导。领导者对下属存在一些信心与信任，二者之间的关系类似主仆关系。组织的重要决策是由高层领导者制定，而很多具体决策则是由低层领导者按要求制定。下属只有很少的一点儿自由，领导者兼用薪酬和有形无形惩罚两种机制督促下属完成工作任务。上下级之间沟通较多，有时会采用下级的意见和建议，但彼此的交流仍不是以平等身份在相互信任的氛围中展开的。其实，控制权还主要集中在高层领导者手中，他们授予下属某些控制权的同时还严格地加以政策性干涉。在这种模式下，非正式组织也会产生，但其目标不一定与正式组织目标相对立。

第三种模式：协商民主型领导。领导者对下属有很大的信心与信任，但还不是完全信任状态。组织的重大方针是由高层领导者制定，而下属对低层问题有着决策权。下属拥有较大的自由，领导者兼用报酬和偶尔惩罚的机制来激励下属完成组织任务。信息交流上下级同时进行，一般是在相当程度的信任氛围中展开的，而且上级授予下级相当一部分控制权。所以，无论是上级员工还是下级员工都有责任感。在这种模式下，形成的非正式组织对正式组织，既可能支持也可能部分反对。

第四种模式：参与民主型领导。领导者对下属有充分的信心与信任，经常主动听取并积极采纳下属的意见和建议。决策权与控制权绝非集中在上层领导者手中，而是遍布于整个组织。下属拥有充分的自由，可以参与组织的决策。信息交流不仅存在纵向的上下级交流，而且存在横向的同事间交流，所有的信息交流都是在相互信任和彼此和谐的氛围中深入开展的。在这种模式下，非正式组织与正式组织通常是合为一体的，一切力量都是为了实现组织目标，而且组织目标同个人目标是相一致的。

经过调查研究，伦西斯·利克特得出结论：其一，组织的领导者倘若在领导中以员工为中心，即领导者既关心员工的工作，又更为注重员工的需求和期盼，那么该组织的生产效率就比较高；倘若领导者在领导中以工作为中心，即领导者只关心员工的工作，而忽视员工的需求和期盼，那么该组织的生产率则比较低。其二，组织的领导者与员工接触的时间越多，则组织的生产效率越高；与员工接触的时间越少，则组织的生产效率越低。其三，组织的领导方式越是民主、合理，采用参与民主型领导的程度越高，则组织的生产效率越高；相反越是专制、不合理，采用专权专制型领导的程度越高，则组织的生产效率越低。总而言之，组织领导者的领导方式对组织的生产效率高低有着重大影响。[1]

第三节　权变理论

随着特质理论和行为理论研究的深入，许多研究者发现两者仍存在一些不尽完善的地方。诸多质疑和连续失败促使研究者把目光转向领导情境因素的影响之中，于是就产生了情景理论，又称权变理论。1964 年，权变理论的诞生在领导科学研究领域引起强烈反响。所谓权变，就是权宜应变、因地制宜。权变理论认为，领导者应根据具体的领导情境因素来选择适当的领导方式，以期实现理想的领导效果。这种理论的关注点是领导者与被领导者的特征、行为和环境。因此，不存在一成不变、普遍适用的最佳领导方式。领导的有效性是诸多因素相互作用的结果，一切都要随着时间、地点和条件变化而变化，即领导者的领导方式是以被领导者的特征和环境为转移的，这亦是权变理论的实质。权变理论清楚说明了领导是一个动态过程。下面详细介绍四种具有代表性的权变理论。

一　菲德勒的权变模型理论

美国伊利诺伊大学弗莱德·菲德勒（Fred Fiedler）教授自 1951 年开始着手研究组织绩效和领导方式之间的关系，经过长达 15 年的调查研究提出了一个有效的领导权变模型，即菲德勒权变模型。该模型认为，无论

---

[1]　曹晓丽、林牧：《领导科学基础》，首都经济贸易大学出版社2016年第3版，第51~52页。

哪种领导风格都可能是有效的，领导的有效性取决于领导风格与领导情景的合理匹配。为此，菲德勒发明了一种工具——最难共事者问卷（Least Preferred Co-worker Questionnaire，简称 LPC），用以确定领导者的领导风格是任务导向型还是关系导向型。同时，他还分离出三项领导情景因素：领导者与下属的关系、任务结构、职位权力，并把这三项领导情景因素分成 8 种环境类型。菲德勒指出，只有领导风格与环境类型相匹配时，领导者才能开展有效的领导。其权变模型理论的具体内容包括：

（一）确定两种领导风格

菲德勒认为，领导者的基本领导风格是影响领导成功的关键因素之一。所以他首先尝试着探索何为这种基本的领导风格。为此，菲德勒开发了一种测试工具，即最难共事者问卷（LPC 问卷），如表 2—1 所示。

表 2—1　　　　　　　　最难共事者问卷（LPC 问卷）

不快乐	1 2 3 4	5 6 7 8	快乐
不友善	1 2 3 4	5 6 7 8	友善
拒绝	1 2 3 4	5 6 7 8	接纳
无益	1 2 3 4	5 6 7 8	有益
不热情	1 2 3 4	5 6 7 8	热情
紧张	1 2 3 4	5 6 7 8	轻松
疏远	1 2 3 4	5 6 7 8	亲密
冷漠	1 2 3 4	5 6 7 8	热心
不合作	1 2 3 4	5 6 7 8	合作
敌意	1 2 3 4	5 6 7 8	助人
无聊	1 2 3 4	5 6 7 8	有趣
好争	1 2 3 4	5 6 7 8	融洽
犹豫	1 2 3 4	5 6 7 8	自信
低效	1 2 3 4	5 6 7 8	高效
郁闷	1 2 3 4	5 6 7 8	开朗
防备	1 2 3 4	5 6 7 8	开放

菲德勒让作答者回顾一下与自己共事过的全部同事，并找出一个最难共事者，在 16 个项目中按 8 个等级 1~8 分对其进行测评，由最消极评价至最积极评价得分依次递增。菲德勒认为，通过作答 LPC 问卷可以断定领导

者的基本领导风格。倘若作答者多用比较积极的词汇来描绘最难共事者，那么他的 LPC 得分就高，则表明作答者很愿意与同事形成融洽的人际关系，像这样倘若领导者能用相对积极的词汇来描绘最难共事者，菲德勒称此种领导风格为关系导向型领导。与之相反，倘若作答者多用比较消极的词汇来描绘最难共事者，那么他的 LPC 得分就低，则表明这种领导者更为注重生产，所以这种领导风格被称为任务导向型领导。

菲德勒认为个体的领导风格是与生俱来的，是一成不变的。如果情境要求关系导向型的领导者，而在此岗位上的是任务型的领导者，那么，要想提高领导的有效性，或者改变情境适应领导者，或者替换领导者适应情境。[①]

（二）确定三项情境因素

LPC 分值的高、低的领导者分别在不同情境下具有更佳效果，而菲德勒提出要从以下三项情境因素出发进行评估，以将领导者与领导情境进行恰当匹配：

1. 领导者与下属的关系

菲德勒认为，领导者与下属的关系是领导情境中最重要的因素。这种关系不仅反映着领导者对下属的信任、信赖和尊重程度，而且反映着下属对领导者的信任、爱戴和愿意追随程度。程度越高的领导者，权力和影响力越大。

2. 任务结构

任务结构是指对工作任务的明确程度和熟悉程度。任务结构程度越高，领导者对组织的控制力就越大，就越能够确切地组织员工完成工作任务、保证工作质量。

3. 职位权力

职位权力是指领导者的正式职位所赋予他的权力。这种权力是领导者对下属控制能力最明显的部分之一，其大小取决于领导者对组织员工的实有权力。菲德勒指出，员工更倾向于追随职位权力较大的领导者。

（三）领导风格与领导情景的匹配

在了解完领导者的 LPC 得分和评估完三项领导情境后，菲德勒强调，

---

① ［美］菲德勒·加西亚：《领导效能新论》，三联书店1989年版，第99~101页。

唯有领导风格与领导情境相匹配时，领导效果才能达到最佳。他通过对1200 个组织群体进行研究，将两种领导风格与八种领导情境相对应，并收集相关数据，从而得出领导风格只有同与之相适应的领导情境相匹配才能获得良好的领导效果。其结论如表 2—2 所示。

表 2—2　　　　　　　　　　菲德勒权变模型示意表

情境因素	情境特征							
	非常有利			中间状态			非常不利	
	1	2	3	4	5	6	7	8
领导者与下属关系	好	好	好	好	好	差	差	差
任务结构	明确	明确	不明确	不明确	明确	明确	不明确	不明确
职位权力	强	弱	强	弱	强	弱	强	弱
领导方式	任务导向型			关系导向型			任务导向型	

菲德勒通过大量研究得出以下结论：在"非常有利"或"非常不利"的情境下，任务导向型领导将是最有效的领导；在"中间状态"的情境下，关系导向型领导将是最有效的领导。

二　赫塞和布兰查德的领导生命周期理论

领导生命周期理论起初是由美国俄亥俄州立大学的心理学家卡曼（Karman）创立的，后经保罗·赫塞（Paul Hersey）和肯尼思·布兰查德（Kenneth Blanchard）加以完善并发展。该理论认为，领导的有效性是由工作行为、关系行为以及下属的成熟度三个因素所决定的。随着下属的成熟度从低至高，产生一个领导方式的生命周期。为什么在领导的有效性研究中重视下属呢？这是由于无论领导者做什么，其领导的有效性都是由下属的接受或拒绝行为所决定的。不过，这一重要因素却常被诸多领导理论所忽视或低估。从这个方面来看，领导生命周期理论是一个重视下属的领导权变理论。

赫塞和布兰查德把成熟度定义为个体对自身行为承担责任的能力和意愿大小，包含工作成熟度和心理成熟度两个方面。工作成熟度是指个体所拥有的知识和技能；心理成熟度是指个体做某事的动机和意愿。倘若一个人的工作成熟度高，那么他就会拥有足够的知识和技能来完成自己的工作任务而不需他人指点；反之亦然。倘若一个人的心理成熟度高，那么他就能够自觉地干某事而不需太多的外界刺激；反之亦然。同时，赫塞和布兰查德还根据工作成熟度和心理成熟度，将组织成员的成熟度分成四个阶段：第一个阶段，即为不成熟阶段（M1）。这个阶段，下属对接受工作和执行任务既无能力又不情愿。所以，这些员工既不能胜任工作又不被组织信任。第二个阶段，即为初步成熟阶段（M2）。这个阶段，下属虽然缺乏工作能力，但却愿意执行必要的工作任务。员工具有一定的积极性，但当前还是缺少足够技能的。第三个阶段，即为比较成熟阶段（M3）。这个阶段，下属有工作能力，但却不愿意执行领导者分配的工作任务。第四个阶段，即为成熟阶段（M4）。这个阶段，下属既有工作能力，又愿意执行领导者分配的工作任务。

另外，赫塞和布兰查德采用工作行为和关系行为两个领导维度，并将每个维度分为高低，从而组合形成四种具体的领导方式：

（1）命令型（高工作—低关系，S1）。领导者为下属分配具体工作，告知下属什么应该干、怎样干、何时干、何地干等。这种领导方式侧重直接指点。

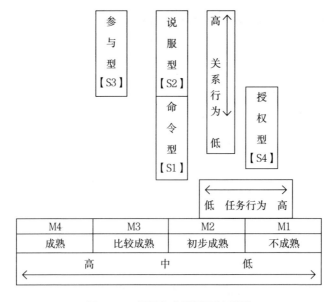

图2—3　领导生命周期理论模型

（2）说服型（高工作—高关系，S2）。领导者既给下属工作一定的指导，又给下属工作一定的支持。

（3）参与型（低工作—高关系，S3）。领导者与下属共商决策，领导者作为主角为下属提供支持条件和内部沟通。

（4）授权型（低工作—低关系，S4）。领导者为下属提供极少的指导或支持，工作的开展主要是由下属独立地进行。[①]

三　弗鲁姆和耶顿的领导者—参与模型理论

领导者—参与模型理论是由美国匹兹堡大学的维克多·弗罗姆（Victor Vroom）和菲利普·耶顿（Phillip Yetton）两位学者于1973年提出。该理论把领导行为同参与决策联系起来，认为有效的领导者应当依照具体情况让下属不同程度地参与决策。因此，领导者的领导方式关键取决于让下属参与决策的程度。因为常规活动与非常规活动对工作任务结构的明确化程度不尽相同，所以领导者的行为方式必须加以调整以适应不同的工作任务结构。有鉴于此，弗罗姆和耶顿根据不同的情景特征，遵照一定的规则设计了一套规整的决策树模型。该模型包括五种决策方式和七种权变因素。其中，五种决策方式从单纯的个人决策到全然的群体决策又对应着五种领导方式，即：

1.独裁Ⅰ（ＡⅠ）：领导者采用手头现有有用信息，独自做出决策、解决问题。

2.独裁Ⅱ（ＡⅡ）：领导者从下属那里获取必要信息，而后独自做出决策、解决问题。

3.磋商Ⅰ（ＣⅠ）：领导者与相关下属讨论问题、征求意见，但最后的决策既可能受下属意见影响，也可能不受下属意见影响。

4.磋商Ⅱ（ＣⅡ）：领导者与全体下属讨论问题、征集建议，但最后的决策既可能受下属意见影响，也可能不受下属意见影响。

5.群体决策Ⅱ（ＧⅡ）：领导者与全体下属讨论问题、共商可行性方案，并试图寻求一种一致的解决问题方法。

---

① 金延平：《领导学》，东北财经大学出版社2015年版，第36~39页。

同时，弗罗姆和耶顿认为，处在决策中的领导者可能会受七种权变因素影响，即：

1. 是否存在更为合理的解决办法？

2. 是否拥有足够信息以便做出高质量决策？

3. 问题是否具备结构性？

4. 下属接受解决办法对有效贯彻执行决策有没有重大关系？

5. 下属能否接受领导者独自做决策？

6. 下属是否清楚解决办法和组织目标之间的关系？

7. 在制定决策方案时，下属之间是否存在矛盾冲突和意见分歧？

弗罗姆和耶顿认为，影响决策效果的因素主要有三项：一项是决策的质量与合理性；一项是下属接受政策以及对有效实施政策承担责任的程度；还有一项是制定政策所需时间的长短。依照这三项因素，再结合七条规则（信息规则；目标一致规则；课题明确规则；下属接受规则；避免冲突规则；公平合理规则；接受优先规则），便可以确定采取哪种领导方式更为适合。[①]

四　豪斯的途径—目标模型理论

1968 年，加拿大多伦多大学伊万斯（W.G.Evans）教授最先提出途径—目标模式理论。1971 年，其同事罗伯特·豪斯（Robert House）补充并发展了途径—目标模式理论，从而形成一种领导权变理论。该理论认为，领导者的有效性是以领导者能够鼓励下属实现工作目标和满足下属各种需要的能力为衡量标准的。领导者的工作主要是阐明下属的工作目标，排除下属的工作障碍，帮助其顺利完成目标。在完成目标的工作中，下属的需要得以满足，下属的成长得以发展。领导者将满足下属需要与实现工作业绩结合起来，提供必要的引导、指导、支持和激励。为此，豪斯将领导方式划分为四种类型：

1. 指向型领导方式：指向型领导者对下属做出要求，明确下属的工作任务，规定下属的工作时间，指导下属的工作程序。

2. 支持型领导方式：支持型领导者比较和蔼可亲，平易近人，关系融洽，

---

① 金延平：《领导学》，东北财经大学出版社2015年版，第41~42页。

关爱下属。

3.参与型领导方式：参与型领导者倾听并考虑下属建议，主张与下属共商决策。

4.成就导向型领导方式：成就导向型领导者通常设立极具挑战性的工作目标，并想方设法激励下属去迎接挑战、达到目标。

与菲德勒观点不同，豪斯认为领导者的领导风格是能够变化的，同一领导者能够依照不同情景展现任意一种领导方式。关于究竟采取哪种领导方式最为有效，其要受两种权变因素影响。如图2—4所示：

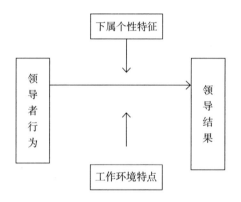

图 2—4 途径—目标理论模型

领导者对下属个人特征是很难影响且改变的，如下属是喜欢控制环境还是喜欢受环境控制、是属于顺从型还是属于独立型、是富有经验的还是缺乏经验的、是能力强的还是能力弱的。但是，领导者却是能够塑造环境以及根据不同个体采用不同的领导方式的。其中，工作环境特点包括组织工作任务的明确化程度、确定性程度、规范化程度；正式权力关系的明确化程度；群体内部冲突的激烈程度等等。

途径—目标模型理论的有效性已由一些科研项目予以证实，并得出以下实验性的研究结论：

（1）较之高结构化和布置好的任务而言，在任务不清楚或压力过大时，指向型领导会实现下属更高的满意度。

（2）在下属执行结构化任务时，支持型领导会实现下属的高绩效、高满意度。

（3）对于富有经验、能力很强的下属，指向型领导可能被看成是累赘。

（4）在组织中，正式权力关系越是明朗化、官僚化，领导者越应减少指向型行为而展现出支持型行为。

（5）在组织群体内部发生冲突时，指向型领导则会实现更高的满意度。

（6）参与型领导使内控型下属更为满意。

（7）指向型领导使外控型下属更为满意。

（8）当任务结构不明确时，成就导向型领导将会提升下属的期望值，使他们坚信只要努力必然会获得可喜的工作绩效。

综上所述，途径—目标模型理论认为，当领导者填补了下属或环境方面的缺陷时，下属的绩效和满意度就会受到积极的影响。然而，当任务本身十分清晰、下属富有经验和能力时，领导者无需加以干涉。倘若领导者仍花费时间宣布工作任务，这种指导行为则会被视为累赘乃至侵犯。①

第四节　领导理论新发展

领导是一个极为复杂的过程。随着时代发展，各种新的领导理论不断涌现。在这一节，我们将列举几种具有代表性的新领导理论，即：魅力型领导理论、愿景型领导理论、交易型领导理论和变革型领导理论。

一　魅力型领导理论

魅力是一个人在社会群体中通过自身特质展现出来的号召力、凝聚力和吸引力。可以说，魅力型领导理论发展了特质领导理论。绝大多数有关魅力型领导的探讨都试图找出魅力型领导者与非魅力型领导者之间存在的行为差别。

一些学者尝试着找出魅力型领导者的个性特征。德国社会学家马克

---

① 金延平：《领导学》，东北财经大学出版社2015年版，第39～41页。

斯·韦伯（Max Weber）最先提到"魅力型领导"这一说法。他认为，领导者为下属所接纳的原因在于大家公认领导者本身具有某种天资。心理学家提出魅力型领导者的显著特征，在于他们具有能力自信、观念自信。同时，他们还擅长表达自我思想、运用表达技巧。豪斯认为，魅力型领导者具有高度的自信、支配力和坚定自己信仰的信念三项因素。瓦伦·本尼斯（Warren Bennis）通过研究美国 90 位最出色、最成功的领导者，挖掘到魅力型领导者具有四个方面的共性特征：一是他们具有令人信服的远见卓识；二是他们具有使下属清晰明白的表达能力；三是他们具有追求目标的全力以赴精神；四是他们具有了解自己的实力，并能将这种实力化为资本。麦吉尔大学的康格（J. A. Conger）和凯南格（R. N. Kanungo）提出魅力型领导者拥有七大特征：自信、有愿景、有阐明愿景的能力、对愿景有坚定的信念、常出现反常规的行动、属于变革代表、对环境具有敏感性。

概括起来，魅力型领导者拥有自我坚信、崇高不已、矢志不渝、令人向往的愿景。与之相随，这些领导者还擅长立足于跟从者的需要，把愿景惟妙惟肖地描述出来，使跟从者为此努力拼搏，在实践过程中善于体察情形、采取反传统的革命举措，来逐渐追求和实现共同愿景。恰是以上这些特征，形成了魅力型领导者的号召力、凝聚力和影响力。不过，大量研究事实表明，魅力型领导行为只有在社会或组织处于危机时才会发挥作用。魅力型领导者能够有效地帮助社会或组织跨过危机，但危机一旦消退则魅力型领导者就可能成为包袱。这是由于魅力型领导者的过分自信往往会出现诸多问题。例如，他们不愿接受他人建议，受到上进下属挑战时会十分不悦，并从此在全部问题上固执己见。

二　愿景型领导理论

魅力型领导理论中就曾出现过"愿景"一词，但愿景型领导风格却远超魅力型领导风格。愿景型领导是指领导者为实现某组织或组织部门的现在、将来的发展而带有创造性地清晰描绘一种现实性的、可信赖的、有吸引力的愿景的一种能力。鼓舞人心是愿景一个极为重要的特征，愿景是具有价值性和可行性的可能事物。它能够被卓越地想象和清晰地表达，从而为组织提供一种崭新地规则，使组织变得非凡。当然，愿景可分为可取愿景和不可取愿景。可取愿景是适合情景的，并反衬着组织特性。同时，组织人员坚信愿景的可行性和挑战性。在愿景之中，人们更倾向于接纳那些能够清晰表达且富有想象的愿景。例如，亚马逊公司创建的愿景是成为互联网最大的零售商。显然，不可取的愿景便是那些无法将美好未来清晰表达给组织人员的愿景。

愿景得以确立后，领导者们还应展现出三种能力：一种是向他人阐释愿景的能力，领导者需要采用清晰的口头和书面表达使愿景按要求实现。一种是借助领导行为表达愿景的能力，这种能力要求领导者要借助行为来不断强化愿景。还有一种是扩展愿景到不同领导背景的能力，这是一种合理规划活动致使愿景可以适用多种情况的能力。联想集团的柳传志就是典型的愿景型领导者。他为成功留住犹豫在工作与留学之间的郭为研究生，曾表达道："我们一定会将公司开到美国去、开到上海去，我们会集体出国！"果真，郭为同学为柳传志的豪言壮语所打动留到了联想集团，并于多年奋斗后确实晋升为集团总裁。①

三　交易型领导理论

交易型领导是指领导者与下属以某种交换关系来实现各自的需要。在交换过程中，领导者为下属提供便利以满足下属的期望；同时，下属则也以听从指挥、完成目标等作为回报来实现下属的愿望。可以说，整个过程就类似一场交易。这种交易关系既能够出现在经济、政治方面，也能够出现在文化、心理方面。比如，通过工作来获得薪酬、通过忠诚来换取关照等等。具体而言，交易型领导主要具有以下几个方面特征：

其一，交易型领导者借助明确角色与任务要求来引领和鼓励下属为实现既定目标而努力奋斗。领导者对下属宣布绩效标准，意味着领导者期盼从下属那里获得某些东西来满足自身需要。同样，下属也会获得相应的回报。

其二，交易型领导者将组织管理的权威性与合法性作为根基，全然依靠组织的奖罚来对下属的绩效施加影响。

其三，交易型领导者重视工作标准、任务分配和目标导向，更侧重于

---

① 金延平：《领导学》，东北财经大学出版社2015年版，第45~46页。

强调任务的完成与下属的顺从。①

伯恩斯认为，交易型领导的有效性关键取决于领导者与下属之间的关系，其领导行为建立于交换基础之上，并主要包括权变奖罚和非权变奖罚两种行为。所谓权变奖罚是指奖励与惩罚是以下属的绩效为标准的；而非权变奖罚则是奖励与惩罚并非按照下属的绩效进行。不同的奖惩将会带来不同的结果。巴斯则把交易型领导行为划分为两类：权变奖励领导行为和例外管理领导行为。所谓权变奖励领导行为是指领导与下属之间存在的一种主动交换行为，即下属完成了预期的工作任务并得到领导认可便能够获得奖励。例外管理领导行为则是指领导者通过关注下属的工作失误、延期决策、差错发生前是否介入等问题，同下属展开交往。为此，例外管理领导者还可以分为主动型与被动型两种类型。主动型例外管理领导者通常预防问题的发生，不过一旦问题发生，他们则会立即采取有效措施予以纠正。被动型例外管理领导者一般是等到工作任务结束后才对问题进行审查，并以此警醒下属、说出自己的标准。

在现实活动中，交易型领导是一种较为常见且无比有效的领导方式。不过，它的时效性却很短。因为一旦交易完成，领导者与下属可能就无法再次融合了。这种领导方式无法带来组织或社会层面的革命，而只能长久地维持其现状。

四 变革型领导理论

变革型领导者是借助下属的价值观和更高的目标来实现对现状改变的，他们通过向下属宣传价值观体系和勾勒组织美好愿景的方式来改变现状。伯恩斯提出任何变革型领导者都具备领导魅力，可是并非任何魅力型领导者都具备变革特征。尽管两者都在为组织或社会变革而努力，但其差别在于变革的落脚点是为组织利益还是为个人利益。巴斯拓展了伯恩斯的理论，细致地研究了下属、团体以及组织得以改变的过程。他指出，变革型领导者常以个人魅力，通过鼓励下属、启发下属、关怀下属来改变其工作态度和价值信念，使他们超越个人利益、实现组织利益，并且能够全力以赴地

---

① 陈荣秋：《领导学》，清华大学出版社2013年第2版，第42页。

沉浸在自己的工作之中。变革型领导方式能够给下属带来极大的归属感，满足下属的高层次需求，并获得高生产率与低辞职率。

具体而言，变革型领导行为具有以下主要特征：（1）跨过交换诱因，通过开发员工与激励智力形式鼓励员工超越个人利益，努力追逐群体的任务目标和发展前景，以完成预期的绩效目标。（2）集中关注长期目标，主张用发展的眼光，激励员工施展创新能力，协调组织系统整体，为达到预期目标创设和谐氛围。（3）引领员工承担更多责任，不仅为自身发展承担责任，而且为他人发展承担责任。

同时，变革型领导行为还应当具有以下四个维度：（1）富有魅力。领导者要依靠激发强烈情感与认同领导方式来施加对下属行为的影响，给予下属美好愿景和使命感；将荣誉感灌输给下属，赢得下属的认可与敬重；突出目标与诺言的重要性，使领导者成为下属的榜样；促进下属的自豪感和自信心，从而实现下属对组织的忠诚。（2）动机激励。领导者要向下属提供具有意义性和挑战性的工作行为，受组织总体目标约束的清晰的预期目标，以及依靠积极乐观态度召唤的团队精神。（3）智力激励。领导者鼓励下属质疑旧假设、旧观念，让下属以新视角用理性思维来提出问题、分析问题和解决问题。（4）个性化体贴。关爱每位下属，关注他们的个性化需求，认真聆听，依照个人情况进行指导和训练。[①]

有充分证据表明，变革型领导行为的每个因素都与工作绩效有着密切联系，并能以此来估计下属的工作绩效。事实上，变革型领导行为能够激励下属实现比较困难的目标，从全方位和多角度去解决问题，与此同时能够推动下属的自我发展。因此，略有变革倾向和存在风险的组织更容易采纳变革型领导方式。

本章小结

本章按照领导理论的发展历程来介绍相关的领导理论，其主要包括特质理论、行为理论、权变理论以及领导理论新发展。

特质理论着重研究领导者的个人特性、品质对领导成效的影响。按照

---

① 陈荣秋：《领导学》，清华大学出版社2013年第2版，第44~45页。

其对领导特性、品质来源诠释的不同，特质理论可分为两类：一种是传统特质理论；另一种是现代特质理论。传统特质理论认为，领导者所具有的特性和素质是先天的、与生俱来的，其主要取决于遗传因素。现代特质理论强调领导者的特性、素质是在现代社会实践中形成的，是可以通过后天的专业教育和专门训练加以培养的。

行为理论研究主要集中在领导风格和领导职能两个方面。有关领导风格的行为理论主要侧重于研究领导者在领导下属过程中所表现出来的各种具体行为方式。而有关领导职能的行为理论则主要是从领导者所要履行的工作职能视角来探讨领导者的行为方式。行为理论研究的核心问题在于找出领导者应当具备怎样的领导行为以及何种领导行为最为有效。行为理论主要有勒温的领导风格理论、二维领导模式理论以及利克特的"领导系统模式"理论。

权变理论认为，领导者应根据具体的领导情境因素来选择适当的领导方式，以期实现理想的领导效果。这种理论的关注点是领导者与被领导者的特征、行为和环境。权变理论清楚说明了领导是一个动态过程，具有代表性的权变理论主要有菲德勒的权变模型理论、赫塞和布兰查德的领导生命周期理论、弗鲁姆和耶顿的领导者—参与模型理论以及豪斯的途径—目标模型理论。

领导是一个极为复杂的过程。随着时代发展，各种新的领导理论不断涌现。新领导理论有魅力型领导理论、愿景型领导理论、交易型领导理论和变革型领导理论。

案例与讨论

哪种领导类型最有效？ [①]

ABC 公司是一家中等规模的汽车配件生产集团。最近，对该公司的三个重要部门的经理进行了一次有关领导类型的调查。

一 安西尔

安西尔对他本部门的产出感到自豪。他总是强调对生产过程、出产量

---

① 资料来源：陈荣秋：《领导学》，清华大学出版社2013年第2版，第47~49页。

控制的必要性，坚持下属人员必须很好地理解生产指令以得到迅速、完整、准确的反馈。当安西尔遇到小问题时，他会放手交给下级去处理，当问题很严重时，他则委派几个有能力的下属人员去解决问题。通常情况下，他只是大致规定下属人员的工作方针、完成怎样的报告及完成期限。安西尔认为只有这样才能导致更好的合作，避免重复工作。

安西尔认为对下属人员采取敬而远之的态度对一个经理来说是最好的行为方式，所谓的"亲密无间"会松懈纪律。他不主张公开谴责或表扬某个员工，相信他的每一个下属人员都有自知之明。

据安西尔说，管理中的最大问题是下级不愿意接受责任。他讲到，他的下属人员可以有机会做许多事情，但他们并不是很努力地去做。

他表示不能理解以前他的下属人员如何能与一个毫无能力的前任经理相处，他说，他的上司对他们现在的工作运转情况非常满意。

二　鲍勃

鲍勃认为每个员工都有人权，他偏重于管理者有义务和责任去满足员工需要的学说，他说，他常为他的员工做一些小事，如给员工两张下月在伽利略城举行的艺术展览的入场券。他认为，每张门票才 15 美元，但对员工和他的妻子来说却远远超过 15 美元。通过这种方式，也是对员工过去几个月工作的肯定。

鲍勃说，他每天都要到工厂去一趟，与至少 25% 的员工交谈。鲍勃不愿意为难别人，他认为安西尔的管理方式过于死板，安西尔的员工也许并不那么满意，但除了忍耐别无他法。

鲍勃说，他已经意识到在管理中有不利因素，但大都是由于生产压力造成的。他的想法是以一个友好、粗线条的管理方式对待员工。他承认尽管在生产率上不如其他单位，但他相信他的雇员有高度的忠诚与士气，并坚信他们会因他的开明而努力工作。

三　查理

查理说他面临的基本问题是与其他部门的职责分工不清。他认为不论是否属于他们的任务都安排在他的部门，似乎上级并不清楚这些工作应该谁做。查理承认他没有提出异议，他说这样做会使其他部门的经理产生反感。他们把查理看成是朋友，而查理却不这样认为。查理说过去在不平等的分工会议上，他感到很窘迫，但现在适应了，其他部门的领导也不以为然了。

查理认为纪律就是使每个员工不停地工作，并预测各种问题的发生。他认为作为一个好的管理者，没有时间像鲍勃那样握紧每一个员工的手，告诉他们正在从事一项伟大的工作。他相信如果一个经理声称为了决定将来的提薪与晋职而对员工的工作进行考核，那么，员工则会更多地考虑他们自己，由此会产生很多问题。他主张，一旦给一个员工分配了工作，就让他以自己的方式去做，取消工作检查。他相信大多数员工知道自己把工作做得怎么样。

如果说存在问题，那就是他的工作范围和职责在生产过程中发生的混淆。查理的确想过，希望公司领导叫他到办公室听听他对某些工作的意见。然而，他并不能保证这样做不会引起风波而使情况有所改变。他说他正在考虑这些问题。

讨论

1. 三个部门经理采用的都是哪种领导方式？这些领导方式建立的假设基础是什么？预想这些领导方式会产生那些后果？

2. 在特定的情境下，是否每种领导方式都具有有效性呢？结合本章相关内容分析原因。

参考文献

［美］菲德勒·加西亚：《领导效能新论》，三联书店 1989 年版。

［美］彼得·F. 德鲁克：《有效的管理者》，工人出版社 1989 年版。

孙健：《领导科学》，南开大学出版社 2017 年版。

曹晓丽等：《领导科学基础》，首都经济贸易大学出版社 2016 年第 3 版。

金延平：《领导学》，东北财经大学出版社 2015 年版。

陆荣秋：《领导学》，清华大学出版社 2013 年第 2 版。

孙奎贞：《领导科学教程新编》，中国人民公安大学出版社 2005 年第 2 版。

詹华、陆忠平：《管理学》，中国纺织大学出版社 2002 年版。

CHAPTER

03

第三章

领导者素质与领导力

本章学习目标与重点建议

1. 掌握领导者素质的特点、主要内涵与培养方式

2. 理解领导者在新时代需要掌握的几种思维方式及其优化途径

3. 了解领导力开发的正式途径与非正式途径

领导者的素质与思维方式对领导者在领导活动的开展以及最终实现组织目标具有至关重要的作用，是领导者个人能力的"内功"，是领导者需要长期学习实践，不断反思锤炼形成的内在的、稳定的、持久的品质能力。因此对领导者素质、领导者思维方式以及领导力进行全面的了解与把握，有利于领导者提升境界格局，增强规划问题的前瞻性与解决问题的实效性。

第一节　领导者素质

领导者素质直接影响领导者工作活动的整体水平，是领导活动中主体的重要组成部分与重要条件，是组织核心竞争力的主要源泉。新时代，领导者的素质也要伴随着时代与社会的发展不断提升与发展。

一　领导者素质的概念与特点

人的素质是在一定历史发展阶段，通过实践活动认识世界和改造世界所具备的条件和能力。那么领导者素质也是领导者在一定历史条件下，在具体的组织环境中，通过先天禀赋和后天学习实践，为实现组织目标从事具体领导活动所具备的必要条件和基本能力。领导者素质既源于先天所具备的禀赋特质，也源于后天学习实践所形成与发展起来的品质能力；领导者素质既具有一般人的基本素质内容，也具有作为领导人才所特有的本领能力。领导者素质是领导者所具有的内在的、相对稳定的、长期的基本观念、基本品质和基本能力，是匹配一定组织环境与组织活动所要求的领导角色与领导职责的。总体来说，领导者素质是领导职能的必然要求，也是随着时代发展和社会进步不断变化和丰富的。

领导具有社会性、系统性、权威性、动态性、战略性和综合性。在具体的社会活动中，领导者受到领导主要特征的影响，除了具有一般人的基本素质内容之外，还有其特殊属性。

（一）社会性。领导者虽然是主体，但是在领导活动中需要自觉的协调众多人、事、物。不仅对社会组织与个人进行协调规划，也对各种资源要素进行支配和影响。同时，领导者也是社会团体与社会组织中的一员。一方面协调处理各种利益关系，另一方面也在协调处理自身的社会关系。同个人的社会性相比，领导者素质的社会性更加突出。此外，随着社会的发展变化对领导者素质也会打上不同的社会色彩。

（二）层次性。领导活动具有层级结构，与之相对，领导者素质也具有层级性。在复杂的组织机构中，可以把领导层分为高层、中层、基层三个层次，它们属于领导活动的不同层面、有着不同的素质要求。一般来说，领导层级越高，对领导者的决策力、创造力的素质要求就越强；层级越低，对领导者的技术能力、业务素质的要求也就越强；而中层领导，因为承担着大量的上传下达的职能，所以其组织协调能力就显得十分重要。[①]

（三）权威性。权威性是领导活动的重要特性。领导者素质需要具有权威性，在具体领导活动中具有引领力、超越性，具有独特的人格魅力。这种权威性来自对领导职能的忠实履行，来自对制度机制的有效把握与高效协调，来自对各种利益关系的平衡引领，来自对组织未来发展前景的高瞻远瞩。

（四）动态性。世界上一切事物都处于运动变化之中，领导者素质也不例外。领导者素质在先天禀赋的基础上，通过后天的不断学习思考、不断的实践锻炼会不断发生变化。领导者素质也会在不断变化的社会环境、组织活动、人际关系、领导行为中进行调整和改变。领导者素质的变化会正向发展，也会负向发展。领导素质的不断变化会极大地影响领导活动的质量，因此，领导者素质正向发展有利于促进领导活动的不断发展。

----

① 刘银花：《领导科学》，东北财经大学出版社2015年第4版，第185页。

（五）战略性。领导者本身的职能要求领导者素质具有战略性。战略性是为实现使命和达成特定目标所作出的具有一定长远性和全面性的计划和蓝图。领导者需要在各种复杂的环境和模糊的状态中，具有远见卓识、高瞻远瞩，能够居安思危、未雨绸缪，客观迅速对环境情况作出战略性的决策、判断和规划，帮助社会组织稳定长远发展，规避风险和威胁。特别是在风险社会中，更加需要领导者具有战略定力和战略格局，进行战略性谋划，带领组织不断发展进步。

（六）综合性。领导者所进行的领导活动、所包括的领导内容、所具有的领导职能、所运用的领导方式等等，都表现为丰富多样的形式和全面综合的内容，涉及领域方方面面，从事好领导工作需要领导者素质也是综合性的。领导者素质不仅能够驾驭组织、决策、指挥、协调、沟通、监督等多方面多环节，而且在现代组织中，领导者素质还包括了政治素质、道德素质、知识素质、心理素质等等各个方面。领导者素质也是一个内涵丰富多种要素共同构成的有机综合体。

（七）阶级性。领导者处于一定的社会团体，一定的社会组织之中，必然会带有社会团体与社会组织的价值定位和社会立场，代表着一定社会团体与社会组织的利益。因此阶级性是领导者素质的内在固有特性，也是领导者素质定位与价值导向的重要体现。因此，在领导活动中，领导者必然会站在本阶级的立场上，维护社会团体与社会组织的利益，维护其意志与要求，培养和造就本阶级利益的忠实维护者。领导者素质中的政治素质与道德素质都是阶级性的鲜明体现，是所有领导者素质内涵中最具有价值导向和利益诉求的。

二 领导者素质的主要内涵

党的十八大以来，习近平总书记始终强调，实现党和国家的各项目标任务，进行具有许多新的历史特点的伟大斗争，关键在党，关键在人。关键在人，就要建设一支宏大的高素质干部队伍。党的十九大报告也提出，建设高素质专业化干部队伍。领导者素质包括内容丰富，现代领导者必须具备的素质主要包括政治素质、道德素质、思想素质、法治素质等方面。

（一）政治素质

领导者是维护组织利益的重要主体和有力支撑，而政治素质是领导者的内在灵魂和价值立场。因此，领导者必须具备较高的政治素质，准确把握组织发展的方向，确保组织发展的方向与国家、政府指引、鼓励的方向一致。[①] 习近平总书记在全国组织工作会议上强调，要坚持好干部标准，把政治标准放在第一位。全面从严治党中，政治要求居于首要地位，因此政治素质是衡量新时代领导干部素质能力的首要标准和根本要求。在领导者的学习、培养、选拔、管理与监督中都要把政治素质的培养与提升摆在首位。坚持习近平新时代中国特色社会主义思想和党的十九大精神，坚持"四个意识"，坚定"四个自信"和"两个维护"，在思想上政治上行为上同以习近平同志为核心的党中央保持高度一致。坚定正确的政治方向，坚定正确的政治立场，坚定正确的政治原则，增强政治的敏锐性和辨别力，维护党和人民的根本利益。

（二）道德素质

道德是一种社会意识形态，是调整人们之间以及个人和社会之间关系的行为准则和规范的总和。道德具有社会性、历史性、阶级性。领导者需要在领导活动中协调人们之间以及个人与组织之间的关系，需要在道德关系中顺应社会性、历史性、阶级性。习近平总书记多次就干部道德标准作出指示，特别是共产党员的党性修养，也指出好干部要做到信念坚定、为民服务、勤政务实、敢于担当、清正廉洁。习总书记对干部以及共产党员道德素质方面的指示，更加明确了培养选拔领导者道德素质的内容与方向。领导者的基本道德素养是领导有效性的基本前提。[②] 新时代的领导者需要坚持社会公德、家庭美德和个人品德，需要坚持社会主义核心价值观，以社会主义核心价值观指导自己的言行举止。共产党员更要时刻自重自省自警自励，老老实实做人，踏踏实实干事，清清白白为官。

（三）思想素质

思想素质也是领导素质的重要方面。其重要性集中体现在思想领导上。

---

① 刘银花：《领导科学》，东北财经大学出版社2015年第4版，第189页。
② 同上书，第193页。

从 21 世纪领导发展的趋势看，思想领导将会在整个领导体系中占有越来越重要的地位。现实生活越来越需要靠思想领导，而越来越不依靠传统的强权领导。①新时代，领导者要深入学习贯彻习近平新时代中国特色社会主义思想和党的十九大精神，用马克思主义的观点、立场、方法指导工作和生活，对科学思想理论体系和专业方面的思想不断学习研究。对于理论学习，党号召共产党员读原文、学原著、悟原理，原原本本学、深入持久学、认真刻苦学。思想理论的提升也有赖于丰富的持久的实践活动。习总书记强调，领导干部要发扬理论联系实际的马克思主义学风，带着问题学，拜人民为师，做到干中学、学中干，学以致用、用以促学、学用相长。

（四）法治素质

党的十八届四中全会中，党的法规制度建设纳入全面依法治国的基本方略，成为我国全面依法治国的重要组成部分。习总书记在省部级主要领导干部学习贯彻十八届四中全会精神全面推进依法治国专题研讨班开班式上的讲话中指出，领导干部要把对法治的尊崇、对法律的敬畏转化成思维方式和行为方式，做到在法治之下、而不是法治之外、更不是法治之上想问题、作决策、办事情。为推进全面依法治国，建设法治社会，领导者要带头尊法学法守法用法，带头营造办事依法、遇事找法、解决问题用法、化解矛盾靠法的法治环境。为更好地进行领导活动，领导者要熟悉法律知识和法律条文，具备法律思想和法制观念，自觉承担法律责任和法律义务。

（五）职业素质

职业素质也叫业务素质，是指领导者从事某一行业具体工作的专门素质。习近平强调，要努力学习各方面知识，努力在实践中增加才干，加快知识更新，优化知识结构，拓宽眼界和视野，着力避免陷入少知而迷、不知而盲、无知而乱的困境，着力克服本领不足、本领恐慌、本领落后的问题。领导者要培养职业素质，就要从业务资格、业务知识、业务技能、业务经验等具体方面大力提高素质；要真正透彻地了解和掌握所在行业部门的现状、问题、潜力和趋势，对所在具体社会环境、自然环境、行业环境等有透彻了解；要清楚自己在专门业务上的适应性和取长补短的切实渠道，增

---

① 邱霈恩：《领导学》，中国人民大学出版社2014年第4版，第131页。

加专业上的压力和紧迫感以获得专业上的真才实学，让自己成为行家里手，成为工作领域的专家权威。[①]

（六）能力素质

能力是一个人的知识智慧在工作中的综合表现，是指领导者运用已有的知识、经验，分析和解决实际问题的本领，是一个人的知识、品德、工作和生活经验等多方面素养的集中体现。[②]习近平同志在中央党校2013年春季学期开学典礼上强调，领导干部要加强党性修养提高综合素质。各级领导干部要努力提高以下六个方面的能力。一要提高统筹兼顾的能力，善于运用唯物辩证法认识和处理问题，既统揽全局、统筹规划，又在重点突破中推动工作协调发展。二要提高开拓创新的能力，善于根据事物发展的客观规律推动思维创新、方法创新、实践创新、制度创新，创造性地开展工作。三要提高知人善任的能力，善于发现人才，正确识别人才，科学评价人才，合理使用人才，把各方面优秀人才汇聚到党和国家事业中来。四要提高应对风险的能力，善于对各种可能出现的风险进行科学预判和超前准备，增强临机处置能力，化风险为机遇，化被动为主动。五要提高维护稳定的能力，善于见微知著，增强维护稳定的果断性，及时化解矛盾纠纷，妥善处理群体性事件。六要提高同媒体打交道的能力，尊重新闻舆论的传播规律，正确引导社会舆论，要与媒体保持密切联系，自觉接受舆论监督。

（七）心理素质

心理素质是领导者自然生命的纯精神性构成材料与造就质量，是集领导者或领导人才于一身的其他所有素质的唯一心理基础和心理依托，为领导者及其领导提供心理平台、心理支持与心理能动性。它同时是包括生理素质在内的所有素质的精神性平台，是在身体素质基础上最大、最重要的基础性素质，是生理素质之后的第二个平台性素质，为其他所有素质和行为提供心理基础、心理载体、心理依托、心理前提、心理条件、心理依据和心理工具。[③]领导者的心理素质要有宽广的胸怀、坚强的意志、持久的毅力、丰富的情感、坚定的担当、不断的创新、独立的人格等等。领导者优

---

① 邱霈恩：《领导学》，中国人民大学出版社2014年第4版，第135页。

② 金延平：《领导学》，东北财经大学出版社2014年第3版，第165页。

③ 邱霈恩：《领导学》，中国人民大学出版社2014年第4版，第138页。

良的心理素质，有利于领导者在不断变化的时代中，在复杂的领导活动中，在各种艰难险阻中，在不断开拓奋发进取中作出正确判断、英明决策、运筹帷幄、统筹协调、攻坚克难、真抓实干。因此，领导者只有具备良好的心理素质，才能做好纷繁复杂的领导工作。

（八）身体素质

新时代，习总书记提出领导干部要打铁自身硬，其中就需要身体素质硬。党的十八大报告中提出，党员领导干部要具备八个本领，实现八个本领的前提之一就是需要良好的身体素质。另外，良好的身体素质也是实现人的全面发展，推进健康中国的必然结果。良好的身体素质有利于领导者在繁忙、杂乱、高压的环境中更好地开展工作。生理素质是领导者自然生命的纯物质性构成材料，是集领导者或领导人才于一身的其他所有素质的唯一物质基础和生理依托，为领导者及其领导提供生理平台、生命力量与生理支持。[①]身体素质就是生理素质的重要组成部分，对于支撑领导者从事领导活动提供了重要的基本条件和基本要素。

三 领导者素质的培养

习总书记对新时代领导干部能力素质的提升非常关注，同时也提出了很多关于增强新时代领导干部能力素质的方法途径，为新时代领导干部新担当新作为指明了方向提出了要求。习近平总书记强调，既要向书本学习，也要向实践学习；既要向人民群众学习，向专家学者学习，也要向国外有益经验学习。领导者素质的培养也需要秉持这五个方面的学习提升。

向书本学习。书本是领导者最基本的知识来源，是补充新知识、学习新技术的重要途径。领导者可以通过进入正规院校进行系统性专门性的学习，可以利用业余时间进行在职进修，可以参加单位、部门以及自己报名的短期班进行培训学习，可以参加相关会议和活动进行学习，也可以通过自学，充分利用各种媒介积极主动进行学习。

在实践中锻炼。素质能力的提升离不开实践的锻炼。实践是领导者提高素质能力、展现个人知识能力积累、改变行事作风的重要平台。认识、

---

① 邱霈恩：《领导学》，中国人民大学出版社2014年第4版，第139页。

实践、再认识、再实践，循环往复以至无穷。实践是领导者经验知识的来源，是认识活动的目的、动力，是检验认识活动正确与否的唯一标准。因此，领导者必须重视实践活动，在实践活动中不断探索、勤于思考、认真研习、不断改进。

向人民群众学习。人民是历史发展的推动力，是历史的创造者，是实践活动的主体。人类文化的发展是广大人民群众勤劳智慧的结晶。领导者不能摆派头，做官老爷，要密切与人民群众的血肉联系，发动人民群众的主体作用，汲取人民群众的智慧力量。人民群众的智慧是经验与知识的海洋，是思想理论发展的不竭源泉。领导者要虚心学习求教，在人民群众中提升自己的领导能力。

向专家学者学习。当今时代，因为分工的不断细化，各类知识也日益专业化，因此领导者不仅要高素质，也内含了专业化的要求。专家学者是在各自领域负责某具体方面工作，具备相关领域知识的行家里手。领导者不仅具有一般的领导才能，也需要专业化知识与能力，需要了解内行话，做内行事。习总书记也强调，领导干部要主动同专家学者打交道、交朋友，多听取他们的意见和建议。

向国外有益经验学习。高尔基曾说，人的知识愈广，人的本身也愈臻完善。党的十九大报告也指出，我们要不忘本来、吸收外来、面向未来。具有国际眼界和国际水平，领导者更能够发挥好领导素质与领导才能，使领导活动更加优质高效。因此，领导者要积极主动地了解相关领域在国际上的发展情况与发展水平，积极向国外的有益经验与知识成果学习，兼容并蓄，增强领导者的广阔视野和创新能力，才能更好地推动领导活动的进行与发展。

经常自我反思锤炼。外因终究要通过内因发挥作用。素质能力提升有很多渠道，无论是知识还是活动，终究需要通过个人不断自我反思警醒，正心修身，通过个人在学习实践活动中知行合一、身体力行。德才双修，以德为先，加强自我管理与自我约束，自重、自省、自警、自励，坚持改造客观世界与主观世界，实事求是、解放思想、与时俱进、开拓创新、不断实践，将经验提升、知识内化、人际优化、行为落地。

第二节　领导者思维方式

习近平同志在治国理政过程中，坚持马克思主义理论为指导，灵活运用多种思维方式，有效地解决了我国十八大以来所面临的各种各样的重大问题，在党的十九大报告中也强调，全党同志都要掌握多种思维方式。新时代的领导者需要了解思维方式的深刻内涵，主动自觉地提升优化多种有效的思维方式。

一　领导者思维方式概述

所谓领导思维方式，是从事领导活动的主体的理性认识方式，是领导活动主体以一定的时代背景、知识、信念等因素为基础，对信息加工处理后所形成的思考问题的方法，是按一定结构、方法和程序把领导思维诸要素结合起来的相对稳定的思维运行样式或模式。它反映领导活动主体运用各种思维方法的熟练程度和认识客观规律的准确程度。[①]领导思维方式的物质载体是大脑及其神经系统，依赖于知识、信念、素质、语言等方面的工具。领导思维方式是领导者在领导活动中认识问题、解决问题的思考方式与途径。领导思维方式是领导者在大量而长期的领导活动中不断形成的，与领导活动相适应的思维工具。

领导者的认识思考在领导活动中具有重要作用，而支配认识思考的最为深刻的思维途径与工具就是思维方式。领导者思维方式水平高、内容多、运用活，就能够更好地认识领导活动中的问题，从而找出方法解决问题，反之，领导者思维方式水平低、内容少、运用差，就会导致领导活动效果差，质量不高。因此，作为领导者主观世界中的重要组成部分，领导思维方式是领导活动推进展开的重要推动力。同时，领导活动纷繁复杂、千头万绪、瞬息万变，新时代领导者更加需要重视自身思维方式的发展与提高，从而

---

① 余仲涛、余永跃：《领导学导论》，武汉大学出版社2008年版，第218页。

在领导活动中运筹帷幄，高瞻远瞩。美国著名心理学专家丹尼尔·高曼曾说："要想在事业上有所成就，将以有无创造性思维的力量来论成败。"领导者的工作更多的是脑力劳动，工作的发展与创新更多地以来自领导者的思维方式的创新与发展。总体来说，领导者思维方式是衡量领导者总体能力和水平的重要标志。

现代领导思维方式具有一些基本的特征：

领导者思维方式具有时代性。思维方式的发展有其自身的客观发展规律。思维方式的发展是与动物自身脑的进化发展同步的，也有一个从低级到高级，从简单到复杂的过程。不同时代，人们的思维水平在不断发展，认识程度在不断加深，思维方式从内容与形式上也在不断发展。领导者在不同时代，思维方式的发展水平也在不断提高，一方面来源于社会客观生活的变化，另外一方面来源于之前思维方式的发展，再有就是科学技术快速发展所产生的人的观念变化。新时代，领导者思维方式随着时代的发展，表现为更加战略性、系统性、创新性，并且伴随互联网、计算机的发展，日益产生互联网思维、区块链思维等。

领导者思维方式具有综合性。社会分工的日益细化也代表了社会合作的高度发展。不同领域不断分化的同时也在不断整合。社会生活的一体化与全球经济一体化的发展趋势，让各个国家在社会很多方面建构了更全面更立体的紧密联系。世界发展的主题仍然是和平与发展，很多问题都具有全球化的特征，世界日益发展为相互依存的人类命运共同体。在这种时代背景下，领导者思维方式也具有综合性，很多问题难以仅仅用单一的思维方式进行解决，往往是几种思维方式综合作用才能产生效果，是领导活动不断发展的必然结果。这也体现了领导者对自身思维方式的灵活自觉运用。

领导者思维方式具有创造性。时代不断变化，社会不断发展，实践活动也日益复杂，这就要求领导者的思维方式也需要不断适应环境的发展变化。这种变化主要来源于领导者为解决新出现的问题不断思考研究改变已有的思维方式，另外来源于科学技术发展所带来的观念上的改变。领导者思维方式只有不断变化创新才能适应时代发展、社会需求、实践要求，才能促进领导活动达到预期的目的，从而提升领导素质与能力。领导思维方式的创造性是立足于时代、立足于现实，着眼于目标，针对新产生的问题和现象，探索创新才不断发展的。

领导者思维方式具有科学性。领导者思维方式的科学性体现在，一是学习培养正确的思维方式，对每种思维方式要有正确的认识与自觉的运用；二是遵循思维方式自身发展的规律性，尊重规律才能运用规律作为指导，避免对思维方式错认、错学、错用；三是学习了解最新的思维方式。新思维方式的产生离不开科学技术领域的重要研究成果。领导者要在工作之余积极主动了解科技发展的最新动态，不封闭僵化，不闭门造车；四是思维方式的运用要尊重实际，一切从客观实际出发，打好思维方式运用的前提条件和重要基础。

二　领导思维方式

十八大以来，党领导人民在治国理政的伟大实践中取得了举世瞩目的重大成就，提出了一系列具有开创性意义的新理念新思想新战略，为新时代坚持和发展中国特色社会主义作出了决定性的贡献。习近平同志在治国理政过程中，坚持马克思主义理论为指导，灵活运用多种思维方式，有效地解决了我国十八大以来所面临的各种各样的重大问题。习总书记也在党的十九大报告中强调，全党同志都要"增强政治领导本领，坚持战略思维、创新思维、辩证思维、法治思维、底线思维，科学制定和坚决执行党的路线方针政策，把党总揽全局、协调各方落到实处。"新时代，领导者的思维方式也需要有政治导向，深刻把握习总书记提出的几种思维方式。

（一）战略思维

战略思维是一种着眼于全局性、整体性的思维活动，是根本性、全局性、长远性的思维方式。具体来说，就是立足浅层看深层，立足局部看全局，立足当下看长远。战略思维是领导者以领导活动目标与任务为导向，在一段时空条件下，对领导活动涉及的要素、结构、机制等进行全局性、整体性的谋划。通过战略思维，领导者要把握大方向，掌控局势发展，协调各个要素，有效地实现预定计划与目标。新时代，我们坚持和发展中国特色社会主义，坚持五位一体全面建设，包括经济建设、政治建设、文化建设、社会建设、生态建设，其中经济建设是根本，政治建设是保证，文化建设是灵魂，社会建设是条件，生态文明建设是基础。五位一体全面建设就是我国新时代对中国特色社会主义发展进行的顶层设计，是战略思维的运用。领导者在新时代尤其要深刻了解和把握战略思维的运用，保持领导理念和领导工作的计划性与延续性，谋全局、谋长远，在顺利完成目标任务的基础上提高领导质量与领导效率。

（二）创新思维

创新思维既是指建立新的理论、创造新的成果或者具有新的发展的认识活动，也指对原有事物的调整调动而形成新效能的思维方式。前者强调的是思维活动的独创性、是前所未有的思维，后者强调突破常规和传统以新颖独特方式解决新问题的想法和思路。[①]党的十九大报告就是运用创新思维的成功典范。党的十九大报告中提出了一系列新思想新战略新部署，提出我国发展进入新时代，我国建设改革取得了新成就，社会主要矛盾发生了新变化，提出习近平新时代中国特色社会主义思想，提出我国未来发展的新步骤，绘制了经济、政治、文化、社会、生态等各个方面发展的新蓝图，提出了一系列的具有创新性的战略部署与举措。领导者在领导工作中也要破除陈规，大胆开拓，勇于创新，敢挑重担，积极主动地面对和解决领导工作中遇到的新情况新问题，积极探索解决问题的新思路新办法新途径。对待领导工作的复杂、困难问题，领导者能够深刻认识、挖掘本质，能够多角度思考、多次研究，能够灵活多变、出奇制胜。

（三）辩证思维

辩证思维是习近平总书记着重强调和经常运用的重要思维方法。辩证思维的理论依据来源于马克思主义理论，是辩证唯物主义在思维领域中的运用。辩证思维就是认识事物要运用辩证的观点看问题，要看到在运动变化中事物之间的联系与发展，要看到运动发展过程中矛盾的演变，认识和把握矛盾的双方、矛盾的普遍性与特殊性，主要矛盾与矛盾的主要方面。我国的治国理政中既有十八大以来的成绩也有问题；既有变化的社会主要矛盾，也有不变的社会发展阶段；既有五位一体的顶层设计，也有四个全

---

① 赵福生：《领导思维》，研究出版社2017年版，第110页。

面的战略布局；既有党的伟大工程，也有四个伟大的全面发展等等。特别是在全面深化改革中，辩证思维也运用非常充分。世界上一切事物都是运动发展的，领导者要在运动变化中对领导工作进行辩证分析，把握辩证思维的深刻内涵，灵活运用辩证思维。在辩证思维的指导下，领导者需要把握主要矛盾与矛盾的主要方面，全面协调以及重点谋划，但是也要在认识中避免诡辩论，生搬硬套。

（四）法治思维

法治思维就是在判断是非和处理事务时都要想着以法律为准绳。简言之，就是依法办事的思维。法治思维，要求崇尚法治、尊重法律，并运用法律手段解决问题和推进工作。[①]法治思维是思维方式依据思考内容的角度提出的，主要是适应我国全面依法治国，树立法治观念，营造法治氛围和法治环境所提出的。法治思维是全面依法治国背景下，对领导者从事领导工作的基本要求和必要领导方式。习近平总书记在党的十九大报告中指出，"加大全民普法力度，建设社会主义法治文化，树立宪法法律至上、法律面前人人平等的法治理念。各级党组织和全体党员要带头尊法学法守法用法，任何组织和个人都不得有超越宪法法律的特权，绝不允许以言代法、以权压法、逐利违法、徇私枉法。"新时代领导者要尊法学法守法用法，树立法治观念和法律意识，自觉运用法治观念和法律方式处理解决问题，掌握法治领导方式，用好法律这一治理工具，为建设法治社会、法治政府、法治国家贡献力量。

（五）底线思维

底线思维是一种边界思维，是对"度"的把握，理论依据主要来源于辩证法三大规律之一的量变质变规律。事物发展是质变和量变的统一，是从量变开始，量变达到一定程度，事物的性质发生变化产生质变。因此，把握量变质变转换的"度"，才能把握事物发生变化的性质，保证事物发展状态符合主体活动的需要。底线思维就是关注事物发展变化，从最坏处准备争取最好的结果，具有危机意识，能够居安思危、险中求胜。底线思维是习近平总书记在十八届中央政治局常委会、中央政治局一次会议上创

---

① 李军：《治国理政的思维艺术》，人民出版社2018年版，第128页。

造性地提出的科学思想，指出"要善于运用底线思维的方法，从坏处着眼，争取最好的结果，做到有备无患，牢牢把握主动权。"总书记也指出，我们党是生于忧患、成长于忧患、壮大于忧患的政党。领导者要善于运用底线思维，具有危机意识，能够对领导工作做到未雨绸缪，保证领导工作顺利开展。

三　领导者思维方式的提升路径

领导者思维方式的质量水平对领导工作的高效高质开展具有重要作用，提升、优化与培养领导者思维方式说到底离不开领导者的学习、思考与锻炼。

（一）不断丰富切身体验。思维方式属于理性视域。理性与感性在人们的认识中辩证统一，感性是理性的来源，理性需要在感性基础上提升，理性有赖于感性。因此，思维方式的质量和水平的提升优化离不开感性体验的丰富，离不开感性经验的积累，不仅需要丰富的内容，也需要多样化的途径和方式。多种思维方式和高质量的思维方式有利于支撑领导者思维方式的有效运用，有利于领导者开拓思路、不断创新，有利于领导者在实际工作中有效地解决问题，不断创新地谋求发展。领导者的思维方式不仅仅来源于领导工作，更多地来源于丰富多彩的社会生活，来源于广大人民群众。

（二）不断进行经验总结。经验是人的认识来源之一。丰富的经验能够为领导者顺利开展工作提供有益的借鉴，能够为领导者解决问题提供便捷有效的途径方式，同时丰富的经验也为领导者对理性知识的理解积累和对问题的深刻分析提供有效的来源。因此，不断进行经验总结，丰富领导者的经验所得都有利于领导者思维水平的提升。此外，经验总结也是提升思维理性的必然途径。吾日三省吾身。自省、自问、自查也是领导者修心正心的有效的内在途径。领导者要经常反思，重视经验积累的重要作用，不断提升分析研究事情的能力和水平，提高自身的境界和格局，既能从经验中总结心得，也能超越经验不墨守成规。

（三）不断提升理论水平。恩格斯曾说过，一个民族想要站在科学的最高峰，就一刻也不能没有理论思维。理论知识是构成思维能力水平的基本要素，是决定思维的科学程度和发展水平的基础。我们党不仅要学习各种理论知识，学习科学研究成果，更要学习马克思主义理论和中国特色社会主义理论体系，特别是习近平新时代中国特色社会主义思想。党号召领导干部要读原文、学原著、悟原理，熟读精深，学思悟透，要原原本本学、深入持久学、努力刻苦学。党的十九大报告也指出，我们要建立学习型政党，党员需要具有学习的本领。在知识经济时代，领导者更要重视理论知识的学习，把握理论知识的能力，提高理论知识的悟性。只有提升了理论知识水平，深刻把握思维方式，才能充分调动思维工具，用于指导领导活动，提高现代领导者的领导水平和能力。

（四）不断进行实践锤炼。实践是认识的目的，是认识的来源，是检验认识的唯一标准。领导者思维方式的提升不仅有赖于丰富多样的感性体验，不仅依赖于认真深刻的经验总结，依赖于理论知识的学习，更有赖于实践活动中的锤炼。思维方式的运用说到底是为了领导者能够更好地解决问题，思维方式在实践活动中的运用也有利于领导者掌握思维方式运用的效果，进行经验总结，以便之后不断调整提高。因此，领导者需要积极主动地运用思维方式参与实践活动，在活动中学习运用思维方式、检验思维方式、提升思维方式，并且实现领导活动的目标与任务。同时，实践活动也是人的活动。领导者在实践活动中不仅接受了实践的锤炼和反馈，也经受了实践主客体的交流与反馈。从群众中来，到群众中去。在实践活动中，领导者吸收更多的思维方式，更新已有的思维方式，发展新的思维方式，为思维方式的提升优化谋求更多的途径。

（五）不断培养良好习惯。人是习惯的动物。人类很多活动都有赖于依靠习惯完成。领导者也会遵循这条基本规律。领导者工作虽然复杂、困难，更多是脑力劳动，但是遵循生物的基本规律更有利于领导者提高自己的工作能力与效果。因此领导者需要改掉不利于领导工作的习惯，培养良好的生活工作习惯，例如锻炼的习惯、创新的习惯、自我管理的习惯、守时的习惯等等。这些习惯的养成，不需要领导者在面对问题时花费大量的精力和时间进行心理调节与建设，不需要领导者在协调问题时举棋不定而耽误时机。此外，良好的习惯本来也是支撑思维方式的重要生理机制。习惯与思维方式都接受大脑的指挥，都具有相对的稳定性，习惯可以让思维方式省时省力地更好地发挥作用。

第三节 领导力

领导力内涵丰富宽泛，所具有的意义在组织活动中较为重要，值得组织各级领导者引起重视。领导力的发展有自身的过程和层次，不同层面领导力的内容与针对性都不同。对不同对象领域，领导力的开发方法也是多种多样。

一 领导力概述

领导力不同于一般的管理能力，它是管理人员在特定的组织系统中，动员周围的人，为实现组织的使命共同努力的一种能力或能力体系。领导力不是传统意义上所理解的一种职务或"官位"，而是一种引导和促进组织发展的行为和过程，是各级管理人员与其下属互动的水平和效果，这是传统领导观和现代领导观的根本区别。领导力不仅是"领导人"拥有的能力，还是整个组织及其所有成员包括基层员工都可以发展出来的一种不断创造新业绩的能力。企业领导力综合水平体现在企业中的每一个人身上，而不只是管理人员。[①]

管理人员具有领导力一般会在组织活动中体现为：

描绘发展愿景。领导者自身就是有远见、有理想、有作为的力量，在组织活动中能够为组织描述未来发展的目标、未来发展的图景，描述成功的时刻。领导者能够依靠出色的表达、细致的洞察、激情的言行、高超的表达，激发他人的斗志和希望，鼓舞他们的活力和激情，让他人能够接受领导者的描绘，树立坚定的信心以及清晰的发展目标，充分调动大家既关注当下，也引领未来的积极性。

团结引领下属。独木难成林。领导力也体现在显著的团队建设与团队发展中。领导者能够协调处理好与他人间的关系，培养他人团结协作的精神，鼓舞大家发挥主动性积极性，在共同的目标下团结起来共同致力于组织发

---

① 萧鸣政、刘追：《人力资源开发》，北京大学出版社2017年版，第293页。

展的目标。在组织活动中，领导力不仅局限于良好的沟通能力，也表现为组织的引领能力。

迎接挑战困难。具有领导力的领导者更容易在困难与挑战面前冷静分析、勇敢面对。领导者在组织活动中，攻坚克难来源于准确的判断、客观的分析、明确的目标指向、勇气毅力以及对自己解决问题的自信和定力。领导者是逆流而上的人，是迎风前行的人，既是困难的挑战者，也是未来的创新者、开拓者。

建立牢固认同。基于对未来的清晰描绘与坚定不移，基于有效的团结能力和发展建设，基于攻坚克难的自信与定力，领导者的领导力也会体现为集体的认同感，特别是组织文化在领导主体的集中体现。这种认同感驱使他人能够在工作中为之奉献付出，为之努力工作，并形成稳定集中的文化精神与鲜明的文化氛围。

严格自我管理。优秀的领导力也会体现为领导者严格的自我管理，对自己时间、精力、工作、生活等有计划、有目标、有想法，具有自律的倾向。此外，由于领导者在组织中的重要位置，一个领导者往往成为下属效仿的对象。在攻坚克难、创新发展中，领导者更多地走在前面，成为下属关注和模仿的对象，因此领导者总是以身作则，时刻关心和思考组织的发展状态和发展前景。

二 领导力的发展层次

（一）第一层次——职位

这是通往领导的入口，在这一层次，领导者拥有的唯一影响力仅仅在于领导者的头衔。一旦一个人被授予了某项官职或职位，他也就处于"可控制"的状态——拥有了组织授于他所拥有的权威，而真正的领导者应当要着力成为其他人所乐于追随和为之心悦诚服的人。停留在这一层次上的领导常常由上级指派。对于这一层次上的领导所发布的权限以外的命令，下属员工不会俯首帖耳。作为领导者，不能让自己停留在这一层次上，所有的成功和喜悦都来自于成为领袖之路上的不断攀升的能力。

（二）第二层次——认同

领导者需要认同感。只有当一名领导者的领导力达到第二层次时，才能达到这种境界。人们只有在了解了你对他们的重视和关心时，才会在乎你的见识。在"职位"层次的领导者一般都用强势的权威来开展工作，与之相比，在"认同"这一层次的领导者却是依靠人际发展。可以这样说，融洽的上下级关系，远比死板的规章制度更有效力。如果不能与员工、下属建立牢固而持久的人际关系，领导者很快将发现他们无法发挥长久而有效的领导力。如果第一层次"职位"是通往领导的大门，第二层次"认同"则是奠定领导力的基石。

（三）第三层次——成就

一旦领导力到了这一层次，积极的成就便层出不穷：效益倍增、士气高涨、员工流失率低、需求不断被满足、目标接二连三地实现，与这种良好局面相伴而生的是"无穷的动力"，种种棘手的问题迎刃而解，"成就"成了一切行动的直接动因。组织中的每一个人都为了同一个使命和奋斗目标而团结互助，这是第二层次和第三层次的主要差别。

（四）第四层次——育才

如何界定卓越的领导力？其中有一条毋庸置疑的定律：抛开那些庸庸碌碌、无所作为的员工，真正的领导者必须要为绩效出众的员工所承认。俗话说，领导的伟大并不在于他本人的权力，而在于他令下属光彩夺目的能力，没有成功者延续的"成功"本身便是失败的。在领导力的第二层次，员工热爱领导者，而在第三层次，员工尊敬领导者，到第四层次，员工对领导者忠心不二，为什么？因为通过帮助他人的提升，领导者体现了领导力，赢得了下属的忠诚。

（五）第五层次——做人

在做人这一层次，领导者因为自己的人格魅力以及所代表的形象和风范备受下属员工拥戴，这是领导力层次中的最高境界。能达到这一层次的领导者可谓凤毛麟角，人中翘楚。[①]

三 领导力的开发途径

领导力开发途径有正式的，也有非正式的，有内部的，也有外部的，

---

① 刘银花：《领导科学》，东北财经大学出版社2015年版，第221~222页。

有个人开发，也有组织开发等等。

（一）正式途径

领导者领导力的开发正式途径主要依靠培训师、教师和其他"专家"的"输入"。这种正式途径可以是在职的——发生在工作环境中，也可以是脱产的——远离工作场所。

培训班课程。组织设计开发培训班课程可以委托其他机构联合开展，也可以在组织内部开展；可以针对专项问题设计开发课程，也可以就领导力一般问题开发课程；可以外请专家教师进行培训，也可以请组织系统内的行家里手进行培训。这种培训相对比较正规，一般经过认真的调研、审核、计划、实施、反馈等，涉及人数多，计划性强，培训时间集中，培训经费较多，大多数需要领导者脱离工作岗位参加培训。这种培训班课程对领导者来说，一方面在一定时空下，集中精力专心进行学习培训，面对面接受专家教师的辅导，对领导者来说学习效果会更好，在及时有效的沟通中对领导工作中的问题能够得到很好的解决。另一方面这类培训课因为是在固定情景中，与专家教师面对面进行，因此更容易形成学习培训氛围，学员之间互相影响互相监督，对知识的学习和体悟更有情景的体验，有利于领导者更好地理解领悟知识。

远程教育和网络教学。以国际互联网和多媒体为代表的信息技术，对人们的学习方式产生了深远的影响。信息化的手段使员工培训发生了一场历史性的变革。组织可以利用信息教育技术和多媒体技术武装起来建立运用属于自己的教育培训系统，对领导者领导力进行培训。通过这种方式，让领导力培训专家在网络上为领导者答疑解惑，进行教练辅导。这种远程培训方式可以使领导者通过网络学习提高自己的领导水平，一方面可以节省培训经费、缩短培训周期，另一方面可以提高培训质量。对领导者来说，信息化领导力培训手段不仅可以使其不必脱离管理者岗位，而且相关的远程网络培训内容也可以在日常的管理中得到应用和检验。这种培训方式既不会影响到本职工作的开展，又能使领导力的培养取得良好的效果。[1]

---

① 萧鸣政、刘追：《人力资源开发》，北京大学出版社2017年版，第305页。

（二）非正式途径

组织对领导者领导力的非正式但有计划的方法越来越感兴趣，同时对计划外的学习收获也有兴趣。这种开发途径的优势在于学习融入到领导者所处的特定情景中。对有效直接的解决实际问题，对更加便利地进行组织内的沟通交流，非正式开发途径更具有优势。

360度反馈法。360度反馈法是由于被评价者有密切联系的人，包括评价者的上级、同事、下属等，分别匿名对被评价者进行评价，同时被评价者也进行自我评价，然后将他评的结果与自评的结果进行对比，并在适当的时候将结果反馈给被评价者。其目的在于，帮助领导者认识到发展目标以及自身现状，找出差距，结合工作实际情况深入分析其原因，从而制订有针对性的发展计划。这种方法实际上可以看作是领导力提升的前提和基础。这种方法优势在于：一是为领导者本人提升领导力提供了较为全方位的信息反馈；二是标准化问卷、施测方法和数据分析手段使360度反馈更具标准性、可量化性、可重复评价性等特点，操作简单，涉及范围较大；三是领导者行为会不断发生变化，360度反馈可以将测评指标前后进行比较，动态收集数据进行分析，以便调整培养目标和方法。

教练辅导法。教练辅导是一种目标定向的学习和行为改变方式，主要用来提高个体工作绩效、工作满意感和组织效能，它既可以是围绕提高某一特殊领导技能而实施的短期干预，也可以是通过一系列不同方式开展的一个较长期的过程。教练可以是1人，也可以是一个团队。教练辅导既给予被教练者必要的管理辅导，又通过教练提问技术，引导学员认识自我、发现自我、启发自我，激发员工潜能。基于胜任力理论和科尔布学习周期理论，教练辅导通过帮助被教练者明确"理想的自我"，认清"现实的自我"，明确理想现实之间的差距，通过反馈与制订个人发展计划和试行动与改变，达到固化效果与持续提升。

导师指导法。一般正式的导师指导是处于金字塔较低层的领导者与自己无直线管理关系的较高层领导者进行配对，有时也将其与同事或组织外的咨询师配对，由他们帮助职级较低的领导者开阔视野、积累经验、拓展人际关系网络和提升自身的领导力。导师指导法首先要依据被指导者实际情况制定个人发展计划，导师提供必要的信息和指导；其次，鼓励被指导者自我管理，导师对可能出现的问题进行预测，为其提供解决问题的经验性建议，鼓励其独立思考自己设法解决问题；再有，支持个人发展计划的实施，双方沟通交流，导师提供客观的信息和指导，培养其思维和行动能力；最后评估结果探讨交流，帮助被指导者分析思考总结。

行动学习法。行动学习是一种通过"经验""做"来学习的形式，是以完成预定工作为目的、在团队支持下持续不断反思和学习的过程，其本质是一种基于经验的学习取向，是一种理论与实践相结合的有效学习方法。行动学习法是设定行动学习项目，例如确定研究课题、寻求资金支持、指派人员或机构等，制定实施方案，组建团队及专家支持，按照计划开展项目，进行成果验收。通过项目的研究学习和参与，提升领导者在项目中的学习思考以及对领导活动中问题解决的能力。

户外的领导者领导力开发。户外的领导者开发可以用来形容多种活动，从酒店草坪上开展一下午的培训活动到在荒野中一个月的户外探险培训。在户外，领导者面临情感的、身体的和精神上的风险和挑战，在这种风险和挑战中，有关个人和团体实践了诸如领导力和团队精神等方面的技能。最有效的户外管理开发是以提高参与者对其自身和他人管理为目的，并深入在更为广泛的领导者领导力开发过程中，解决涉及个人和团队具体的学习需求，既需要个人的自由决策又需要共同的合作努力。此外，任务难度可以适应需要升级，也要在过程中定期进行评估与反馈。

领导者的相互开发。领导者的相互开发也被称为"领导者开发领导者"。一些组织将主要领导者对管理人员开发视作其基本责任。科恩和蒂希在对一些组织的最佳领导者进行调查的基础上，得到下面一些足以解释领导者为什么要开发领导者的观点：成功者是由其可持续的成功判断的；成功公司在各级别中都有称职的领导者；获得更多领导者的最佳方式是让领导者开发领导者；为了开发他人，领导者必须有一个可以传授的观点；领导者是创造组织未来故事的人。因此，领导者可以通过与自身经历有关并以经营为导向的故事形式开发领导者，可以有关产品、服务、市场的观点，对领导价值观的实际生活解释，做出艰难的决策，工作的精力与活力。此外，领导者也可以设计学习计划或工作项目进行开发，通过有计划的会议、实施、反馈、调整，使开发者在学习计划或工作项目中得到能力提升。

自我开发。各种领导力开发途径都需要领导者自身的配合，此外也需要领导者积极探寻途径进行自我开发，在能力开发上承担更多责任。正如博伊德尔和佩德勒所说的那样，任何有效的管理开发系统都必须提高管理者控制和负责事务的能力和意愿，以及参与自身学习的积极性。如果领导者自身注重自我开发，那么其他的领导力开发方法包括自身的开发都会产生更好的效果。[①]

本章小结

本章主要介绍了领导者素质的概念、特点、主要内涵及其培养方式途径，介绍了领导者新时代需要掌握的几种有效的思维方式，以及领导力的概念、主要体现、发展层次以及开发途径。

首先，本章概括了领导者素质的概念、特点与主要内涵，指出了领导者素质培养的方式途径。领导者素质是领导者所具有的内在的、相对稳定的、长期的基本观念、基本品质和基本能力，是匹配一定组织环境与组织活动所要求的领导角色与领导职责的。领导者素质除了具有一般人的基本素质内容之外，还具有社会性、层次性、权威性、动态性、战略性、综合性和阶级性的特点。领导者素质内容丰富，现代领导者必须具备的素质主要包括政治素质、道德素质、思想素质、法治素质等方面。

领导者的素质提升需要通过向书本学习，在实践中锻炼，向人民群众学习，向专家学者学习，向国外有益经验学习，也要经常反思锤炼。只有通过内外兼顾、德才双修、知行合一，领导者素质才会得到较大的优化与改善。

其次，本章按照习近平新时代中国特色社会主义思想的指导，结合党的十九大精神，阐述了领导者在新时代需要掌握的几种有效的思维方式。对领导者的思维方式的概念、地位作用以及特征进行了阐述，认为领导者思维方式具有时代性、综合性、创造性和科学性。重点介绍了战略思维、创新思维、辩证思维、法治思维、底线思维五种思维方式。领导者思维方式的质量水平提高有赖于不断丰富切身体验，不断进行经验总结，不断提升理论水平，不

---

① 参见萧鸣政、刘追《人力资源开发》，北京大学出版社2017年版，第306~320页。

断进行实践锤炼以及养成良好的习惯。

最后，本章介绍了领导力的概念和在组织活动中的主要体现，指出领导力发展有五个层次，不同层次有不同的关注内容。领导力开发途径有正式的，也有非正式的。正式途径包括培训班课程、远程教育和网络教学，非正式途径包括360度反馈法、教练辅导法、导师指导法、行动学习法、户外的领导者领导力开发、领导者的相互开发和自我开发。

案例与讨论
毛泽东同志处理国共两党关系

北伐时期，军阀势力强大，国共两党虽主义不同，但需要携手合作，才能打垮军阀，这时依赖面大，于是有了第一次国共合作。

然而，北伐硝烟刚刚消散，蒋介石就企图统治中国，造成国共两党势同水火，毛泽东同志精辟地分析斗争形势，科学地批判了陈独秀的右倾机会主义，使全党看清国共两党的尖锐对立和蒋介石要将共产党赶尽杀绝的野心，使大家丢掉对蒋介石的幻想，握紧枪杆子，打出自己的革命政权。

"九·一八"，日本鬼子打响了侵略中国的枪声，民族危亡之际，张学良将军毅然发动西安事变，国共两党的对立面又处于次要地位。毛泽东同志英明决策，力主放走屡次屠杀共产党的罪魁蒋介石，逼蒋抗日，从而建立了第二次国共合作。

1945年，日本投降，就在人民大众翘首期盼和平之时，蒋介石撕毁"双十协定"，再次悍然发动了内战，企图在中国建立蒋家王朝，因此以毛泽东同志为首的党中央制定了针锋相对的对策，号召人民起来打败蒋介石集团，夺取新民主主义革命的胜利，全面展开解放战争，最终赢得了胜利，从此，中国人民站起来了。[①]

讨论

1. 毛泽东同志处理国共两党关系体现了领导者哪些思维方式，如何体现？

---

① 赵福生：《领导思维》，研究出版社2017年版，第72~73页。

2. 通过对毛泽东同志处理国共两党关系的案例，体现了毛泽东同志作为领导者具有哪方面的领导素质？

参考文献

刘银花：《领导科学》，东北财经大学出版社 2015 年第 4 版。

邱霈恩：《领导学》，中国人民大学出版社 2014 年第 4 版。

金延平：《领导学》，东北财经大学出版社 2014 年第 3 版。

余仰涛、余永跃：《领导学导论》，武汉大学出版社 2008 年版。

赵福生：《领导思维》，研究出版社 2017 年版。

李军：《治国理政的思维艺术》，人民出版社 2018 年版。

萧鸣政、刘追：《人力资源开发》，北京大学出版社 2017 年版。

赵磊：《领导干部必备的三大思维能力——战略思维　创新思维　辩证思维》，中共中央党校出版社 2011 年版。

刘炳香：《领导力新观点》，中共中央党校出版社 2013 年版。

陈树文：《领导学》，清华大学出版社 2017 年第 2 版。

黄东阳、林修果：《领导科学》，北京大学出版社 2016 年版。

CHAPTER

04

第四章
领导战略与规划

本章学习目标与重点建议

1. 了解掌握领导战略与规划的概念、特点、作用、构成要素及类型

2. 理解影响领导战略与规划的内部因素和外部因素

3. 掌握领导战略与规划实施流程和步骤

作为组织的领导者，在实施领导的过程中一般都会面临着"我们现在处于什么位置？我们要实现什么目标和愿景？我们如何实现目标和愿景"这样几个基本问题。回答"我们现在处于什么状况"这个问题，必须认真研究分析组织的基本状况、存在的问题、优势与劣势以及组织的绩效等问题；回答"我们要实现什么目标和愿景"这个问题，必须根据组织现阶段的管理需要，对未来发展方向进行预测和定位，明确发展目标，并以此来规划和制定组织的核心价值、原则、精神等抽象的观念；回答"我们如何实现目标和愿景"这个问题，则必须关注领导战略制定和实施的细节问题。本章主要就领导战略及其特点、作用、类型，战略规划的影响因素，如何有效地制定和实施战略规划等问题进行探讨。

第一节　领导战略的概述

成功的组织与卓有成效的领导战略密切相关。在瞬息万变的世界里，领导者必须具有战略眼光才能根据纷繁复杂的信息设定组织的发展战略，为组织的长久发展指明方向。

一　领导战略的概念

"战略"一词最早是军事上的概念，来源于希腊语 Strategos，意为军事将领、地方行政长官，后来演变成军事术语，指基于对战争全局的分析、判断而作出的谋划。

美国著名管理学家钱德勒首开战略问题研究之先河。1962年，钱德勒发表了《战略与结构：美国工业组织史的若干篇章》。这本著作中，他以杜邦、通用等四家组织为例，分析了环境、战略和组织之间的相互关系，提出了"结构追随战略"的论点，即组织扩张战略必须有相应的结构变化跟随。由此，钱德勒被认为是战略管理领域的奠基者之一。

1965年，美国学者安索夫把组织战略研究向前推进了一大步。他提出组织战略必须按严格步骤有序地进行：战略环境分析、战略目标设定、战略方案拟定、评定与选择、战略计划的实施及其反馈控制系统等。安索夫开创了战略规划的先河，成为现代组织战略理论研究的起点，标志着组织战略理论的研究已经进入了一个新的阶段。此后，很多学者基于不同的理论基础、研究方法和研究角度进行研究，从而进入战略理论丛林阶段。

1980年，波特的竞争战略研究开创了组织经营战略的崭新领域，对全球组织发展和管理理论研究的进步，都作出了重要的贡献。此后西方经济学界和管理学界一直将组织竞争战略理论置于学术研究的前沿地位，从而有力地推动了组织竞争战略理论的发展。这一阶段产生了以竞争优势为研究焦点的三大战略学派：波特的行业结构学派、普拉哈拉德与汉默尔的核心能力学派、科利斯与蒙哥马利的战略资源学派，进一步完善了组织战略理论体系。

1995年以来，科利斯与蒙哥马利在哈佛商业评论发表了《凭借资源展开竞争：90年代的公司战略》和《创造公司优势》等多篇论文，后又出版了《公司战略：组织的资源与范围》，全面系统地阐述了基于资源的组织战略理论。

进入21世纪，"战略"一词被更加广泛地运用于军事、政治、经济和文化及组织管理的各个领域。提出了诸如"政治战略"、"经济战略"、"文化战略"和"国家战略"等一系列新概念。

管理学中的组织战略是指组织对有关全局性、长远性、纲领性目标的谋划和决策，即组织为适应未来环境的变化，对生产经营和持续、稳定发展中的全局性、长远性、纲领性目标的谋划和决策。与组织战略不同，领导战略是一个管理词汇，是指对重大的、带有全局性的或决定全局的决策和用人问题的谋划和策略，对于领导活动而言，领导战略就是指领导者作出重大的、带全局性的或决定全局性的长远的谋划。毛泽东同志特别强调领导者一定要有"战略头脑"。他在 1935 年 12 月 23 日为中共中央政治局起草的关于军事战略问题的决议中就写道:"拿战略方针去指导战役战术方针,把今天联结到明天,把小的联结到大的,把局部联结到全体,反对走一步看一步。"[①]这里,既指出了战略方针是决定具体的战役战术方针的,又指出了正确的战略方针应该包括全局性的眼光和敏锐的预见性这两个方面。

一般而言,组织战略与领导战略相比,更具有组织性、全面性与客观性。组织战略体现整个组织的特性,从整个组织发展的环境与客观需要出发进行制定,而领导战略一般是领导者依据组织战略、领导者对于目前组织面临的任务、目标与环境特点制定的阶段性组织战略。领导战略和组织战略都具有全局性、长期性、层次性、稳定性、风险性、适应性等六个特点。

(一)全局性

战略是研究全局的指导规律的东西。从全局和局部的关系上说,全局决定局部。只有取得全局的主动权,才能赢得最后的胜利。凡是在全局中带有共性、具有普遍指导作用的问题,都是战略问题。

(二)长期性

战略一般是指相对较长的时期,是比那些在短期内起作用的措施和活动来说具有更深远意义的谋划。战略的着眼点是未来,是在正确认识过去和现在的基础上,通过科学预见,高瞻远瞩,谋划未来的发展趋势。

(三)层次性

战略具有全局性,任何一个系统都可以被当作一个全局。这里所说的系统是指具有一定功能,而由互相作用的若干单元所组成的一个有机的综合整体。

(四)稳定性

无论何种战略,它生命周期的终结都依赖于战略目标的实现,这是战略之所以具有稳定性的重要原因。当然,战略的稳定性也是一个相对概念。任何战略只是大致的谋划,其本身就是粗线条的、有弹性的。当战略出现明显错误,或战略赖以存在的条件发生了重大变化,就需要对战略进行调整和修正。

---

① 《毛泽东文集》第1卷,人民出版社1993年版,第381页。

（五）风险性

任何战略都不可能是在信息绝对充分的条件下做出的，都是对未来的一种预测规划。一方面，由于环境变化的极端复杂性，使得任何战略机会都是时间的函数。随着时间的推移，组织面临的情况随时都可能发生巨大的变化。另一方面，战略机会还具有不确定性和时效性的特点，机会价值的大小取决于组织当时的实力条件和素质条件的总和。如果战略制定者不敢冒风险，组织就可能会丧失许多有利的机会。

（六）适应性

一个有效的战略，通常能够根据环境的变化不失时机地做出灵敏的反应，及时调整战略目标和战略的发展方向。良好的战略具有极强的适应性，而适应性也是获取竞争优势的条件之一。

二　领导战略在组织中的作用

（一）领导战略有利于增强组织的凝聚力

战略目标就是整个组织共同的理想，这个理想的实现依靠组织成员共同努力。战略为组织科学健康的发展提供了一定的理论依据，使组织成员可以看到前景和希望。领导者通过领导战略目标的提出与制定相应的战略对策，用言论和行动成功地将他们确定的战略目标传达给所有成员，使大家理解和信任这一设想并为实现这一目标努力奋斗。然后，领导者通过适当的方式，动员、鼓舞和激励大家沿着这个方向前进，努力克服一切障碍，实现长远的战略目标。

（二）领导战略有利于增强组织的预见性

领导战略对于组织未来的发展有着非常重要的意义，通过战略管理可以使领导者预见未来发展过程中可能出现的问题。针对这些问题，可以制定和筹划长远的应对措施，为未来发展做好充足准备。特别是对于比较成功的组织来说，外部环境分析同内部环境分析一样占据着非常重要的位置，当外部事件对组织发展带来机会或构成威胁的情况下，领导者可以通过战略管理对这些因素做出相应的反应。

（三）领导战略有利于增强组织的竞争优势

领导战略的实质是统筹整合组织的优势力量，在竞争中获取胜利。为此，领导者对组织的竞争优势必须非常清楚，通过战略制定与实施，将组织的资源有效地集中在组织的竞争优势上，进一步增强组织的竞争力。同时，领导战略能够让领导者明确掌握自身优势与劣势，无论未来是机遇还是挑战，都能够从容面对。在外部环境发生激烈变化时，战略管理可以使组织有效地避免风险。

（四）领导战略有利于保持组织的活力

目标有赖于战略，战略服务于目标，这是贯穿于组织全部管理活动的一个重要规律，为此，领导战略是目标得以实现的重要保证。一个组织为了实现自己的生存发展的目标，必须首先制定好战略，否则不可能实现目标。在现实管理活动中，组织具有活力的一个关键性因素，就是有效地发挥自己的比较优势，而比较优势的发挥，则在于自己对战略的选择。

三 领导战略的构成

领导战略的构成要素主要有：

（一）战略目的

战略目的是战略行动所要达到的预期结果，是制定和实施战略的出发点和归宿点。确定战略目的，强调需要与可能相结合，具有科学性和可行性，符合组织的发展目标，与组织的实际情况相适应，满足组织在一定时期内对维护自身利益的基本要求。

（二）战略方针

战略方针是指导全局的方针，是指导组织一切活动的纲领和制定战略计划的基本依据。它是在分析影响组织发展的诸因素基础上制定的，具有很强的针对性。

（三）战略力量

战略力量是战略的物质基础和支柱。它以组织的综合实力为后盾，根据战略目的和战略方针的要求，确定其建设的规模、发展方向和重点，并与组织的总体力量协调发展。

（四）战略措施

战略措施是为实施战略而实行的具有全局意义的实行战略的保障，是战略决策机构根据组织发展的需要，所采取的各种全局性的切实可行的方法和步骤。

四　领导战略的类型

（一）按照战略的层次来划分，可以分为总体层战略、业务层战略、职能层战略

（1）总体层战略

总体层战略是组织最高层次的战略，是组织整体的战略总纲。总体战略的目标是确定组织未来一段时间的总体发展方向，协调组织下属的各个业务单位和职能部门之间的关系，合理配置组织资源，培育组织核心能力，实现组织总体目标。

（2）业务层战略

业务层战略是组织战略业务单元在总体战略的指导下，经营管理某一特定的战略业务单元的战略计划和行动方案，是组织的一种局部战略，它处于战略结构体系中的第二层次。业务层战略着眼于组织中某一具体业务单元的市场和竞争状况，相对于总体战略有一定的独立性，同时又是组织战略体系的组成部分。

（3）职能层战略

职能层战略是为贯彻、实施和支持总体战略与业务战略而在组织特定的职能管理领域制定的战略。职能战略主要回答某职能的相关部门如何卓有成效地开展工作的问题，重点是提高组织资源的利用效率，使组织资源的利用效率最大化。

（二）按照战略的性质和特点来划分，可以分为发展型战略、稳定型战略和紧缩型战略

（1）发展型战略：是一种使组织在现有的战略基础水平上向更高一级的目标发展的战略。由于战略定位不同，发展型战略有多种可供选择的增长方案，组织可以根据实际情况进行选择。

（2）稳定型战略：是指限于组织的环境和内部条件，组织在战略期所期望达到的绩效基本保持在战略起点的范围和水平上的战略。选择这一战略的组织对其过去的绩效和方法比较满意，所以会继续为服务对象提供基本相同的产品和服务。这是一种风险相对较低的战略。

（3）紧缩型战略：是指组织从目前的领域和基础水平收缩和撤退，且偏离战略起点较大的一种战略。与发展战略和稳定型战略相比，紧缩性战略是一种消极的发展战略，一般是短期性的过渡战略。

（三）按照战略实施的时间长短来划分，可以分为短期战略、中期战略和长期战略

（1）短期战略，一般是指时间跨度在一年以内的战略，有时也可以称为战略计划。

（2）中期战略，一般的时间跨度是在一年以上，五年以内的战略。

（3）长期战略，一般的时间跨度是在五年以上，十年之内。一般来说，组织规模越大，所需要制定战略的时间跨度就越长。

第二节　战略规划的影响因素

战略规划的制定和实施常常受环境因素的制约，为制定合适的战略规划，管理者不仅要关注影响组织发展的内部因素，也要关注外部因素。

一　内部因素

（一）资源

资源就是组织用于创造产品或服务的投入。一般将组织的资源分为有形资源和无形资源。有形资源是那些能够被量化、能被看见的资源，无形资源则是不易被看见和察觉的，同时也不容易被竞争对手发现和模仿，但对组织的价值增加具有重要意义的资源。但是在有形资源越来越近似的竞争环境下，组织最后要靠创新、无形资源和人力资源来进行差异化的竞争，员工之间的信任关系和自身才能都对竞争优势有着不可忽视的影响。

（1）有形资源

有形资源包括组织的财务资源、实物资源、技术资源等，它们可以被较为容易地识别出来和评估，并在组织的各项财务报表中得以反映。但是这些财务报表不能反映组织的所有资产价值，因为它们忽略了一些无形资产。因此，组织的竞争优势就不能完全反映在财务报表中。正是由于有形资源的这种易于识别和估价的特性，相对于无形资源它们难以成为竞争优势的来源。组织需要通过对有形资源的正确评估来明确资源的战略价值。这主要是由它们对组织的能力、核心竞争力以及竞争优势所作的贡献的程度来衡量的。

（2）无形资源

越是不可见的资源，就越可能产生持久的竞争优势。由于无形资源以一种独特的方式存在着，无形资源很难被竞争对手了解、购买、模仿和替代。相比有形资源而言，组织更愿意将无形资源作为它们能力和核心竞争力的基础和来源。知识、管理者和员工之间的信任和联系、管理能力、组织制度、科技能力、创新能力、品牌、组织凭借自己的产品和服务获得的声誉以及与人们交往的方式都属于无形资源。组织的无形资源主要有三种形式，即声誉资源、创新资源和人力资源。声誉资源主要是通过组织自身的行为方式和准则而取得的社会认同或确信，它能使组织在社会网络中获得较大的支持和较好的社会地位，并能够以此获得所需的资源和机会。创新资源是人力资源、组织文化和技术能力共同作用的结果，创新资源的运用可以使组织产生新的经营模式，研发出新的产品或服务，甚至可以进行制度创新、组织创新并改变组织方式。人力资源深嵌于组织内部，包括组织的知识结构、技能和决策能力。

（二）能力

能力是指为组织创造和服务而运用资源的技能。当组织把资源进行合理的组合来完成一项或这一组具体的任务（如产品研发活动等）时，组织的能力就产生了。能力可以被个人所掌握，或者嵌入到组织内部的制度或流程当中。组织的能力对于开发组织的竞争优势非常关键，而组织的能力则通常是以组织内部人力资本对信息和知识的开发、传送和交流为基础的。在当前的竞争格局之中，那些成功组织的能力反映在它们的知识积累上，这些知识积累是竞争优势非常重要的来源。与此同时，组织所面对的最大挑战也是如何建立一个能够使组织中的每一名员工都能将自己的知识与其他人的知识进行有效整合的环境。这样一来，整个组织就会变成一个庞大的组织知识库，蕴藏大量的能力以提升组织整体竞争优势。

（三）核心竞争力

随着战略理论的发展，人们越来越注意到：尽管组织的能力是多样化和多层次的，但是市场竞争的经验使得人们更多地重视组织的"核心能力"或者"特殊能力"，因为只有这种能力的充分发挥才能在与竞争对手的较量中获得优势。希特把组织核心竞争力定义为能够作为组织战胜其竞争者的竞争优势来源的资源和能力。核心竞争力不仅能够使一个组织具备与众不同的竞争力，帮助组织从激烈的竞争中脱颖而出，而且还可以反映出组织的特性。组织的核心竞争力是在组织不断积累并学习如何利用各种不同的资源和能力的长期过程中形成的。利用核心竞争力采取的组织行动是相对于竞争者组织更擅长的一些行动。凭借这些行动，组织能够在很长的一段时期之内为自己的产品或服务增加独特的价值。并不是所有的资源和能力都能成为核心竞争力的真正来源。有时即使是那些有竞争价值和潜力并能带来竞争优势的资产，也不能算作核心竞争力。因为这些资源和能力使得组织处在一个相对于竞争对手较弱的地位。所以，它们就会阻止组织发展其核心竞争力，或者说削弱组织的竞争能力。

二　外部因素

所有组织都是在由众多影响因素形成的宏观环境中运营和发展的，这些影响因素来自宏观环境、行业环境和竞争环境。严格来讲，组织的外部环境包括了组织边界之外的所有相关因素与影响因素；其中相关因素指的是对组织最终做出的关于发展方向、发展目标、发展战略以及业务模式等决策有重要影响的因素。了解宏观环境中若干相关因素的发展与变化趋势有利于组织战略制定者校正自己的视野和调整组织的战略。

（一）政治法律因素

政治法律因素是指对组织经营管理活动具有现存的和潜在作用与影响的政治力量，同时也包括对组织经营管理活动加以限制和要求的法律和法规。从国际方面看，政治因素主要包括其他国家的国体与政体、关税政策、进口控制外汇与价格控制、国有化政策以及群众利益集团的活动等。国际方面的法律因素主要涉及各国的国内法以及国际公约条约的有关规定等。例如，在加入WTO以后，中国终结了已有40年历史的纺织品出口管制的配额系统，最初，为了减缓可能对他国造成的问题，中国还制订了转型期的关税：当配额系统在 2005 年年初失效时，中国的纺织品已充斥了全球市场，威胁到了部分国家的国内纺织品行业。一些国家做出反应，对其征收更高的关税以平衡这个竞争市场。从国内方面看，政治因素主要指政府和各职能部门的各项方针和政策。它对组织的生存与发展将产生长期与深刻的影响。具体来说，政治因素包括国家和组织所在地区的政局稳定状况；执政党所要推行的基本政策以及这些政策的连续性和稳定性。这些基本政策包括产业政策、税收政策、政府订货及补贴政策等。政治法律要素对组织来说是不可控的，带有强制性的约束力，只有适应这些环境的需要，使自己的行为符合国家的政治路线、政策、法令、法规的要求，组织才能生存和发展。

（二）经济因素

一个国家的经济健康状况影响着组织的发展。因此，组织需要研究经济环境，以确定其变化趋势，以更好地制定组织发展战略。经济环境指的是一个组织所属的或可能会参与其中竞争的经济体的经济特征和发展方向。经济环境要素是指国民经济发展的总概况，国际和国内经济形势及经济发展趋势，组织所面临的产业环境和竞争环境等。通货膨胀率、利率、关税、本地和国外经济的增长以及汇率等因素对组织自身战略的成功产生短期和长期影响。失业率、关键劳动力的可得性以及当地劳动力成本对于战略也很重要，尤其是当组织为分开的经营职能和机构进行选址时，这些相关的因素就更为重要了。除此之外，组织还需考察目前国家宏观经济处于何种阶段：萧条、停滞、复苏还是增长，以及宏观经济以怎样一种周期规律变化发展。在衡量宏观经济的众多指标中，国民生产总值是最常用的指标，它是衡量一国或一地区经济实力的重要指标。同时，宏观经济指标也是一国或地区市场潜力的反映，近年来，中国成为欧美国家竞相投资的热点，也是因为中国经济持续、稳定地高速增长所揭示的巨大的潜在市场。

（三）人口因素

人口因素与人口数量、年龄结构、地理分布、各民族构成以及收入分配有关。由于很多组织在全球市场竞争，人口因素的潜在影响超越了国界，因此，应在全球的基础上分析人口因素。一是人口数量。截至 2016 年年底，全球人口总量已经达到 72.6 亿。专家预测，在 2050 年左右达到 92 亿，印度和中国将保持人口密度最大国家的地位。二是年龄结构。世界人口正在快速老龄化，在北美和欧洲，数以万计的在婴儿潮期间出生的人口正接近退休的年龄。即使在拥有大量低于 35 岁人口的一些发展中国家，出生率也在快速下降。三是地理分布。以中国为例，东部沿海地区人口多，西部内陆地区人口少，即有由东南到西北方向随海拔高度的增加人口密度呈阶梯递减的趋势，而这种趋势还正在加强。四是种族构成。各国家人口的种族构成一直在变化。种族构成的变化不仅对组织开发和销售满足种族群体独特需求的产品产生影响，还可以影响到劳动力的构成以及相互合作。五是收入分配。了解收入如何在不同人群中的分配，能够帮助组织了解不同人群的购买力和可供自由支配的收入。

（四）社会文化因素

社会文化因素是指一定时期整个社会发展的一般状况，与一个社会的态度和价值有关。态度和价值是构建社会的基石，它们通常是人口、经济、政治法律和技术条件形成和发展的动力。社会文化要素主要包括社会道德风尚、人口变动趋势、文化传统、文化教育、价值观念、社会结构等。社会阶层是指在一个社会中存在着的相对持久的和类似的人的组合。在一个阶层中，个人和家庭具有大致相同的价值观、生活方式、兴趣和行为规范。一般依据一个人的职业、收入来源和教育水平来决定他属于哪一个社会阶层。文化通常特指人类创造的精神财富，它包括文学、艺术、教育、科学等，是人们的价值观、思想、态度等的综合体。文化因素强烈地影响着人们的决策和组织的行为，影响着一个国家的经济和法律政策环境。不同的国家有着不同的文化传统，因而也有着不同的亚文化群，不同的社会习俗和道德观念，从而影响人们的消费方式和购买偏好。组织若要通过文化因素分析市场，必须了解行为准则、社会习俗、道德态度这些文化因素并对其加以分析。

（五）技术因素

技术因素是指目前社会技术总水平，引起革命性变化的发明，与组织生产有关的新技术、新工艺、新材料的出现、发展趋势及应用前景。它具有变化快、变化大、影响面大等特点。技术进步从不同的深度和广度影响到社会的很多方面，因此，研究技术因素对组织而言非常重要。组织会发现最先选用新技术的组织通常能够获得更高的市场份额和更高的回报。另外，新技术的发明能够引发社会性技术革命，创造出一批新产业，同时推动现存产业的变迁。互联网和无线通信技术或已成为重要的技术进步。它们使那些用于实现和维持竞争优势的关键技术和知识的传播更加便利。组织必须与变革的技术保持一致，同时随时准备在新的革新性技术被引入之后迅速使用。当然，技术进步既带来机遇，也带来威胁。对公司来说，是从外界（例如获得许可和购买）获得新技术还是内部自行研发是值得思考的问题。

（六）公共关系因素

良好的公共关系也有利于战略的实施。处理好组织与政府、股东、顾客等不同利益主体之间的关系，可以为战略领导者提供资源支持，为战略领导施加积极影响。比如，海南航空公司在面对是合并还是独立经营的重大决策时，高层管理团队运用自己和海南政府、中国民航局的公共关系，了解到国家对海南经济特区的优惠政策，抓住机遇，获得了中国民航局的支持，成为年度中国最佳航空公司。

第三节　战略规划与实施

一　战略的构建

有效的战略构建是战略领导过程的第一阶段，是战略领导的核心，也是战略领导者最有难度的职责之一。美国著名学者加里·尤克尔在《组织领导学》一书中把战略构建分为七个步骤，对领导战略的构建具有很好的指导作用。

（一）决定长期目标和优先性

基于组织的使命和愿景决定长期目标，这是构建战略的第一步，也是构建有效战略的先决条件。当组织中存在许多目标时，领导者应确定每个目标的相对重要性进行排序，或是对某些相通的目标进行整合，归结为少数几个目标。组织的长期目标并非越多越好、越细致越好。相反，过多、过细的目标划分反而会使下属认不清工作的侧重点，常常造成战略执行上的失误，即所谓的战略信息失真。战略领导制定的长期目标应与关键绩效指标（KPI）相挂钩，当组织的战略在关键绩效考核指标上有所体现时，下属会因为绩效考核与薪酬、奖励、晋升等因素相关而给予更多的关注，更易于接受。

（二）评估现在的长处和弱点

组织战略目标的制定不是凭空想象的，需要以组织目前的经营业绩、人力资源存量、产品竞争力现状等为依据。对与战略目标和竞争者相关的绩效进行客观评价，从长处中明确自身的核心竞争力，从短处中发现问题并进行改进。

（三）确认核心能力

组织的核心竞争力又称为组织的核心能力，具有价值性、独特性、难模仿性和组织化四大特征。价值性指的是组织拥有并维持核心能力的收益与成本之比必须大于1，只有组织从中获益，才是有意义的；独特性指的是组织拥有的核心能力是竞争对手所不具备的，至少短期内不具备，这涉及人力资源、组织管理等方面；难模仿性指的是组织的核心能力是在组织长期发展过程中逐渐形成的，刻着组织特殊经历的烙印，不是其他组织从表面可以模仿的；组织化指的是核心能力并非组织哪一个职能部门或流程所独有，而是在各个流程和职能部门相互整合和协调之下培养形成的。战略领导者应该尽量识别和培育组织的核心竞争力，充分发挥它的优势。

（四）评估战略所需的重要变革

在明确核心竞争力后，领导者据此制定渐进的改进方案和重大的改进方案。重大的改进方案需要大幅改变战略，战略制定者需要特别谨慎，多探讨一些可能的情况，制定多个备选方案。重大变革是整个战略的中心，领导者往往期望借此扭转局势，虽然效果显著，但风险极大，稍有不慎就可能使情况更糟。因此，面对重大变革的制定，领导者一定要确认战略方案的可行性。

（五）确认可信的战略

对战略的可行性进行评估，减少战略方案的种类和范围，使战略的实施更具针对性。此时可采用德尔菲法，让每个人预见出一个变化的结果，并把结果分给所有团队成员，反复讨论，直到小组成员得出一个一致的预见结果。

（六）评估一个战略的可能结果

组织所在的内外部环境的变动性，决定了要保证战略管理过程的顺利实现，必须通过战略评估体系评估一个战略的可能结果，以决定需要作出哪些必要的调整，从而帮助组织达到目标。

（七）在选择一个战略时让其他执行官参与

让其他高层管理团队成员充分参与，协商改进，最终确定最合理的方案。

很多战略领导者没有很好地处理组织前后发展的关系。比如，有的组织领导者在创业初期展现出了自己的创业热情和能力，很好地担当了战略领导的角色，而当他们向成功之路迈近一些后，就不由自主地变成了行政专家、政治家。在组织取得成功后，资本积累和利益攫取成为了多数领导者的唯一目标，他们对组织未来的利润前景着迷，却忘记了组织的使命，过于依赖以前的成功因素。由于不自觉地强调个人荣誉和个人成就感，致使组织没有获得进一步发展，反而走向了衰退。"人无远虑，必有近忧"，应该说，战略领导者缺少的绝不是热情、能力，而是成功后的使命感。由此可见，仅仅构建出优秀的战略还远远不够，战略领导者还需要牢记公司的使命，理性分析内外环境要素，牢记自己的职责，用发展的眼光引导战略实施，向着目标前行。

二 战略规划实施的流程与步骤

战略规划的实施是战略管理过程的行动阶段，它比战略的制订更为重要。战略实施是一个自上而下的动态管理过程。所谓"自上而下"主要是指，战略目标在组织高层达成一致后，再向中下层传达，并在各项工作中得以分解、落实。所谓"动态"主要是指战略实施的过程中，常常需要在"分析—决策—执行—反馈—再分析—再决策—再执行"的不断循环中达成战略目标。本章认为战略实施包含四个相互联系的阶段。

（一）战略发动阶段

这一阶段，组织的领导人要研究如何将组织战略的理想变为组织大多数员工的实际行动，调动起大多数员工实现新战略的积极性和主动性，这就要求对组织管理人员和员工进行培训，向他们灌输新的思想、新的观念，提出新的口号和新的概念，消除一些不利于战略实施的旧观念和旧思想，以使大多数人逐步接受一种新的战略。对于一个新的战略，在开始实施时相当多的人会产生各种疑虑，而一个新战略往往要将人们引入一个全新的境界，如果员工们对新战略没有充分的认识和理解，它就不会得到大多数员工的充分拥护和支持。因此，战略的实施是一个发动广大员工的过程，要向广大员工讲清楚组织内外环境的变化给组织带来的机遇和挑战、旧战略存在的各种弊病、新战略的优点以及存在的风险等，使大多数员工能够认清形势，认识到实施战略的必要性和迫切性，树立信心，打消疑虑，为实现新战略的美好前途而努力奋斗。在发动员工的过程中要努力争取战略的关键执行人员的理解和支持，组织的领导人要考虑机构和人员的认识调整问题，扫清战略实施的障碍。

（二）战略计划阶段

将战略分解为几个战略实施阶段，每个战略实施阶段都由分阶段的目标，相应的有每个阶段的政策措施、部门策略以及方针等。要定出分阶段目标的时间表，要对各分阶段目标进行统筹规划、全面安排，并注意各个阶段之间的衔接，对于远期阶段的目标方针可以概括一些，但是对于近期阶段的目标方针则应该尽量详细一些。对战略实施的第一阶段更应该是新战略与旧战略有很好的衔接，以减少阻力和摩擦，其第一阶段的分目标及计划应该更加具体化和操作化，应该制订年度目标、部门策略、方针与沟通等措施，使战略最大限度地具体化，变成组织各个部门可以具体操作的业务。

（三）战略运作阶段

组织战略的实施运作主要与下面六个因素有关，即：各级领导人员的素质和价值观念；组织的组织机构；组织文化；资源结构与分配；信息沟通；控制及激励制度。通过这六项因素使战略真正进入到组织的日常生产经营活动中去，成为制度化的工作内容。

（四）战略的控制与评估阶段

战略是在变化的环境中实践的，组织只有加强对战略执行过程的控制与评价，才能适应环境的变化，完成战略任务。这一阶段主要是建立控制系统、监控绩效和评估偏差、控制及纠正偏差三个方面。

三　领导者在战略实施中的核心作用

（一）领导者要善于把握战略全局

对于领导者来说，战略实施并不意味着要求领导者去做非智力性的"实施"工作，而是首先要求领导开展战略运筹工作。战略运筹作为领导者的创造性智能活动，不仅表现在战略制定过程中，而且同样表现在战略实施过程中，并且是领导者在战略实施中的首先任务。因为，战略实施在为实现领导战略目标的过程中，首先需要按照战略目标、战略重点、战略步骤、战略方针的要求，对各种战略要素进行调动、分派、重组，以形成一个结构合理、功能优化的战略实施系统。而这一系列工作，概括起来首先就是战略运筹。这种工作，理所当然地要由领导者来承担。忽视或没有完成这项工作，则是战略领导者的最大失职。对此，不同领域不同层次上的战略领导者，都应予以充分注意。领导者在组织实施战略的过程中，切不可一头扎到某个局部和具体问题当中去。领导者作为战略指导者和全局的统帅，第一必须时时刻刻把握住全局。要善于驾驭全局，要争取把全局的主动权牢牢地把握在自己手中。对各方面的发展要统筹兼顾，避免顾此失彼。要注意协调各方面的行动。第二要教育组织的每一个成员都树立起全局观念，正确处理好局部利益与整体利益、眼前利益与长远利益的关系。只有这样，才能争取获得最大的整体效益。

（二）领导者要确保战略目标的实现

战略确定下来之后，就应坚定不移地贯彻实施。在这个过程中，领导者要敢于并善于排除各种干扰，保证战略目标的实现。这是因为，所谓战略的实现，就是达到了原定的战略目标，如果没能达到既定的目标，从某种意义上说，那就意味着战略的失败。因此，领导者在组织实施战略的过程中，必须牢牢把握住已经确定的战略目标，并以此来统一大家的思想和行动，使全体人员的行动都紧紧围绕战略目标这个轴心来进行。只有如此，才能从根本上保证战略的实现。当然，在把握住总的战略目标的前提下，领导者还需灵活地选择和采用恰当的途径和手段，即是说，要把战略上的坚定性与战术上的机动灵活性有机地结合起来。战略目标具有相对稳定性。

一个经常频繁地更换战略目标的组织是一定没有希望的。但是，当情况发生了根本性的变化，需要对原定战略目标进行修正或更改的时候，又必须及时果断地修正或更改。战略目标的更改标志着原有战略的改变。在新的战略确定下来之后，领导者又必须坚定地把握住战略的总方向，保证战略目标的实现。

（三）领导者要善于抓好战略组织

战略组织是战略运筹的继续。如果说战略运筹是使各种战略形成一个要素得当、结构合理、功能优化的观念形态的战略实施系统的话，那么，战略组织则是通过各种方式和途径，把这种观念形态的战略实施系统变换成在时空中客观存在的，并按照实现战略目标的要求不断发生变化的战略实施系统。这对于领导者来说，则具体表现为宣传组织群众，调动、指挥各种力量，协调各种关系，处理各种矛盾等组织工作。

（四）领导者要注意战略步骤的转换

在组织实施战略的时候，领导者要树立起全局为上的观念，但在全局中又要注意走好每一步棋。特别是对第一个战略步骤中的第一个大的行动，即军事上所谓的首战，更是慎重。对于每个战略步骤，领导者都要加以精心的指导，但更需领导者关注的，是各个战略步骤的连接和转换问题。要明确各个战略步骤之间的关系。在从事前一步骤工作的时候，就要积极为下一步骤的工作做好准备。在前一步骤的工作完成后，就要及时地不失时机地转入下一步骤的工作。

（五）领导者要及时打通战略实施中的"瓶颈"

在战略实施过程中，领导者还应特别关照那些影响全局的关键环节和重点局部。为了保证全局的健康发展，必须注意加强薄弱环节，及时打通"瓶颈"。任何全局在发展中总是不平衡的。那些处于关键部位的薄弱环节，往往就是影响全局发展的主要因素。补齐最弱的环节，是提高整体功能的有效措施，是推动全局发展的有效途径。从一定意义上讲，加强了薄弱环节，既等于加强了全局。在战略实施过程中，常常会遇到某种障碍，其中有些严重的障碍甚至会成为阻碍全局发展的"瓶颈"。在有些时候，"瓶颈"部位往往就是战略发展的突破口，及时打通"瓶颈"常常是推进战略实施的关键。所以，领导者在组织实施战略的时候，要善于发现并及时打通"瓶颈", 以推动战略实施的顺利进行。

(六) 领导者要及时进行战略调整

这是在战略指导、检查和监督基础上, 当发现既定战略目标、战略重点、战略步骤、战略对策, 在实施中暴露出了某些问题, 或当战略环境发生局部性或全局性变化的情况下, 领导者对既定领导战略所进行的调整性工作。它既包括战略目标的调整、战略重点的调控, 战略步骤的调整, 也包括战略对策的调整。由于既定领导战略不可能尽善尽美, 以及战略环境的复杂多变, 致使战略调整工作几乎是难以避免的。对此, 战略领导者应该具有充分的思想准备和警觉, 以免一旦既定战略有误或环境发生重大改变时, 使战略实施系统失控, 给革命和建设事业造成不应有的损失。

本章小结

本章主要介绍了领导战略与规划的相关概念、特点、作用、类型, 分析了影响领导战略与规划的内部和外部因素, 同时对如何有效地制定和实施战略规划等问题进行重点论述。

首先, 本章认为, 领导战略是一个管理词汇, 是指对重大的、带有全局性的或决定全局的决策和用人问题的谋划和策略。领导战略具有全局性、长期性、层次性、稳定性、风险性、适应性等六个特点。领导战略有利于增强组织的凝聚力, 有利于增强组织的预见性, 有利于增强组织的竞争优势, 有利于保持组织的活力。领导战略的构成要素主要有战略目的、战略方针、战略力量、战略措施。领导战略的类型, 按照战略的层次来划分, 可以分为总体层战略、业务层战略、职能层战略; 按照战略的性质和特点来划分, 可以分为发展型战略、稳定型战略和紧缩型战略; 按照战略实施的时间长短来划分, 可以分为短期战略、中期战略和长期战略。

其次, 本章认为领导战略及规划的制定和实施常常受环境因素的制约, 为制定合适的战略规划, 管理者不仅要关注影响组织发展的内部因素, 也要关注外部因素。内部因素包括资源、能力、核心竞争力。外部因素来自宏观环境、行业环境和竞争环境, 主要包括政治法律因素、经济因素、人口因素、社会文化因素、技术因素、公共关系因素。

再次, 本章认为有效的战略构建是战略领导过程的第一阶段, 是战略领导的核心，也是战略领导者最有难度的职责之一。战略规划的实施是战略管理过程的行动阶段，它比战略的制订更为重要。战略实施是一个自上而下的动态管理过程，包含四个相互联系的阶段，即战略发动阶段、战略计划阶段、战略运作阶段、战略的控制与评估阶段。

最后，本章认为领导者要善于把握战略全局，同时，要善于抓好战略组织，注意战略步骤的转换，打通战略实施中的"瓶颈"并及时进行战略调整，努力确保战略目标的实现。

案例与讨论
青啤集团的营销战略管理模式

青岛啤酒集团是国家特大型组织集团，始建于 1903 年，是我国最早的啤酒生产组织之一。1993 年，青岛啤酒股份有限公司成立。1997 年，青岛啤酒集团有限公司成立。到 1999 年底，青啤集团总资产达到 54 亿元，生产能力超过 150 万吨。1988 年，青啤集团制定了"大名牌"发展战略。通过"高起点发展，低成本扩张"的途径，青啤在市场风浪的搏击中不断发展壮大。周恩来总理曾说过："中国有两样东西世界闻名，一个是西湖龙井，一个是青岛啤酒。"多年来，青啤盲目以名牌自居，认为自己实力雄厚、远销 40 多个国家和地区，认为自己的啤酒永远是供不应求的。青啤打着光闪闪的金字招牌，躲在计划经济的阴影下裹足不前；青啤依赖计划经济时期的国营商业主渠道，一直停留在两个人批条子卖酒的水平上。每年二、三十万吨的产销量，青啤有品牌、无规模，加上洋啤酒的入侵，1996 年，青啤的市场份额只剩下可怜的 2.3%。青啤高高地停留在金字塔的塔尖上，失去了组织发展的好时机。它既没能走向世界，又失去了自己的老市场，青岛人开始转向喝"崂山"啤酒，因为青啤的价格太高。1996 年，青啤新的决策者认为，青啤一不缺品牌、资金，二不缺技术、人才，真正缺的是组织整体的发展战略。为了拓展市场，青啤做了以下几方面的努力：

一 健全"金字塔式"的产品结构，不断向"金字塔"的中底部延伸

青啤经过长期的调查发现，中国啤酒市场呈现明显的"金字塔"状，中高档啤酒占有不足 10% 的市场份额，其余是大众消费市场。为了适应这

种市场格局，从 1997 年开始，青啤一改贵族酒的架式，毅然推出适合大众消费的系列产品，定价大都在 5 元以下，以低价位靠近了普通消费者，在努力发展中低档产品的同时，青啤并没有丢弃掉自己的优势，"高起点发展"与拓展中低档市场并存。"高起点发展"的典型代表是与日本朝日啤酒公司合资建立的深圳青岛啤酒朝日有限公司。该公司引进了世界最先进的纯生啤酒生产设备，年产 10 万吨，被专家誉为"面向 21 世纪具有高新技术的样板工厂"。瓶装纯生青岛啤酒，自 2000 年初上市以来，市场发展非常迅速，前景广阔，引领着中国高档啤酒发展的新潮流。几年来，青岛啤酒集团还加大科技开发力度，逐步研制出适合不同消费需求的 40 多个品种，还开发出青岛啤酒系列产品近百种，有效构筑起了品种层次化的产品结构。

二　推行"直供模式"和"新鲜度管理模式"，主动寻找和开拓市场

为保障产品快速有效地供应，青啤公司投巨资加快了销售网络的建设，推行销售的"直供模式"。现在，青岛啤酒集团已在全国大中城市设立了 40 多个销售分公司和办事处，初步建成了覆盖全国的市场销售网络，全国市场占有率由原来的 2% 提高到 7%，并正向 10% 的目标迈进。与此同时，青岛啤酒集团实施了"新鲜度管理"模式，减少产成品的流通环节和流通时间，严格限制各分公司和办事处的啤酒库存量。青岛市民可以买到当天的青岛啤酒；山东及临近省份市场上的消费者可以喝到当周青岛啤酒；边远市场上的消费者则可以喝到当月的青岛啤酒。"新鲜度管理"模式的实施，使市场上青岛啤酒的新鲜度大大提高，有效地促进了啤酒销量的增加和市场的拓展。

三　通过收购实现低成本扩张

低成本扩张是近几年青啤产量迅速提高的首要原因。国内啤酒企业一直是"小而乱、多而散"的局面，全国 590 多家啤酒企业仅有 19 家年产量超过了 20 万吨，国内啤酒业现状为青啤扩张提供了可能。青啤充分利用自己的品牌、资金、技术、政策、规模等五大优势，寻找适合战略需要的扩张对象，通过"破产收购、政策兼并、控股联合等手段进行资本运营，迅速壮大实力，扩大市场占有率。短短几年时间里，从南到北，青啤在全国已兼并了 30 多家啤酒企业。在这场收购狂潮中，洋啤酒也未能幸免。从 1999 年 9 月开始，青啤已收购了珠海斗门皇妹酿酒有限公司、上海啤酒公司、

上海嘉士伯啤酒公司、五星啤酒公司、三环啤酒公司等数家洋啤酒厂。其中，青啤收购上海嘉士伯公司 75% 的股份耗资 1.5 亿元；收购亚投公司控股的五星、三环啤酒公司更是创下了 2250 万美元的耗资之最。青啤的扩张不是盲目的，而是遵循全国化战略思路进行的，青啤的目的是要发展集团规模经济。

1. 组建区域作战集团军。青啤收购了大量的中小啤酒厂，为把分散的力量凝聚起来，青啤根据并购组织的分布情况，成立了华东、华南、东北、西北、北方等事业部。这些事业部是集团公司领导下的独立体系，统一产供销，统一市场管理。事业部体制的推行，既解决了并购后的管理难题，又使收购后的组织组成了区域作战的能力。青啤的几个事业部，支撑起了青啤生产销售的全国化战略。

2. 强势组织文化是巨大的凝聚力，它使几十个公司牢牢地结合成一个整体。青啤推行低成本扩张获得成功，其中，强势组织文化起着巨大的作用。这一点在青啤托管崂山啤酒厂的实例中得到充分的证明。青啤托管崂山啤酒厂后，严格贯彻青岛啤酒工艺和质量保证体系；落实了以降低成本、提高效益为目标的承包考核激励机制；严格推行青啤管理模式，建立健全激励约束机制……通过严格的控制，崂山啤酒的生产工艺和技术指标完全达到了青啤的内控标准。我们可以这样说，青啤低成本扩张的成功，也是青啤推行强势组织文化的成功，否则，青啤收购的一大堆组织只能是一堆散沙。

3. 实行品牌整合与升华，发展名牌牵动下的系列品牌。青啤在收购初期就树立了防止"品牌污染"的防范意识，青啤分了三个层次进行品牌管理。一是青岛本地诸厂的纯正青啤；二是正在探讨的利用斗门和三水的良好水质，生产达到青啤标准的产品；第三，对其他并购组织未能达到青啤标准的产品，仍然用"青岛啤酒系列产品"命名，但不会直接贴青啤标签，而是保留原品牌名称，即"用你的瓶子"装"我的酒"。青啤的战略是以品种系列化的"青岛"啤酒占领中高档市场，以各地收购组织生产的当地品牌（即第二、第三层次品牌）占领大众市场。这样，"青岛"啤酒的无形资产就与地方品牌的区域心理优势和价格优势有机地结合在一起，形成了"青岛"这个名牌牵动下的系列品牌，有国家名牌"青岛"，又有系列化的地域名牌。

青啤对主品牌和次品牌的处理也非常谨慎。主品牌应该占到总量的 50%，这样才能保持住主品牌的拓展能力，其他系列品牌也才会形成"连锁"效应。"青岛"这个品牌在国内外的影响力越来越大，品牌价值越来越高。

讨论

1. 该案例中体现了青啤领导者哪些战略与规划，如何体现？
2. 通过对青啤的案例，你认为其领导者对于相关战略的实现采取了哪方面规划与举措？

参考文献

希尔，琼斯：《战略管理中国版》，中国市场出版社 2007 年第 7 版。

斯蒂芬·P. 罗宾斯、玛丽·库尔特：《管理学》，中国人民大学出版社 2008 年第 9 版。

弗雷德·R. 戴维：《战略管理概念与案例》，清华大学出版社 2010 年第 12 版。

亨利·明茨伯格等：《战略历程：穿越战略管理旷野的指南》，机械工业出版社 2012 年原书第 2 版。

小阿瑟·A. 汤普森等：《战略管理获取竞争优势》，机械工业出版社 2012 年原书第 17 版。

H. 伊戈尔·安索夫：《管理：战略管理》，机械工业出版社 2013 年版。

刘松博：《领导学》，中国人民大学出版社 2013 年版。

仵凤清、王立岩、胡阿芹：《领导学：方法与艺术》，机械工业出版社 2014 年第 2 版。

常健：《领导学教程》，中国人民大学出版社 2014 年版。

迈克尔 A.·希特等：《战略管理：竞争与全球化（概念）》，机械工业出版社 2016 年原书第 11 版。

CHAPTER

第五章

领导决策

本章学习目标与重点建议

1. 理解领导决策的概念，掌握领导决策的要素

2. 理解领导决策的层次特点，掌握领导决策的类型、作用和意义

3. 掌握领导决策的原则、程序，掌握有效决策的方法，

能够根据特定情境选择合适的决策方法解决问题

领导者的重要职能就是做决策。著名经济学家西蒙说过"管理就是决策"。决策既源于管理，又与一般意义上的管理相区别。领导决策不同于传统的管理，领导决策是领导科学的关键一环，是领导过程的集中体现。领导者的根本职能就是确定目标和方向，谋划全局、科学决策。科学的领导决策有利于组织目标的实现，有利于增进领导的权威、提升领导力，是领导决策的方向和目标。因此，要努力掌握领导决策的原则和科学有效的决策方法，根据实际情况作出正确的决策。

第一节　领导决策概述

一　领导决策的概念与内涵

（一）领导决策的含义

　　关于决策许多学者都有不同的定义。通俗来说，决策就是为实现某种目标，根据客观形势和自身条件，对未来的行动计划所进行的设计并作出决定的过程。西蒙和马奇指出，不管是个体决策还是组织决策，大多数的人类决策都是发现和选择满意的备选方案；而只在例外情况决策是发现和选择最优的备选方案[①]。决策的过程一般是从确定目标开始，然后寻找备选方案，比较并评价这些方案，在这些方案中进行选择决定，并在执行决定中进行核查和控制，以保证最后实现预定的目标。

[①]　詹姆斯·马奇、赫伯特·西蒙：《组织》，机械工业出版社2008年版，第121页。

具体来说，决策有狭义和广义之分。狭义的决策是决策者对决策方案的选择过程，也即通常所说的"拍板"，它是决策过程中的关键环节。广义的决策，是指决策者为实现组织目标，制定、选择和实施方案的整个过程。因此，所谓领导决策，就是领导者以本单位整体面临的问题为决策对象，确定和实施解决方案的过程。和一般决策相比，领导决策的规模和内容更加全面系统，涉及和考虑的问题和因素更加复杂多变。决策是现代领导者必须掌握和具备的能力，也是需要在实践中不断提高、不断加强的领导素质。

科学的领导决策应当具备以下三个条件：

一是明确的决策目标。决策是为解决某一问题而作出的决定，是有目标的面向未来的认知活动。没有目标，决策无从谈起；目标不明确，决策的可行性就会大打折扣，甚至决策失误。

二是切实可行的方案。决策是对行动方案的选择，可供选择的决策方案是决策的必要条件，方案必须实事求是、基于实际，具有实施的可操作性，科学合理、行之有效。同时，方案又必须具有可选择性，否则便失去了决策的意义和价值。

三是最优化的决策选择。决策是一种选择活动，总是在若干目标中选择最切合实际的目标，在若干有价值的方案中选择一个最佳的方案的过程。只有一个目标或方案，就无从选择；没有选择，就无从优化。因此，领导决策的规模和内容比一般的决策更加全面系统，涉及和考虑的问题更加复杂，因此需要系统考虑每个方案的优劣，追求和选择能够优化地实现目标的方案。

（二）领导决策的要素

按照决策过程中涉及的完整过程可以将领导决策的要素划分为：决策主体（领导者为决策主体，领导者即决策者）、决策客体（需要决策的问题为客体或对象）、决策信息（决策时需要考虑的影响组织生存和发展的相关信息和相关决策依据）、决策目标（决策所要达到的目标或预期的效果）、决策环境（包括决策所面临的内部和外部环境，如组织内部环境和外部社会、政治、经济等环境）、决策方法（即进行领导决策使用的方法）、决策成果（领导决策的最终结果，包括决策实施方案和计划）。

在领导决策的各项要素中，需要注意以下问题：

（1）关于决策对象方面，需要了解问题的性质，区分经常性问题、例外问题或偶发性问题，以便对症下药，选取有效的解决方案。如，经常性问题进行原则性的规范，通过规则或政策来解决；非经常性的偶发或突发事件则需要相应的应急预案或处置流程。

（2）关于决策目标方面，需要考虑决策的最高目标和最低目标（或基本目标）。最高目标是决策实施后能达到最优的结果，也是最理想的结果，但在实际执行中有时很难达到理想状态，因此需要有一个基本目标或最低目标作为决策的边界条件来加以考虑，达到此标准则决策有效，达成目标。所谓"法乎其上，取乎其中"，就是这个道理。

（3）关于决策环境方面，需要认识到决策内外部环境既有相对稳定性，也有偶发或突发事件带来的不确定性，有的甚至会影响到决策目标的实现，因此，决策不仅仅是选择和确定方案的过程，更需要关注决策前后内外部环境的变化并及时作出反馈。

（4）关于决策成果方面，需要考虑到决策的执行和执行过程中的反馈，这是确保决策有效实施的关键，也是在执行过程中对决策进行跟踪和及时调整所必须的环节，以便于对决策对象和决策环境的变化及时作出反应、调整，以及作出新的决策。

二　领导决策的层次特点与类型

（一）领导决策的层次特点

领导系统一般分为高层、中层、基层三个层次，不同层次的领导决策有不同的特点。

（1）高层领导决策的特点

①政治经济一体化，是制定高层领导决策的战略方向；②控制全局和协调局部，是制定高层领导决策的基础；③长远与当前利益相结合，是制定高层领导决策的着眼点；④各条线全面协调发展，是制定高层领导决策必须遵循的原则；⑤开拓进取与稳步前进相结合，是制定高层领导决策的行动准则；⑥坚持"一个中心、两个基本点"的基本路线，是政府部门制定高层领导决策的总方针。

（2）中层领导决策的特点

①中介性。既要执行上级的统一决策，又要根据上级统一精神制订自身的决策，起着承上启下的作用；②综合性。既要考虑政治、经济、文化等因素，又要考虑行政、司法、财政、文教等因素；③二重性。中层领导既要接受高层领导的领导，又要领导基层，既有"受动"的一面，又有"主动"的一面。

（3）基层领导决策的特点

①执行性。基层虽然也有为本单位解决实际问题而制定的决策，但从总体上来看都属于执行性的；②从属性。基层决策必须在上级（高、中层）决策精神指导下制订，服从上级领导，这是必须遵守的原则；③具体性。基层要解决的问题大都比较实际和具体；④紧迫性。基层要解决的问题大都时间比较紧迫。

（二）领导决策的类型

领导活动的复杂性、多样性和层次性，决定了领导决策具有不同的类型。根据不同的标准可以对领导决策进行多种分类。以下是常见的类型：

（1）经验决策与科学决策

根据决策方式的差别，可以分为经验决策与科学决策。经验决策是领导者依靠过去的经验和对未来的直觉进行的决策，主要是凭借领导者个人的知识、才智和经验而做出的决策。它的主要特点是：①是一种个人的决策活动，主要依靠决策者个人的素质作出决定；②是一种定性不定量的决策；③这种决策盲目性很大；④决策缺乏连续性和规范性，个人主观随意性极大。科学决策是同社会化大生产相联系的现代决策方式。科学决策是指领导者按照科学的程序，依据科学的理论，运用科学的方法进行的决策。它的主要特点是：①强调建立科学的决策体制，注重集体共同决策；②强调将决策建立在科学分析的基础上。需要说明的是，两种决策都有其各自合理之处，科学决策不等于缺乏经验的决策，科学决策在很多领域中还不能替代经验决策，而经验决策也并非等于不科学的决策。

（2）**集体决策与个人决策**

根据参与决策人数的多寡，可以分为个人决策与集体决策。在决策过程中，如果决策的诊断活动、设计活动、选择活动由一个人来完成，这种决策称为个人决策；如果决策过程由两个人以上的群体完成，那么这种决策称为集体决策。区分集体决策和个人决策的关键在于，诊断活动、设计活动和选择活动中只要有一个活动是合作完成的，就可以认为是集体决策。集体决策与个人决策的区别主要在果断性、责任明确、决策成本、决策质量、一贯性、可实施性和开放性等方面。

（3）高层决策、中层决策与基层决策

根据决策主体的层级高低，可分为高层决策、中层决策与基层决策。高层决策是由高层领导集团作出的决策，其决策性质属于战略决策和宏观决策，通常具有全局性、整体目标性的特征。中层决策是由中层领导集团作出的决策，大多属于战略决策和宏观决策，也有一部分属于战术决策和微观决策，中层决策必须服从高层决策。基层决策是由基层领导作出的决策，决策的性质一般属于战术决策和微观决策，是为了实现高层或中层的决策而进行的决策。

（4）战略决策与战术决策

根据决策目标的层次高低，可以把决策分为战略决策（又称宏观决策）和战术决策（又称微观决策）。战略决策是关系到全局性、方向性的重大问题的决策，其影响深远，涉及范围广。其特点是概括、原则和定性。战术决策是指为保证实现战略决策而作出的局部性的、有关具体方法和步骤的决策，也称具体决策或辅助性决策。其具体特点是深入、具体和定量。战术决策的一种特殊形式也称为策略决策，它是为实现战略决策目标的某个方面、环节或阶段所要采取某种行动的形式和方法的决策。

（5）最优决策与满意决策

根据决策者追求的目标要求，可以分为最优决策与满意决策。最优决策是指决策者追求理想条件下的最优目标，选择最优方案的决策。满意决策是指决策者根据现实的条件，追求一种满意结果的决策，它是以对现实条件的充分分析为基础，选择一种较为满意的方案，以期达到决策目标的一种决策。

（6）程序化决策与非程序化决策

根据决策问题的复杂化和决策行为的程序化程度，可以分为程序化决策与非程序化决策。程序化决策又称为规范化或常规型决策，是指领导活动中重复出现的、经常性、例行的决策。这类决策经常以相同或基本相同的形式重复出现，其产生的背景、特点、内外部相关因素，全部或基本为决策者所掌握，决策者可根据以往经验制定出例行决策程序。非程序化决策，又称非规范化或非常规型决策，是指决策者对偶然发生的、非经常性的或首次发生的新问题所进行的决策。这类决策一般是无先例可循、无既定程序可依的决策。此外，决策过程中也可能存在部分程序化和部分非程序化的可能。

（7）确定型决策、风险型决策和不确定型决策

根据决策后果的确定程度，可以分为确定型决策、风险型决策和不确定型决策。确定型决策（又称标准决策）是指在自然情况比较清楚、据此提出的不同方案的结果也是比较确定的前提下，根据决策目标所作出的肯定选择的决策。相对来讲这类决策比较简单，但若可供选择的方案很多，找出最佳方案往往也不容易，往往需要求助于线性规划、排列论等数学方法。

风险型决策（又称随机型决策或统计型决策）是指后果不确定，存在不以决策者主观意志为转移的两种以上后果的决策。这种决策虽然决策者事先估计到各种自然状态出现的可能性，但总要承担一定的风险，一般多采用最大可能准则、期望值准则等进行决策。进行风险型决策必须具备以下条件：①具有决策者期望达到的目标；②有两个以上可供选择的方案；③存在两种以上无法控制的自然状态；④各种方案的效益值可以计算出来；⑤决策者可以预测影响决策目标的各种因素，但难以判断其中哪一种必然发生。由于现代社会决策环境的不确定性、决策的复杂性，领导者面临的风险决策日益增多。

不确定型决策是指决策者面临可能出现的自然状态有多种，对各种自然状态出现的可能性也无法作出主观分析。由于事物的不确定性，领导者在决策过程中，不要过于自信，要把注意力放在信息反馈上。常用的处理不确定性决策的方法有悲观法（小中取大准则）、乐观法（大中取大准则）、折中法（乐观系数准则）、最小遗憾法（大中取小准则）、平均法等。

（8）单目标决策与多目标决策

根据决策者追求目标的多寡，可以分为单目标决策与多目标决策。单

目标决策是指在一定的时间、环境等条件下，所要达到的决策目标是单向的或只有一个明确目标。它的特点是直接、简单、明确。多目标决策则是指在一定的环境条件下所追求的决策目标是多项的。由于现代社会的多元化和社会活动的日益多样化，领导活动中多目标决策越来越多。

其他决策类型还有：初始型、修正型与追踪型决策；专家型决策；管理、经营与业务决策；竞争型与保守型决策等等。

三 领导决策的作用与意义

（一）履行领导职能的核心和基础

决策是任何一个领导的主要职能，是领导工作的中心环节[①]。领导职能所涉及的范围很宽，如制定战略、编制法规、组织管理、思想教育、人才管理等，从一定意义上说，这一切领导活动都是围绕领导决策展开的，都离不开领导决策这个核心，都必须在领导决策的基础上进行。领导者最高的根本职能，就是定目标、管方向、谋全局，进行科学决策。

（二）决定事业兴衰成败的关键因素

决策是领导者的责任，也是领导工作的核心，贯穿于领导工作的各个方面，关系着事业的兴衰成败[②]。在一个地方和单位，决策往往牵一发而动全身，领导干部级别越高，其决策的影响面往往越大。只有做到科学决策、民主决策、依法决策，在把握客观规律的基础上确定工作的目标和举措，才能使工作真正得到长远发展。从某种意义上说，领导工作的过程就是制定和实施决策的过程，决策的成败是领导工作最大的成败，决策是领导工作的实质与核心，是一切事业兴衰成败的关键。

大跃进决策的失误，造成数以千亿元的重大损失。"文革"十年的决策失误，误国殃民，祸及子孙，使我们至今仍不得不努力消除这些重大决策错误所造成的深远后果。所以，万里同志说："在一切失误中，决策的失误是最大的失误。"[③]大量的事实和实践证明，正确的领导决策能引导各

① 尤元文：《现代领导决策方法与艺术》，中共中央党校出版社2003年版。
② 晓山：《领导干部决策智慧要论》，《中国延安干部学院学报》2017年第10卷第5期，第122页。
③ 钱三强：《领导工作的实质与核心——决策》，《决策与信息》（上旬刊），2014年第11期，第14页。

项工作顺利开展，并不断取得新的成就；而错误的决策会导致重大的挫折或损失，甚至整个事业的衰败。

（三）决定领导行为方向的重要基础

领导决策和领导行为密切相关、互为依存。决策是行为的选择，而行为是决策的执行，两者谁也离不开谁。归根结底，一切领导行为都产生于对领导目标的追求，而要达到这个目标，则取决于领导决策这个重要基础。

（四）各级领导者最基本的职能

任何领导者，无论层次高低，属于什么系统和行业，都是相应决策的制定者和实施者。制定和实施决策，是一切领导工作最基本的职能。从决策目标的提出，到决策方案贯彻实施的全过程，领导者都必须负责到底。

第二节　领导决策的原则与程序

一　领导决策的原则

古人云："天下之事，谋之贵众，断之贵独，虑之贵详，行之贵力。"概括来讲就是说，领导决策贵在众谋、独断、详虑、力行。其中，"众谋"主要靠大家集思广益，"独断"就是领导者要敢于负责、当机立断，"详虑"就是方案既要优化又要切实可行，"力行"就是方案的贯彻实施要坚决有力，这是古人对领导决策的经验之谈。而领导决策的正确与否，是事业兴衰成败的决定性因素，要保证正确地制定领导决策，在决策过程中（尤其在社会主义条件下）必须遵循以下各项科学的决策原则。

（一）实事求是原则

实事求是是马克思主义的精髓，是我们思考与处理一切问题和从事一切工作的着眼点。其基本要求概括起来主要是：第一，坚持一切从实际出发，按照实际情况、要求和条件进行决策；第二，坚持理论联系实际，理论与实践相结合；第三，坚持调查研究，这是做到实事求是的根本保证；第四，坚持解放思想，这是实事求是、勇于探索的前提与基础；第五，坚持实践是检验真理的唯一标准，这是检验实事求是的根本途径。

需要注意的是，实事求是就要求信息准确、完整、全面。信息是领导决策的基础，它在领导决策中具有十分重要的作用。领导决策不但要注重信息，而且还要信息准确、完整、全面。只有全面准确地掌握了有关信息，才有可能做出正确的领导决策。只有掌握大量准确的信息，并对之进行系统的归纳、总结、整理、比较、选择，去粗取精，去伪存真，由表及里，由此及彼地加工筛选，才能做出科学的领导决策。所掌握的信息质量越高，来源越真实可靠，范围越全面，领导决策的基础就越坚实，越具有科学性。

（二）民主集中制原则

民主集中制是我们党的根本组织原则，也是我国社会主义国家的政治制度。它包括民主制和集中制两个方面，坚持民主集中制，就是坚持在民主的基础上进行集中，在集中的指导下发扬民主。因为如果只讲民主不讲集中，就会导致极端民主化，不利于使分散的意见和认识统一起来；如果只讲集中不讲民主，就会为主观武断、独断专行的官僚主义提供滋生的土壤和温床，群众的智慧和真知灼见得不到充分发挥，很容易导致决策的失误。而决策民主化是我国社会主义民主政治的主要内容，因此，领导决策必须坚持民主集中制，做到民主参与，科学决策。

（三）遵纪守法原则

这条原则就是指各项领导决策都必须在宪法和各项有关法律、法规和制度的允许范围内进行，不能有任何违背和超越的表现。这是领导决策赖以正常进行的基础。其基本要求概括起来主要就是，各级领导者无论职务、地位多高，都必须增强法制观念，提高法律意识，自觉地遵守有法必依、执法必严、违法必究，"在法律面前人人平等"的原则，依法决策，不允许有任何"特殊公民"的思想或行为表现。

（四）整体系统原则

任何社会事物都是一个整体系统，都有着各种内外因素的联系，而不是孤立存在的。只有用整体系统的观点观察认识事物，才能防止主观片面性，把握事物的规律，做出正确的决策。

（五）与时俱进原则

与时俱进原则又叫"超前思维原则"。现代事物发展日新月异，与时俱进、超前思维对于各级现代领导者都十分重要。现代人类社会已经进入一个迅猛发展、复杂多变、充满竞争与机遇的快节奏信息时代。社会的经济、科技等竞争日益加剧，在这种竞争激烈、强手如林的形势下，各级领导者在制定决策时，如果缺乏与时俱进、超前思维的能力，就没有战略主动权，就难免因为陷入"被动挨打"的地步而导致失败。

（六）"三个面向"原则

所谓"三个面向"（又称"三面向"），原本是邓小平为北京景山学校的题词："教育要面向现代化、面向世界、面向未来"[①]。其现实指导意义，实际上远远超过了教育领域。在竞争日趋激烈、复杂多变的 21 世纪，面对强手如林、挑战与机遇并存的当今社会形势，没有"三个面向"观念，就没有战略主动权，就必然落后于客观形势发展的要求。坚持"三个面向"的思想和原则，是新世纪的领导者在复杂多变、竞争激烈的新形势下成就大业的根本要求。

（七）分层决策原则

凡属重大决策，需要把庞大的决策目标分解为若干项具体的子目标，然后针对这些决策的子目标分别采取相应对策。这客观上要求本系统、本单位上上下下各层领导分别参与决策的制定，要求实行分层决策。分层决策原则，就是在某一系统不同层次各部门的领导者，要根据系统论和效益原理，根据全系统总体决策，分别制定各层次子系统各自的决策，以便分别承担相应责任，使所投入的一切人、财、物资源都得到最充分的发挥和利用，从而取得最佳的经济效益和社会效益，最终保证全系统总体决策目标的顺利实现。

分层决策原则中，要求将决策对象作为一个系统来看待，分析系统与系统环境之间、系统整体与要素之间、内部各要素之间的相互关系，正确处理好局部利益和整体利益的关系、眼前利益和长远利益的关系，对决策的各项指标的利害得失进行全面衡量、综合分析，在动态中调整整体与部分的关系，使各层次的决策目标服从系统的总体决策目标，以求决策达到整体化、综合化、最优化，使系统达到总体最佳。

---

① 《邓小平文选》（第3卷），人民出版社1993年版，第35页。

（八）可行择优原则

决策要获得成功，必须建立在科学的、可靠的基础之上。需要具备科学可行性。所谓可行是指在现有的主客观条件下，决策能够实施的程度及效果。可行方案可能存在多个，但可行方案未必最优，而最优方案又未必可行，其中可行是第一位的，是基础，如果没有这个基础，"最优"就只是毫无现实意义的空谈；虽然"最优"是第二位的，但只强调可行而不追求"最优"，也必然削弱其应有的作用意义。所以在科学拟定方案的基础上，"可行"和"最优"二者缺一不可。既可行又最优的方案，才是我们应该选择的最佳方案。

（九）跟踪反馈原则

由于现代社会事物复杂多变，决策者对有关客观事物的发展趋势，有时很难一下就看得很准，所以对决策方案必须进行跟踪反馈，以便及时修正，这样才能保证决策的最后成功，这也叫追踪决策。

二 领导决策的程序

科学的领导决策程序是规范化的决策过程，这是防止决策失误的重要条件。按照传统的观点，决策的程序分为三大基本步骤：①提出问题；②拟定方案；③选择方案。

随着现代科学技术的发展和社会化大生产形式的出现，为了防止决策的失误，现代领导决策一般包括决策的制定和实施两个阶段共八个步骤。有关的外界信息，恰恰也是通过八种决策技术应用于各个决策步骤，包括：①调查研究，②预测技术，③环境分析，④智囊技术，⑤决策分析，⑥可行性分析，⑦决断理论，⑧可靠性分析，但不是逐一对应，而实属偶然巧合。现将这八个步骤（程序）结合八种决策技术依次简述如下：

（1）提出问题

通过调查研究发现和提出问题，这是进行领导决策的起点和解决问题的前提。它包括对问题的发掘、确认、界定和原因分析。

①确认问题：按照一定的标准，对现实条件下的实际状态与正常时期状态进行对比，确认两者的差距。②界定问题：准确地查明这种差距的性质、程度、范围和发生的时间等。③原因分析：在界定问题的基础上，深入分析研究造成这种差距的原因，为解决问题和确定决策目标奠定基础。

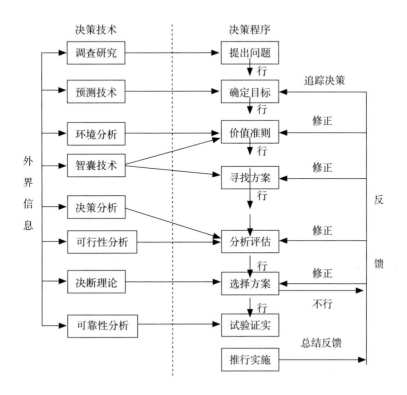

（2）确定目标

根据提出的问题，在调查研究的基础上，确定决策目标，明确在一定的条件下所希望达到的结果。这只有在掌握有关情报信息和经过科学预测的基础上，才能有效地进行。确定目标的基本要求是：①目标用语必须具体明确，不能模棱两可。②目标必须有明确的衡量标准。③必须明确约束目标的主、客观条件。

从根本上说，全部决策活动都是为了实现决策目标。决策目标既是选择决策方案的主要依据，又是衡量决策效果的重要标准，所以这是领导决策的一个重要步骤。确定决策目标是一个需要经过多重反馈的过程，其具体步骤如下：首先列出可供选择的目标，然后从中选择最符合上级、社会、本单位、环境和目标标准要求的作为确定目标。

（3）价值准则

所谓价值，包括经济、社会和学术价值等，其标准是评价方案优劣和判断决策正误的重要依据。确定价值准则主要应从以下几个方面进行：

①从系统观点出发，把整个目标分解成若干不同层次的价值指标。②规定各项指标的轻重缓急及其矛盾的取舍原则。③指明实现价值指标的约束条件。价值准则的确定，直接关系着决策目标能否顺利实现。其科学方法，通常是在利用智囊或参谋人员的基础上，采用环境分析的方法进行。

（4）寻找方案

要解决一个问题，往往会有各种不同的途径和方法。现代领导决策的一个显著特点，就是必须在多种途径和方法中选择一种最佳的方案。拟定决策方案的过程，大体可分为三步：①轮廓设想，即进行初步设计。②细部设计，即施工（行动）设计。③综合评估，即对各种方案进行预测和评价。寻找方案的工作，一般应在有关领导者的组织指导下，由决策研究和智囊机构及其有关专业人员共同进行。方案的数量和质量，直接关系着未来领导决策的优劣。

（5）分析评估

对所有拟定的各种备择方案进行综合分析后，对其各自的优劣利弊进行评估，并作出基本结论，再对方案做进一步修改。在进行具体评估时，还要对其经济和社会效益以及社会心理效应等进行认真的决策和可行性分析，并注意各方案所显示的优缺点及其差异。领导者要善于通过这种差异启发自己或有关专家的思路，想出更好的办法和措施，改进原有方案。

（6）选择方案

如前所述，决策是行为的选择，行为是决策的执行。在对各种备择方案分析评估的基础上，选择一种在现实条件下能获得最佳效果的方案。这是制定决策阶段的最后环节，它直接决定着是否能顺利有效地实现决策目标，所以也是一个关键环节。选择方案应注意：①要有科学合理的择优标准。②要在进行综合评价的基础上进行。③以唯物辩证法理论为指导，全面衡量各种方案的利弊。最后结果大体有以下几种选择形式：①从多种方案中择优选取一种。②各种方案取长补短总和为一体。③放弃原有方案重新拟定。④选择几种方案同时并行。

（7）试验证实

在方案选定之后，通过局部试验证实，取得对方案运行的可靠性分析验证。为此必须注意：①选择的试验点必须在全局具有典型意义。②试验过程中必须严格按照既定方案进行。③必须有相同条件的案例对照。

（8）贯彻实施

对经过试验证实切实可行的方案，即可组织贯彻实施，包括进行组织动员、具体实施、追踪检查、效果总结。在整个贯彻实施全过程中，要始终伴随着各种决策技术和方法的综合运用。

以上八个步骤，前六步为决策的制定阶段，后两步为决策的实施阶段，一般应按上述顺序依次进行，但在具体实践中也可以结合实际情况，有的步骤可以适当合并，不必机械地生搬硬套。在整个组织制定和实施的过程中，必须进行检查监督，每进入一个新的步骤都必须注意反馈，发现问题必须及时解决，使整个决策程序的各个环节都得到不断完善，必要时要作出新的追踪决策。当然，一般不容易做到"一步到位"、"一劳永逸"，从这个意义上说，也许不止是"八步到位"，因为决策的全过程，就是一个不断修正完善的动态过程。

此外，在实际执行中，除了上述步骤和程序性的过程，决策的内容也要正确，经得起实践、历史和人民的检验，既要严格程序和步骤，又要坚持正确决策观和科学方法论的有机统一，从理论与实践、历史与现实、科学与民主、程序与操作的结合上，做到"四个导向、四个结合"[①]。即，要坚持问题导向，做到历史、现实、未来相结合；坚持民主导向，做到领导、群众、专家相结合；坚持法治导向，做到法律、法规、依程序相结合；坚持求实导向，做到事实、反馈、修正相结合。

第三节　有效决策的方法

我们在本章第一节中曾经讲过，领导决策的类型很多，决策的方法自然也很多，涉及面也很宽，在这里不可能用过多篇幅进行全面系统地叙述，现仅择要简介以下几种：

---

① 王渊：《坚持正确决策观与科学方法论的有机统一》，《中国领导科学》2017年第7期。

一 追踪决策法

现代社会事物复杂多变，在决策实施的过程中客观情况发生重大变化是常见现象，致使原决策面临失效的危险，必须重新制定决策自然也是相应的常见现象，这种决策叫做"追踪决策"。其基本方法与特点主要是进行回溯分析、非零起点、双重优化、心理效应。现分别简述如下：

（1）回溯分析：从原决策的起点开始，依次分析产生面临失效危机的原因及其过程，以便采取有效对策，使追踪决策建立在科学可靠的基础上；

（2）非零起点：原决策是从零开始的，它的实施已经干扰、影响或改变了原有的环境和条件等相关因素，所以追踪决策不必从零开始，而是从"追踪"时开始，这是追踪决策的新基础；

（3）双重优化：追踪决策首先必须优于原决策，否则"多此一举"；其次不是仅仅优于原决策便可，而是在若干优于决策的方案中，选择其中的最优方案；

（4）心理效应：由于原决策的改变，首先可能在有关人员的个人职责等心理上，产生强烈冲击，容易以感情代替政策，丧失客观公正的尺度；其次，容易使内、外相关人员利害关系产生某种变化，影响他们的利益，等等。只要领导者及时掌握各种心理反应，正确引导和利用，也可变消极因素为积极因素，激励人们奋发向上。

总之，追踪决策比一般决策更复杂和难以决断，必须慎之又慎，要提倡"三思而后行"和"慎思笃行"的精神，以免重蹈原政策的覆辙。

二 系统分析法

如果决策对象比较复杂，便可考虑作为一个系统来对待。运用系统原理，对其内部与外部条件、当前与长远利益、局域与整体关系等，进行系统分析，运用定量与定性相结合分析，来论证各种方案的决策方法，称为系统分析法。

其主要工作包括：系统的模型化、最优化分析、系统的综合评价等工作。其中系统的综合评价，就是利用模型等各种资料，按技术经济观点对比各种可行方案，进行综合分析、权衡利弊，选择其中适当而现实的最佳方案。利用价值观念进行综合评价，并按系统分别提出评价因素，通过权衡分析求出全系统的综合价值，其基本步骤主要是：提出问题→确定问题→收集资料→分析评估→满意认同→最终决策。

三　程序决策法

程序决策法依次可分为五步进行：第一步，确定问题性质，即搞清问题的形式是什么，是经常发生的还是偶然发生的问题；第二步，了解决策规范，即了解决策的总目标、具体目的和应具备的基本条件是什么；第三步，研究决策方案，即研究应采用什么决策方案；第四步，落实行动分工，即把决策化为各有关人员的行动；第五步，建立反馈制度，即随时检查决策的适应性和有效性，以便及时进行必要的修正和或调整。

四　反馈修正法

由于现代社会情况复杂多变，领导决策很难"一锤定音"，一般都要根据不断反馈修正，才能做到相对正确。比如前述决策的程序、确定目标的过程和系统分析的过程等等，其中都包括反馈修正。比如在决策程序中，从"提出问题"到"确定问题"，都必须经过"调查研究"和"科学预测"这两项决策技术的反馈，否则虽然"提出问题"也不能"确定问题"。可见反馈修正法的应用范围很宽。

五　智力激励法

智力激励法又称集体思考法。就是通过小型的"诸葛亮会"互相启发，从而使创造性的设想产生连锁反应，引发出更多更好的创造性设想。为此与会者必须遵守以下原则：

（1）只提出自己的设想，不反对别人的设想；（2）不分高低贵贱，人人均可自由设想，标新立异；（3）所提设想一律记录在案不加选择，会后再统一鉴定筛选；（4）鼓励相互启发、补充，创造性设想越多、越奇越好；（5）议题宜大不宜小，不带局限性，但必须围绕决策主题这一中心。

六　可行性研究法

在进行重大项目的决策时，为避免失误造成损失，必须运用反馈修正法，进行可行性研究，看其技术上是否先进合理，经济上是否合算有利，条件上是否现实可行，否则便不实施。这是一个由浅入深的过程。

领导决策的方式、手段是多种多样的，它们是整个决策过程得以进行的助推器，又是决策各个环节相互联结的中介点。除上述决策方法外，还可以从定性决策和定量决策两个方面对决策方法进行梳理，如定性决策方法包括集体经验判断法、智囊技术（头脑风暴法、哥顿法、对演法、德尔菲法、德比克法等），定量决策方法包括运筹学方法、价值分析法、决策树法、因果分析法、回归模型等。

需要说明的是，每种决策方法都有其不同的适用范围和各自优势，不能盲目照搬和套用。在实际运用时，必须在实事求是的基础上选取科学、适用的决策方法，才能实现有效决策。

本章小结

本章主要介绍了领导决策的有关概念、要素，以及领导决策的层次特点，并对领导决策的类型、作用和意义进行分析，系统阐述了领导决策的原则、程序和有效的决策方法。

首先，本章认为，领导决策是领导者以本单位整体面临的问题为决策对象，确定和实施解决方案的过程。领导决策是领导科学的关键一环，是领导过程的集中体现。科学的领导决策应当具备明确的决策目标、切实可行的方案、最优化的决策选择。重点对领导决策过程中涉及的要素加以分析，对领导决策的层次特点、类型，作用和意义等进行阐释。

其次，本章认为，领导决策要确保正确有效可行，必须在决策过程中遵循科学的决策原则，包括实事求是、民主集中、遵纪守法、整体系统、与时俱进、"三个面向"、分层决策、可行择优、跟踪反馈。科学的领导决策程序也是防止决策失误的重要条件，相对传统观点决策程序提出问题、拟定方案、选择方案的三大基本步骤，现代领导决策程序更为细化，始终伴随着各种决策技术和方法的综合运用，始终贯穿在决策的制定和实施这两个阶段八个步骤中。

需要指出的是，在实际决策中很难做到"一步到位""一劳永逸"，科学的决策过程应是一个不断修正完善的动态过程。

最后，本章择要介绍了几种常见的决策方法，如追踪决策法、系统分析法、程序决策法、反馈修正法、智力激励法、可行性研究法等。本章认为，有效的决策方法是整个决策过程的助推器，是决策各环节相互联结的中介点，但每种决策方法都有其适用范围和各自优势，只有在实事求是的基础上选取科学、适用的决策方法，才能实现有效决策。

案例与讨论

长江三峡工程决议案的诞生 ①

1992年4月3日，是我国领导决策史上极为有意义的一天。在这一天，全国人大七届五次会议以1767票赞同、171票反对、664票弃权、25人未按表决器的结果，通过了《长江三峡工程决议案》，从此揭开了中国决策史上民主化、科学化进程的新一页。

三峡工程在中华民族的历史上，可以说是继万里长城之后最大的一个工程。它将创造人类史上蓄水、发电、主体建筑物等多项世界纪录。国外专家盛赞它是21世纪最大的、最有雄心的土木工程。三峡工程的研究、设计、论证时间之长，参加专家之多，涉及问题之广泛，在世界建筑史上是十分罕见的。早在1917年孙中山先生就曾提出过修建三峡水电站，近一个世纪以来，三峡工程的最终决策经历了四上四下，多次反复的过程。终于全国人大七届五次会议为中华民族这一伟大的梦想画上了圆满的句号。

是否建设三峡工程，一直牵动着全国各族人民的心，仅建国后就论证了四十年，争论了三十年。在这些激烈的争论中，其间仁者见仁、智者见智。争论的实质，虽然有一部分是因为工程技术上的不同观点所引发的，但相当大的成分在于人们处于不同的环境，对最终决策建设三峡工程存在着不同的价值和心态。长江中下游地区是三峡工程的受益者，大都期盼工程能够尽快上马；长江上游地区，由于水库建成后将大面积蓄水，淹没大片的土地和家园，切身利益受到损害，因此有所异议是十分正常的；还有一些专家学者认为，三峡工程建成后，原有的长江水域的许多宝贵的自然和人

---

① 图春友：《现代领导心理学》，中共中央党校出版社2001年第1版。

文的历史遗产必然会受到破坏，即使能够将部分文物迁出，仍然有相当多的文物被淹没在水下，会造成不可估量的损失；全国其他地区也有人认为，三峡工程浩大，担心工程上马后会对整个国民经济形成巨大的冲击等等。正是因为全国各地人民的不同心态，在三峡的最终建设问题上形成了诸多的意见和建议。长期以来，三峡工程几上几下，国家的经济实力和工程技术力量固然是重要的影响因素，但我们更应该从中看到，在进行如同三峡工程建设这样超大型建筑工程的决策时，领导者必须慎之又慎。全国各个地区、各个行业的声音都必须仔细倾听，尤其是各领域专家的意见，必须加以吸取。同时，从全国情况看，必须考虑到人民的担心、异议甚至是反对的心理状态，决不能强制性地进行决策，否则一旦出现决策失误，给全国人民造成的精神损失和物质损失，是以后世世代代都无法弥补的。

从三峡工程议案的通过中，我们可以看到，进行领导决策尤其是进行重大问题的领导决策时，充分听取各方面的不同意见，详尽的信息收集、严谨周密的科学论证、科学化民主化的决策程序，严格认真的方案制定、精确高效的实际运作乃至坚定有力的监督控制，这些都是完成一个高质量的、高效益的领导决策的必备因素。

讨论

1．三峡工程议案的通过过程，体现了科学决策的哪些原理？

2．在实施类似于三峡工程这样重大问题的领导决策过程中，应该如何充分听取各方面的意见？

3．你是如何评价这一决策的？

参考文献

钱三强：《领导工作的实质与核心——决策》，《决策与信息》（上旬刊），2014年第11期，第14页。

王渊：《坚持正确决策观与科学方法论的有机统一》，《中国领导科学》2017年第7期，第34~36页。

晓山：《领导干部决策智慧要论》，《中国延安干部学院学报》2017年第10卷第5期，第122~130页。

詹姆斯·马奇、赫伯特·西蒙：《组织》，机械工业出版社 2008 年版。

尤元文：《现代领导决策方法与艺术》，中共中央党校出版社 2003 年版。

尤元文、唐霄峰：《领导决策论》，社会科学文献出版社 2012 年版。

谭劲松、陈国治：《现代领导方法与领导艺术》，浙江大学出版社 2007 年版。

万良春：《新编领导科学教程》，中共中央党校出版社 2012 年第 5 版。

金延平：《领导学》，东北财经大学出版社 2011 年第 2 版。

CHAPTER

第六章
领导者用人与团队建设

本章学习目标与重点建议

1. 理解人才的概念、特征，掌握选人用人的原则和步骤

2. 理解常用的选人、用人、察人、励人的制度规范

3. 理解团队的概念和结构类型，掌握团队建设的基本方法

现代社会中，各个组织之间的竞争往往是综合实力的竞争，而综合实力主要体现在组织成员实力、组织整体实力等方面。前者，是个体层面的问题，涉及到领导者如何选拔人才、选好人才，如何使用人才、用好人才；后者，是团体层面的问题，涉及领导者如何组织并建设好自己团队的问题。只有选好人才、用好人才，充分发挥出人才的作用，并且建设好具有向心力和竞争力的团队，领导者才能更好地实施自己的思路，其所领导的组织才能更好地向前发展。鉴于此，本章的主要内容包括两大方面：一是领导者选人用人，二是领导者团队建设。

第一节　选人用人概述

"思皇多士，生此王国。王国克生，维周之桢；济济多士，文王以宁。"《诗经·大雅·文王》中这句话说的是周文王尊贤礼士，贤才济济，所以国势强盛。可见，选好人才、用好人才，对一个国家的强盛具有重要意义，对一个组织或团队的发展亦是如此。那么，究竟什么是人才？又该怎样选拔和任用人才？本节主要介绍人才的概念、特征、分类、重要意义以及领导者选拔人才、使用人才的基本原则和步骤。

一　人才的概念和特征

（一）人才的概念和本质特征

自从 20 世纪 70 年代人才学在我国建立以来，人才的概念不断发展和深化。刘民主把人才的概念划分成萌芽（1979 年至 1982 年）、形成（1982 年至 1990 年）、丰富和完善（1990 年至 2003 年）、深化（2003 年至今）等几个阶段①。目前，主流的学术观点认为：人才，是指具有良好的素质，在一定的社会历史条件下，以其创造性劳动，对社会发展和人类进步做出积极贡献的人。

从人才的概念可以看出，人才具有创造性、进步性、社会历史性等特征。这些是人才的最本质特征。

（1）创造性。创造性是人才的显著标志。我们可以从三个方面来理解人才的创造性。一是个人素质，人才是掌握了充分知识和良好技能的人，在思想理念、思维方式、认知水平、行动效能等方面表现出更强的创新精神和创新潜质。二是创造性劳动，人才在一定的社会支持条件下，可以开展具有探索性、发展性、创新性的劳动。三是社会贡献，人才一定是在某个领域发挥了比较重要的作用，为社会做出了有影响力、有显著意义的工作。

（2）进步性。进步性表现为人才所作出的积极贡献。人才的贡献可以体现在政治建设、经济建设、文化建设、社会建设、生态文明建设等领域。需要指出的是，不论在哪个领域，人才的贡献一定是积极的、正能量的。尽管有些人可能利用自身知识和技能进行了一些创新性活动，甚至产生了一些创造性发明，但是如果其活动或发明没有发挥积极作用，甚至是起到了反面作用，那么这些人也不能被称为人才。例如，网络黑客开发了某些病毒软件，尽管其成果具有很鲜明的创造性，但由于其威胁和破坏了网络信息安全，也不能被划为人才。

（3）社会历史性。人才是社会中的人才，社会是人才所处的社会。人才生活在一定的社会历史条件下，受时代和环境的影响制约，同时也在影响塑造着时代和环境。任何人才都无法摆脱社会和历史的印记。在不同的历史阶段、不同的社会结构、不同的社会形态下，人才的内涵都可能会具有不同的内容。我们如果脱离了社会历史条件看人才，可能会形成不全面、不深刻的认识。

---

① 刘民主：《人才概念发展及科学的人才观》，《人才开发》2008 年第 6 期。

（二）人才的其他特征

除了创造性、进步性、社会历史性等本质特征之外，人才还具有广泛性、层次性、相对性、动态性等重要特征。

（1）广泛性。社会生活分为政治、经济、文化、教育、科技等诸多领域，各个领域又划分了诸多行业，每个行业都有其各自的人才标准，相应地也都有一大批符合相关标准的人才。"三百六十行，行行出状元"，正是说明了人才广泛分布于社会生活的各个行业。随着社会不断向前发展，社会分工将进一步细化，更多行业也将进一步出现，为新的人才提供新的成长空间。

（2）层次性。人才是有层次差别的。从才能高低来看，可以区分为一般人才、杰出人才、伟大人才，如国家杰出青年科学基金获得者、教育部"长江学者"、中组部"千人计划"获得者可谓科研领域的杰出人才。从所在工作领域和所担负职务来看，可以区分为初级人才、中级人才、高级人才，如在政府管理中占据高层位置、发挥引领作用的政治精英可谓政治领域的高级人才。通常情况下，人才的数量呈金字塔式分布，层次越高的人才数量越少。在一个组织中，各个层次的人才都是其重要组成部分，领导者不仅要重视高层次人才，也要重视其他层次人才，把他们向高层次人才培养。

（3）相对性。人才的相对性主要体现在三方面。一是时间的相对性，在某个时代的人才，一定是做出了对这个时代有益的贡献，尽管这些贡献可能对未来社会并不是显著的。二是空间的相对性，我们常说科学家、政治家、艺术家等，分别是在学术界、政治界、文艺界来界定的，这个领域的人才如果用另一个领域的人才标准来评判的话或许就不能称为人才了。再是同一时空的比较性，人才的才能大小、层次高低都是相对于同一时代、同一领域的其他人来比较而定，比较之下形成了人才的相对层次。

（4）动态性。任何事物都处于不断的变化和发展中，人才亦如此。社会的变迁往往会导致人才概念的内涵和外延随之发生演变。人才的动态变化体现在水平流动和垂直流动两个方向。当下的初级人才、中级人才，可以通过自身的拼搏努力成长为高级人才；一个领域的人才，由于其良好的学习能力和适应性，也有可能跨转成另一个领域的人才。当然，人才也会朝着反向变化。例如，在以"智能化"为特征的工业4.0时代，社会经历着剧烈转型、技术发生着快速革新，现有的人才也面临着与时代脱节、泯然于众人的压力和挑战，"活到老学到老"成为人才的必然选择。

二　人才的分类

人才的上述特征，为对人才分类提供了一些视角。根据不同的视角，我们可以将人才划分为不同的类别。

（一）按所在领域和行业

从该角度，可以划分为政治人才、经济人才、军事人才、教育人才、科技人才、艺术人才、体育人才等。这恰好对应于人才的广泛性。2018 年 12 月 18 日，党中央、国务院在庆祝改革开放 40 周年大会上授予于敏等 100 名同志改革先锋称号，颁授改革先锋奖章，这 100 名为党和国家做出卓越贡献的同志就是各行各业优秀人才的典型代表。

（二）按才能高低和对社会贡献大小

从该角度，可以划分为一般人才、杰出人才、伟大人才。另一种划分结果为初级人才、中级人才、高级人才。这两种划分方法恰好对应于人才的层次性，也体现了人才的相对性。需要指出的是，这两种划分结果不完全是一一对应，两种划分结果存在一定的联系，也存在区别。

（三）按才能的广度和深度

从该角度，可以划分为专才和通才，这也体现了人才的相对性。专才是指在某一领域造诣较深、知识较广，做出贡献的人，如我国著名数学家陈景润。通才是指知识面较宽，在多个领域都有所贡献、有所建树的人，如 15–16 世纪意大利著名画家、天文学家、发明家、建筑工程师达·芬奇。

（四）按人才成长和发展过程

从该角度，可以分为"准人才""潜人才""显人才"，这在一定程度上对应于人才的动态性。准人才，是指具有了一定的素质和技能，能够在其领域从事基本工作的人，如大学毕业生或刚进入职场的年轻人。潜人才，是指对社会作出了一定贡献、创造了一定成果，但尚未被社会所公认的人才，或者已经做出了初步的成果，正在争取做出创造性劳动成果的人才。显人才，是指已经做出了创造性劳动成果，并且获得了社会公认的人才，如大学教授、知名企业家等。人才的成长发展一般会经历"准人才 – 潜人才 – 显人才"

的过程，当然，该过程可能是非常曲折的。

人才分类与人才特征的对应关系可参见下表。

需要指出的是，人类社会总是处于不断的变化发展过程中，人才概念内涵的更新拓展、人才所处领域的变化消亡、人才所占层级的合并分裂，都将影响到人才所属的类别。即便是在一个固定的比较成熟的分类框架下，把一个实实在在的人才划归到哪个类别也不是固定的，不能绝对化。

表6—1　　　　　　　　　　人才的分类

分类角度	人才分类	人才特征
所在领域和行业	政治人才、经济人才、军事人才、教育人才、科技人才、艺术人才、体育人才等	广泛性
才能高低和对社会贡献大小	一般人才、杰出人才、伟大人才	
初级人才、中级人才、高级人才	层次性、相对性	
才能广度和深度	通才、专才	相对性
人才成长和发展过程	准人才、潜人才、显人才	动态性

三　人才的重要意义

毛泽东曾指出：世间一切事物中人是最宝贵的，有了人，什么人间奇迹都可以创造出来[①]。从某种意义上讲，人是一切事物中的决定因素。人才，作为具有较高知识和技能的人，在一定的社会历史条件下，通过创新性劳动为社会发展和人类进步做出贡献。无论是对一个国家还是一个组织，抑或是对一个领导者，人才都是不可或缺的重要资源。

（一）人才是决定一个国家兴衰的关键

人才对一个国家的强盛具有决定性意义。强盛的国家，需要有强大的经济、科技、国防等支撑，其背后无一不体现着人才的力量。我们以对人才战略异常重视的美国为例。美国的人才战略经历了如下几个阶段[②]：早期移民阶段，美国认为"所有的人都是才"，1608年《五月花号公约》认证了美国所有人都是"才"的态度，1636年哈佛大学的建立树立了人才培养

---

① 《毛泽东文集》（第7卷），人民出版社1999年版，第34页。
② 蓝志勇、刘洋：《美国人才战略的回顾及启示》，《国家行政学院学报》2017年第1期。

的里程碑。西部大开发时期，美国实行以公共政策为基础的国家战略，农业人才和基建人才是主要的需求类型，1862 年、1890 年两次颁布《赠地法案》向各州赠地学院提供资助培养农学、军事战术和机械工艺人才。"二战"期间，联邦政府以军工项目为依托，以国家任务的方式将全国各地的科学家、工程师、服务人员及相关资源抽调集中使用。二战后，美国扩大高等教育规模，并成立美国国家科学基金会，激励科学研究，开发科技人才。苏联发射斯普特尼克卫星后，美国将国家科学基金经费增加两倍，将教育经费增加三倍并出台一系列教育法律，10 年后在科技水平上超过苏联。20 世纪 90 年代到 21 世纪初，美国主要依托私人部门的力量提升国家竞争力，国家科学基金会也加大力度，教育改革加快步伐，强调必须通过保持人才和创造力处于领先位置。进入全球创新创业竞争时期后，美国推行国家创新战略和教育战略，对于科学、技术、工程、数学等方面人才更加重视，积极吸引和保留这些领域的外国人才。美国人才战略史可以看出，他们一直坚持人才战略与国家发展目标的结合、人才与产业需求的融合、人才和使用条件相结合、平台建设和人才成长相结合，人才的不断聚集，给美国的发展创造了无限的前景和可能，极大地助力美国成长为世界第一大国。

（二）人才是凸显一个组织竞争力的标志

一个组织竞争力的基础在于是否拥有具有优势的资本，包括经济资本、文化资本、人才资本等。其中，人才资本是最重要的资本形式，特别是随着知识经济的到来，人才已经成为组织竞争力的核心标志。一般来说，组织内个体的知识水平越高、技术能力越强、工作经验越丰富，个体的竞争力就越强。竞争力强的个体越多，那么整个组织的竞争力则会越强。例如，北京大学理学部的两院院士、长江特聘和杰出青年人才已占到学部教师总数的近四分之一，国家青年千人、青年拔尖、青年长江和基金委优秀青年基金获得者占学部教师总数的近五分之一，并产生了较好的人才集聚效应[①]。在 2017 年 9 月教育部公布的世界一流大学和一流学科建设高校及建设学科名单中，北京大学的数学、物理学、化学、地理学、地球物理学、地质学、生物学、生态学、统计学、力学等 10 个理学学科被列入国家"双

---

① 《北京大学2016人力资源发展报告》，http://hr.pku.edu.cn/rlzyfzndbg/.

一流"建设学科名单①。北京大学理学学科在国内高校中绝对的竞争力，与其背后雄厚的人才队伍支撑是密不可分的。

　　人才对组织竞争力的贡献，是通过其创新活动来体现的。人才是劳动者中具有一定知识和技能，具有创新精神和创新能力，是创新活动的主体。他们在思维能力、谋划能力、决断能力、领导能力、执行能力、合作能力等方面存在优势，拥有更多创新精神，在创新活动过程中更容易做出创新性成果。他们的创新能力、创新精神、创新成果，也就体现了组织的创新能力、创新精神、创新成果。

（三）人才是成就一个领导者事业的资本

　　一个领导者领导团队与其他团队进行竞争，依靠的是团队整体功能的发挥，这其中包含了对人、财、物等要素的管理。其中，如何协调好人的因素，使得每个人能够提升自身的效能进而成长为人才、发挥人才作用，是一个领导者成就其事业的最重要基础。一个团队中所需要的人才，往往是多元化的，既需要能够深谋远虑、协助领导制定规划的人才，也需要脚踏实地、兢兢业业落实领导指示要求的人才；既需要技术过硬、水平精湛的技术性人才，也需要思维活跃、善于处理各类关系的管理型人才；既需要每一个人才分别努力，也需要人才之间相互配合。古人云，"一个好汉三个帮"，实际上就是在强调团队中不同类型人才对团队领导者的支持帮衬，当然，三个帮手之间应该是精诚合作的关系。

　　团队中人的因素协调好之后，领导者再协调管理财和物便成了水到渠成的事情。人才一旦能配置到适合的岗位，便容易充分调动起主观能动性，发挥出优良的资质和能力，再按照团队的目标方向发好力、用尽力，往往就容易把个人能力转化为团队效能，把团队内的财与物管理得当，创造出团队业绩，而团队业绩的不断呈现和不断积累也就逐渐成就了领导者的事业。

四　选人用人的原则

　　选人用人是指领导者选拔人才、使用人才的过程。只有坚持一套科学、合理的选人用人原则，才能最大程度地保证选拔出适合组织事业发展的人

---

　　① 《教育部 财政部 国家发展改革委关于公布世界一流大学和一流学科建设高校及建设学科名单的通知》，http://www.moe.gov.cn/srcsite/A22/moe_843/201709/t20170921_314942.html.

才，最大程度地发掘、发挥已选人才的智慧和作用，真正推动事业向前发展。

（一）人才选拔原则

《党政领导干部选拔任用工作条例》强调，选拔任用党政领导干部必须坚持"党管干部原则；五湖四海、任人唯贤原则；德才兼备、以德为先原则；注重实绩、群众公认原则；民主、公开、竞争、择优原则；民主集中制原则；依法办事原则"。这些原则，虽然是对我国党政干部选拔提出的要求，但对一般意义上的人才选拔也具有较强的指导意义。总体上讲，人才选拔需要遵循的基本原则包括：

（1）党管人才原则。2003 年，《中共中央、国务院关于进一步加强人才工作的决定》中明确提出党管人才的原则。党管人才原则的主要内容是管宏观、管大局、管战略、管政策、管协调、管服务；主要通过制定政策、分类指导、整合力量、营造环境等工作，努力做到用事业造就人才、用环境凝聚人才、用机制激励人才、用法制保障人才。全面贯彻党管人才原则，必须动员和组织全社会力量，加大投入，完善法制，优化环境，具体说来，要牢固树立人才投入是效益最大的投入的观念，健全政府、社会、用人单位和个人多元人才投入机制；要加大人才工作立法力度，围绕人才培养、吸引、使用等基本环节，建立健全中国特色人才工作法律法规体系；要大力加强舆论宣传，为人人竞相成才和充分施展才能创造良好的社会环境。

（2）德才兼备原则。德与才是一个统一体的两个方面，"德"统帅"才"，规定了"才"的方向，"才"体现"德"，证明了"德"的价值。选拔人才要求德与才兼而考虑。重德而轻才，选拔出的人可能会缺乏工作能力，工作思路不够开阔，工作局面难以打开，工作模式难有创新。重才而轻德，则可能面临更大的危害。一个组织，若是领导德能缺失，则有可能面临被带上歧途的风险，组织的作风、形象、公信力都将遭到质疑；若是关键岗位的人德能缺失，组织则可能面临带病运行、毁于一旦的风险。鉴于此，在选拔人才的过程中务必要坚持德才兼备原则，并把对"德"的考察放在第一位，以德为先。

（3）实践原则。实践原则是指在人才选拔过程中坚持实践的观点，在实践中选才并通过实践检验和确认人才。一个人只有通过社会实践的锻炼才能不断成长，也只有在实践中才能不断地展露自己的才华和品德，为组织所识别和检验。坚持实践原则，就是要以实践效果作为考核评价人才的重要依据，把人才所取得的业绩、做出的贡献作为重要的评判因素。需要指出的是，坚持实践原则时要注意历史与现实相结合，既要参考人才过去所做出的业绩和贡献做出全面客观的评价，也要根据人才近期的业绩和贡献对当下和未来新环境中的实践效果做出更合理的要求和更准确的预期；还要注意组织考评与民意测评相结合，既看重人才在领导者面前的表现，也看重在群众中的口碑，根据更全面的实践事实做出评价。

（4）竞争原则。竞争原则就是指在人才选拔过程中引入竞争机制，在竞争的气氛中识别和选拔出人才。竞争体现在人才选拔的各个环节中，通过笔试、面试、现场实操、比赛、预聘试用等方式，一个组织可以在反复的比较之中发现候选人的优势与不足之处，最终选拔到与岗位要求最相匹配的人才。另一方面，竞争也可以促进人才的成长，一个人在竞争的环境下会不断给自己施压，不断勤学苦练，不断积累本领，以达到在激烈的竞争中最终脱颖而出的结果。总之，坚持竞争性选才，既是经济社会发展的需要，也是人才成长的需要。

（5）公开公平公正原则。公开，是指在人才选拔时，将选拔职位、选拔对象、选拔时间、条件要求、执行程序、选拔结果等进行公告，让各个参与者清醒地参与竞争、接受选拔。公平，是指选拔过程按照一定的法律、道德、政策标准和正当秩序合理地对待人和事，对人们的行为品质、能力水平做出客观的评价。公正，是指在人才选拔中平等地对待每一个参与者，选拔过程严谨规范，选拔结果稳妥可靠。公开公平公正原则，保证每个人才能够平等地展示自己的才华，不被不对称信息和不正当手段中伤而埋没。为有效达到公开公平公正，除了要加强自我要求和约束，也需要建立一套外在的科学有效的监督机制。

（6）一定的灵活性原则。人才选拔在坚持前述必要原则的前提下也应该有一定的灵活性，针对不同的人才情况存有一定的差别和特殊处理的空间。比较典型的就是在人才选拔中如何处理学历、资历和能力问题，我们应该按照重学历而不唯学历、重资历而不唯资历的要求，客观真实地评价一个人的能力和素质。为了给人才充分展示才华并最终任用的机会，我们要合理设置岗位要求和任职条件，不因一些条条框框或硬指标直接将真正合适的人才拒之门外。当然，对于特殊处理的问题，需要有充分的条件和理由。

（二）人才使用原则

人才选拔完毕后就面临人才使用的问题。为了保证人才的才华最大程度地发挥、德能最大程度地释放，也需要遵循一定的人才使用原则。一般情况下，人才使用原则包括：

（1）适用原则。适用原则讲的是"知人善任""人岗匹配""人尽其才、才尽其用"，它包含三个层面的意义。一是从纵向来讲，人才的德能要和职务相适应，德能较高的人才从事较高职务的工作、德能较低的人才从事较低职务的工作，否则将会出现力所不及或者怀才不遇的尴尬，对事业产生不利影响；二是横向来讲，人才的特点要和所承担的工作相一致，思维严谨逻辑性强的人才从事科学、工程类的工作，思维发散情感丰富的人才从事文学艺术、公共关系类的工作；三是各领域内的细致安排，要更加考虑人才的特点，用人所长，例如同样是记者，电视记者要求有较好的口才，网络和报刊记者需要有较好的文字水平。

（2）信任原则。"用人不疑、疑人不用"，讲的就是对人才要遵循信任原则。有了信任才能激发人才的归属感、合作感、向心力，更大程度地发挥出人才的价值。信任人才，需要对其有深刻的了解，认同其能力素质和道德品格，即便有人有些说辞和挑剔，也不改变对其总体看法和评价。信任人才，也需要对其有科学、全面的评价，既看到人才的优点和长处，也允许其有一定的不足，并且想方设法帮助其扬长补短。信任人才，还要为人才搭建平台、创造空间，给其提供相当的自主性和自由度，不束缚人才拳脚，不干涉人才行事。

（3）竞争原则。与人才选拔一样，人才使用也要遵循竞争原则。竞争原则要求在人才使用过程中设置一定的竞争条件，通过适当形式的考核，使得真正优秀的人才脱颖而出，没有业绩、没有贡献的人按照程序淘汰或降职。通过竞争，优秀的人才得到认可，能够发挥更大的作用，每个人也都会感到竞争带来的危机感，进而努力提高自身能效。坚持竞争原则要注意以下几点：一是要使用科学的标准和规则，保证每个人能够充分展示其才能；二是要确保竞争的公正性和公信度，每个人平等地享有竞争条件；

三是把竞争择优和人才考核相结合，提高人才使用的科学化水平。

（4）激励原则。激励原则是指在人才使用中，通过一定的物质形式或精神形式对人才进行激发鼓励，充分调动人才的潜能和才华，促使其做出更大的贡献。人在同一个环境条件下久了，若没有一定的激励措施，也容易产生倦怠情绪，思维僵化不求创新，工作难以达到新高度。需要注意的是，在运用激励手段时要坚持实事求是、从事实出发，也要注意适时、适度，还要注意丰富激励的形式，如分级评价、荣誉表彰、奖金奖励、职务晋级等。

（5）用当其愿原则。用当其愿原则，是指要充分尊重人才自己的意愿，尊重人才对工作的选择权。人才自身也有自己的爱好和倾向，有自己的偏好和追求，在工作安排特别是根据工作需要进行的工作岗位调整中，要充分征求人才的意见，只有人才愿意从事某个岗位的工作，才能最大程度地发挥其作用。工作较长时间后，人才也可能会主动提出换岗或调离的诉求，这时候组织要充分考虑、认真研究。

（6）用养结合原则。用养结合原则，是指对人才不能只是无限的使用，而要重视对人才的爱护和培养。人才虽然有着良好素质和才能，但一味地使用也会难免让其产生被掠夺压榨的感觉；此外，技术的发展、环境的变化对人才的能力素质要求不断提高，人才也需要不断充电增能才能适应新的要求，这都需要我们对人才使用的同时格外爱护人才，在适当的时候给予必要培训、进修等提升的机会。

（7）整体搭配原则。任何人才作用的发挥，离不开团队的整体效能。人才不是孤立的，只有在团队中才能更好地发挥自己的作用。因此，建立合理的人才结构是发挥每一个人作用的关键。团队的领导者要充分意识到"整体作用大于部分作用之和"的系统论原理，做好人才资源的科学配置，在构建团队时充分考虑到人才的性别比例适宜、年龄结构合理、专业知识互补、性格气质协调等，追求团队的整体效用最佳。

五　选人用人的步骤

无论是政府机关选人用人还是企业事业单位选人用人，都要遵从一定的程序和步骤，这样才能保证较好地选拔出适合岗位要求的人才。若是选人用人的某些步骤缺失或程序不当，则选出的被用者不但不能充分发挥其已有才能，他们一些潜在的才能也会受到压抑，用人的组织也难以高效、顺畅地运转。

通常情况下，选人用人一般要遵循如下步骤和流程：

职位设计 → 人才发现 → 人才鉴别和挑选 → 人才任用

（一）职位设计

职位设计指的是工作岗位的设计。首先，需要明确工作岗位的职、权、责、利，即岗位需要完成什么样的工作任务、岗位的管理权限是什么、岗位要承担什么样的责任后果、对于这个岗位有什么奖励惩处。职、权、责、利四要素是后续发现人才、鉴别人才、任用人才的基础和先决条件，只有确定了这四个要素才是对岗位进行了全面设计。第二，要厘清岗位与人才的前后因果关系。比较合理的关系应该是是因需设岗、因岗寻人，而非因人设岗、以岗养人。第三，岗位设计要根源于整个组织的目标实现和功能发挥。岗位是组织的一部分，岗位的设计应该服从组织大局的需要，在整体视野之下进行规划和设定。

（二）人才发现

人才发现指的是将人才纳入视野、搜罗选拔对象的活动。发现人才，既需要以一种开放的心态广开门户、接纳人才，又需要以公平、公开、公正的方式阳光操作、不偏不倚。发现人才的途径多种多样，例如人才自荐、民主推荐、贤能举荐、广告招纳、猎头追踪、考试测评等，通过诸多途径建立丰富的备选人才信息库。近年来，国内不少高校面向全球招聘二级学院院长，一些高校甚至面向全球招聘副校长，表现出发现人才的宽阔视野和鲜明态度。

（三）人才鉴别和挑选

人才鉴别指的是从人才信息库中进行鉴定和甄别，留存一部分候选人的活动。因为是为已设计好的职位选拔人才，所以务必要将任职条件和岗位要求作为选才的客观标准和客观依据，不可将岗位以外的其他因素或条件作为衡量标尺。人才挑选指的是从鉴别留存的候选人中确定出预备任职者的活动。人才挑选要注意科学的方法，以确保选出的人能够以很大概率在日后工作中发挥良好作用，并且不论评估人员是谁、评估时间如何，真正的人才总能被选出。这就是说，人才挑选应该有比较高的效度和信度。为此，可以采用多轮选拔、多种形式选拔、多人集体选拔等方式。

（四）人才任用

人才任用指的是把经过发现、鉴别、挑选之后得到的任用对象按照一定的方法配置到最适合工作职位上的活动。应该说，经过了周全的职位设计、广泛的人才发现、精细的人才鉴别和科学的人才挑选环节选拔出来的人才在很大程度上是符合组织要求的，但仍然需要进一步地使人才与岗位和组织相适应，包括对岗位的深入理解和对组织运行机制、组织文化的理解等。因此，人才任用后一般要及时进行岗前培训，帮助其尽快进入工作角色。

第二节　选人用人的制度规范

领导者选人用人是一个完整的过程，包括选人、用人、察人、励人等若干环节。正确、科学、合理的选人用人制度是实现有效领导的重要保证。在组织管理过程中，领导者要合理选人用人，遵循正确和科学的选人用人制度规范。本节主要介绍在选人、用人、察人、励人等重要环节中几种较为典型的制度。

一　选人制度

选人制度，是指领导者或领导机关在人才选拔过程中必须遵守的相关程序和规章制度。我国古代的人才选拔制度有夏商周时期的世官制，汉武帝时期的察举制，魏晋南北朝时期的九品中正制，隋、唐、北宋、明、清时期的科举制等。目前，我国主要的人才选拔制度有：

（一）选举制

选举制是通过投票方式选拔人才的一种制度，主要流程如下：先是经过充分酝酿形成候选人名单，然后再由选举人进行投票，最后得票多者当选。由于候选人在一定程度上代表了选举人的意愿，总体看来，这种制度具有良好的民主性。最终当选的人通常具有良好的群众基础，他们更能了解群众利益诉求，更容易得到群众的拥护。在选举制下，最终当选的人往往都有一定的任期，当选者会在任期内更加愿意密切联系群众、为群众做实事。选举制常用于选举出国家权力机关的代表或者国家公职人员，高校的党组织中也通常采取选举制产生领导班子和委员会委员。

选举制的不足之处在于：选举人往往更局限于考虑眼前利益和局部利益，候选人为了迎合选举人心态也往往提出一些近视或局域的主张，当选后会出现一些快速见效的短平快行为。第二，选举人对候选人也未必全部了解，经常会出现选举人只支持自己所认识的候选人，而对不熟悉的候选人要么不选，要么随意乱选，降低了人才选拔的效率。再者，因为要考虑最终当选者的代表性，选举制会在候选人阶段进行一些平衡，如性别、民族、政治面貌等可能会作为考虑因素，难以免除一些人为的影响。

（二）荐选制

荐选制是指通过推荐的形式选拔人才的一种方式。荐选制包括：领导推荐、群众推荐、专家推荐等形式，有才德的人也可以进行自我推荐。在荐选制下，推荐获得人才的信息其实只是选才的第一步，被推荐人还要经过考察才能决定是否最终被任用。荐选制的步骤是：先推荐，再考察，再任用。其优势在于：在各种具体制度健全的情况下，能够有效发挥推荐者和被推荐者双方的积极性。其不足在于：由于推荐人和被推荐人的范围有限，人才的选拔范围也相应地有一定限制性；当选拔缺乏客观的标准或者推荐人对人才标准掌握不同时，被推荐人才的水平也可能存在一定差距；再者，组织、人事部门进行人才选拔时，最终决定也可能会和群众意志不相一致，影响被推荐人和群众的情绪。高校党政机关领导干部的选拔经常通过荐选制的方法产生，即先民主推荐，再考察任用。

（三）考选制

考选制是指通过统一考试形式选拔人才的一种方式。人才选拔机构通过组织专门的考试对每个被试者进行评价打分，根据考试的分数择优录用。考选制的优点在于：以分数为指标选才，可以在相当程度上杜绝跑关系、走后门等不正之风，最大程度地保证选拔的公平性；另外，一些选拔不限制地域、性别、民族等外在条件都可以报考，扩大了选才的范围。其不足之处在于：考试分数作为最重要的衡量指标，是否科学地对人才进行了评价有时候会受到质疑。国家党政机关行政级别较低（如主任科员以下）的公务员通常采用考选的方式进行选拔。

（四）委任制

委任制与选举制恰好相对应，是指由任免机关按照人事任免权限、经过考察而直接任命选拔人才或委任下属的制度。委任制的优势在于程序简明、行动迅速，体现了较高的效率，有利于治事和用人的统一。由于决定权高度集中在任免机关或领导者手中，若单纯地依靠他们的意志进行人才任用，可能会面临较大的决策风险，甚至会滋生任人唯亲、跑官买官等不正之风。在应用委任制时，为提高人才选拔的科学性和合理性，一般会与民意测验相结合，广泛征求群众意见。

（五）聘任制

聘任制是用人单位通过合同契约确定人事关系的一种选拔人才制度。在合同中明确了双方的权利义务关系以及受聘方的职责、待遇、聘任期等。合同期满后，经双方同意，可以续聘。聘任制可以保证合同期内聘用关系的稳定性，有利于促进人才竞争和人才流动，有利于发挥人才才能，做到人尽其才、才尽其用，有利于"唯才是举"社会风气的形成。其不利之处在于，如果没有严格有效的考核制度做保证，容易滋生拉关系、搞宗派等不正之风。

在我国，聘任制主要应用于企业事业单位，如企业领导班子的选拔时可以只聘请主要负责人，再由他去聘请建立一个齐心协力的班子。我国不少高校的教师也已采用了聘任制，例如北京大学 2014 年审议通过、2018 年修订《北京大学教学科研职位分系列管理规定（试行）》，其中对教研系列职位、教学系列职位、研究技术系列职位的招聘考核方式进行了约定，教研系列职位按照无固定期限预聘制（Tenure Track，简称预聘－长聘制）方式管理，教学系列和研究技术系列职位的管理按照事业单位合同聘任制的有关规定执行。[①]

（六）综合制

综合制是把上述两种以上的方式联合使用的选拔人才制度，以弥补单

---

① 《北京大学教学科研职位分系列管理规定（试行）》，http://hr.pku.edu.cn/zczd/xxjbmzd/index.htm.

一选拔方式本身的制度缺陷。比较典型的是考选制与其他选拔制度的结合使用，首先是经过有关考试（笔试、面试等），再采用选举、聘任、自荐或推荐等方式选才。

二 用人制度

用人制度，是指领导者或者领导机关在使用人才的过程中必须遵循的程序和规章。人才使用制度遵循并体现了人才使用的基本原则，同时它又是实现人才使用原则的根本保证。科学合理的人才使用制度，能够最大程度地促进人才发挥作用，也能够避免重大的用人失误。现代组织中，比较重要的用人制度包括：

（一）任期制度

任期制度是指政府机关以及企事业单位的公职人员在职工作的时间有明确限定的制度。当职务任期时限满后，其职权、职责就自然终止。实行任期制度，可以促进任职人员在有限的任职期间努力工作，最大程度地发挥其主动性和积极性，避免终身制的弊端。2006年，中央制定《党政领导干部职务任期暂行规定》对党政领导职务的任期时限、任期内的工作调整、同一职位的任期、同一层次的任期都做出了规定，工会、共青团、妇联等人民团体正职领导成员的任期制度也参照执行。

（二）培训制度

培训制度，是指政府机关或企业事业单位有计划、有组织地通过经验交流、案例讨论、典型介绍、专题调查研究、现场参观、定向培训、专业辅导、实习训练、补习教育、实际操作培训、国内外考察等形式对所选用的人才进行理论、技术等方面的再教育或训练的制度。培训类型可分为职前培训、在职培训、转职培训等三种。职前培训是指在任职前为适应工作要求而进行的培训；在职培训是指在任职期间为及时补充、更新知识、不断提高业务水平和工作能力而进行的定期或不定期的经常性培训；转职培训是指因工作需要转换职位，为掌握新职位所需知识和技能而进行的培训。

（三）交流制度

交流制度主要针对党政领导干部而言，是指各级党委（党组）及其组织（人事）部门按照干部管理权限，通过调任、转任对党政领导干部的工作岗位进行调整。交流制度有利于领导干部拓展视野，丰富历练经历，提高领导能力，促进领导干部进一步形成大局观念，同时也能避免和克服长期在同一岗位上养成慵政懒政的习气。2006 年，中央制定《党政领导干部交流工作规定》，对交流对象、交流范围和方式、实施过程、交流工作纪律和保障措施都进行了规定和说明。工会、共青团、妇联等人民团体和县级以上党政机关所属事业单位的干部交流，参照上述规定执行。

（四）回避制度

回避制度主要针对党政领导干部因夫妻关系、血缘关系、成长地等原因需对某些任职进行回避的制度。2006 年，中央制定《党政领导干部任职回避暂行规定》对任职机构范围、回避情形、回避申请批复、违规查处等进行了规定。工会、共青团、妇联等人民团体和县级以上党政机关所属事业单位领导干部的任职回避，参照上述规定执行。

（五）免职、辞职、降职制度

《党政领导干部选拔任用工作条例》规定，我国党政领导干部使用中存在免职、辞职、降职等制度，其中辞职包括因公辞职、自愿辞职、引咎辞职、责令辞职。条例对免职、辞职、降职有关情况进行了具体说明。

（六）试用期制度

2001 年，中共中央印发《党政领导干部任职试用期暂行规定》，指出提拔担任厅局级（含厅局级）以下领导职务的有关干部实行为期一年的任职试用期制度。该规定对试用期的计算，试用期内领导干部的职责和待遇、考核和管理等进行了说明。工会、共青团、妇联等人民团体中非选举产生的领导职务参照该规定执行。

三　察人制度

察人制度，是指在人才选拔、使用的整个过程中一系列考察、考核、监视、督促等相关程序和规章。考察监督，可以保障选拔出的人才具有较好的能力素质和人岗匹配度，在一定程度上也可以规避人才使用中出现问题的风险。在党政机关中形成的考察监督制度包括：

（一）考察制度

考察制度多适用于领导干部的选拔，对考察对象进行全面了解和评价的程序和规章，是入口把关的制度。确定考察对象要根据工作需要和干部德才条件，将民主推荐、平时考核、年度考核、一贯表现和人岗相适应等情况综合考虑，充分酝酿。考察对象一般应多于拟任职务人数。考察内容要根据干部选拔和任用条件和不同领导职务的职责要求，全面考察德、能、勤、绩、廉，突出考察政治品质和道德品行，注重考察工作实绩，加强作风考察，强化廉政情况考察。考察形式包括个别谈话、发放征求意见表、民主测评、实地走访、查阅干部档案和工作资料、与考察对象面谈等，还要听取考察对象所在单位组织（人事）部门、纪检监察机关、机关党组织的意见，根据需要可以听取巡视机构和其他相关部门意见。

（二）考核制度

考核制度是上级领导部门对下级部门及其工作人员的工作状态及结果进行考察、核评的制度。考核可以定期或不定期地进行，如年度考核、聘期考核等，考核内容包括思想品德、业务能力、学术或技术水平、工作态度、工作业绩等，考核结果将作为选拔、使用、奖惩、晋升的参考依据。考核制度的实施，能够公正客观地认识考核对象的本质，对其进行正确的评价和判断，也能够激励考核对象更加奋发有为，做出更多实绩。

（三）检查、视察制度

检查、视察制度都属于日常监督制度。其中，检查是上级领导部门对下级部门或监督部门对监督对象进行检验、考察活动；视察是指现场检查活动。通过检查和视察，上级部门或监督部门能够对监督主体的工作进展和结果进行了解，也能够发现一些问题、督促整改。

（四）举报、控告制度

举报是指公民或组织对领导机关及人员的违法违规行为向上级或特定部门的检举揭发行为；控告是指机关、团体、企事业单位和个人向司法机关揭露违法犯罪事实或犯罪嫌疑人，要求依法予以惩处的行为。举报与控告是对领导机关和人员非常重要的监督形式，对举报和控告的受理也已经形成一套标准化的制度流程。

（五）调查制度

调查制度是指监督部门检查、视察中发现问题或在接到举报、控告后，根据相关线索对调查对象进行深入的考察、查验，以探明事实、分析原因、厘清责任的制度。监督部门应将调查结果向上级汇报或公开，并做出相应处理。被调查的对象有责任和义务对调查工作予以配合。

（六）报告与汇报制度

报告制度是指监督对象定期或不定期地向法定专门机构报告工作的制度。根据我国宪法，国务院对全国人民代表大会负责并报告工作，在全国人民代表大会闭会期间，对全国人民代表大会常务委员会负责并报告工作；地方各级人民政府对本级人民代表大会负责并报告工作，县级以上的地方各级人民政府在本级人民代表大会闭会期间，对本级人民代表大会常务委员会负责并报告工作。汇报制度是指工作下级向上级报告工作情况，或者就某些重大问题进行请示的制度。

（七）离任审计制度

离任审计制度是指对法定代表人整个任职期间所承担经济责任履行情况所进行的审查、鉴证和总体评价制度。离任审计的内容包括财务责任审计、管理责任审计和法纪责任审计，是一项综合性审计。离任审计制度有利于加强干部监督管理、正确评价和使用干部，有利于揭露和惩治腐败分子、规范干部行为、促进廉政建设，也有利于核实家底、客观公正地鉴定前后任的工作业绩。

四　励人制度

励人制度是指采取激发和鼓励措施，以促进人才作用发挥和组织目标实现的制度。激励的类型是多种多样的。在执行激励制度时，要注意适宜的广度、强度、频度、透明度，不同类型的激励要平衡使用。

表 6—2　　　　　　　　　　激励的类型

分类角度	激励的类型
激励的内容	物质激励、精神激励、信息激励
激励的性质	正激励（奖励）和负激励（惩罚）
激励的效用	长期激励和短期激励
激励的差异性	普遍激励和个人激励

现代管理中，经常使用的激励制度包括：

（一）物质激励制度

物质激励就是以物质形式的回馈作为满足人们需求的一种激励方式。一种重要的物质激励形式是薪酬。政府机关公职人员的薪酬来自于公共财政，因受到公共财政支付能力和公职身份社会影响等因素限制，其薪酬通常不会过于丰厚。而在企业等营利性组织中的人员，则可以享受高薪或者股票期权。另一种重要的物质激励形式是住房。由于公职人员的薪酬相对较低，因此往往需要有较好的住房制度作为基本生活保障。再有的物质激励包括福利，例如我国不少高等院校会举办附属幼儿园、附属小学、附属中学，以解决本单位员工子女就学问题。其他物质激励形式还包括工作环境，如温馨的办公条件、就餐氛围、休假制度等。

（二）工作激励制度

工作激励就是把工作本身作为一种激励形式的激励。通过工作激励，可以使人们的潜能得到进一步发挥、组织的功能进一步实现，人们和组织能够共同成长进步。具体说来，可以采用如下工作激励方法：一是轮岗，即通过人们在职能相近的岗位之间轮换任职以克服工作单调重复带来的倦怠和松懈；二是扩容，即让人们在其权力层次范围内承担更多的工作，通过扩充工作内容带来一定的认可感；三是放权，即在工作分工的垂直角度上，在一定程度上释放上一级的权限给下级，使下级承担更多的责任和权限；四是整合，即将原来零散的工作任务重新打包，赋予其新的含义，给人们带来新鲜感。

（三）目标激励制度

目标激励指的是组织内个体与组织共同制定工作目标的管理制度。它将组织目标层层分解，转化为组织内单位和个人的具体目标，各个单位和个人围绕组织的总体目标制定各自的目标。这种制度，能够增强个人的归属感，个人在追求其本人目标的过程中促进单位和组织目标的实现，为了实现组织目标，需要单位和个人努力实现各自的目标。

（四）晋升激励制度

晋升激励指的是对员工的职务职级予以提升以给其带来促进感和满足感的激励方式。稍具规模的现代组织都具有金字塔式的组织结构和人员队伍结构，这种结构外显于员工的职务职级。职务职级越高，人数越少，待遇、声望、地位也越高。晋升激励制度的积极作用在于，晋升成功的员工可以感受到组织的认可，以及与组织共同成长的自豪感和幸福感，同时，暂不符合晋升条件的员工也可以看到希望，会继续努力。晋升制度也具有消极作用。因为上一级职务职数总是越来越少，晋升难度会越来越大，长期无法得到晋升的员工或许会感到压抑，进而影响到潜能发挥。此外，同一级职务的员工之间的竞争关系可能在一定程度上会影响团结协作。

（五）奖惩激励制度

奖励，是用于对与组织目标一致的超常表现或对组织做出突出贡献的肯定；惩罚，是用于对与组织目标不一致的行为的否定。奖励的形式可以是多样的，如颁发奖金或颁布荣誉称号、荣誉职称、登记立功，甚至是进行职务上的晋升。惩罚，则可以施以处分、罚款或者其他形式的行政处理。在政府机关和事业单位，对于严重违反纪律的人，甚至可以根据有关规定予以党纪处理。需要指出的是，奖惩激励应基于科学考评制度下的可靠考评结果，以奖励为主，此外，也应该注意把握奖惩的力度和时机，不能因奖励太多而失去奖励价值，也不能因为奖励不及时而使个人减少对组织的归属感。

（六）综合激励制度

上面介绍的激励制度各有各的适用条件和范围，也各有优点和缺点。在现代较大规模的组织中，往往联合使用多个种类的激励形式而形成综合激励制度，以克服单一激励制度的固有缺陷和难题，给组织中的每一位成员带来适合的发展机会和途径。

第三节　团队的建构与领导

团队协作是现代社会的重要特征。一个人，无论是多么优秀的人才，其工作和事业无可避免地需要得到其他人的帮衬支持；一项工作任务，倘若比较纷繁复杂，往往也需要不同的人共同参与一道完成。个体和个体之间，因为共同的目标、按照一定的规则聚集一起，尽管各自分工不同，但彼此相互支持、相互影响，就形成了团队。本节从团队的概念出发，进而介绍团队的类型和建构方法。

一　团队的概念与构成

（一）集合体、群体与团队

团队，是在日常生活中经常使用的一个概念，与同样经常使用的集合体、群体等概念有一定的相关性，也存在着较明显的区别。

集合体，是个体在空间意义上的集合。它既可以是物理意义上的集合，例如同一个电影院的观众，同一个学校上学的学生，同一个公司上班的员工等；也可以是网络意义上集合，例如同一个微信群或者同一个网站用户等。

群体，是指两个或两个以上的人群构成的集合体。相较于集合体，群体的概念重点在于群体成员间存在相互作用和相互影响。就像人们常说的"人以类聚、物以群分"，往往是具有相同特征、相同目标或相同信仰的人在一起，他们以某种方式进行着联系和影响，形成了一个群体。

团队，作为一个群体，其成员之间以某种形式相互连接，成员之间存在关联和互动。团队的概念相较于群体要更加聚集：同一个团队的成员之间，相较于群体的成员，有着更为紧密的内部联系和成员结构。管理学家斯蒂芬·P. 罗宾斯将团体定义为：由两个或者两个以上相互作用和相互依赖的个体，为了特定目标而按照一定规则结合在一起的组织。可以看到，团体除了强调多个个体的集合外，还突出强调了这个群体所具有的共同目标以及内部更为严密的构成规则。

（二）团队的构成

要形成一个团队，必须具有三个方面的基本构成：

（1）人员构成。团队要具有两个及以上的人员规模。团队发挥作用的机制在于人员之间的相互合作。虽然有话说"一个人要像一支队伍"，但这也正显示出一支"队伍"的力量是强于个体的，故而个体要像一支"队伍"那样运作。团队中不同成员之间在技术、信息或公共关系等方面的不同优势，能够保证团队各方面需求的实现。从比较优势的角度来讲，每个人都具有自己的比较优势，而个体之间比较优势的合作，便会实现个体简单力量之和所不能达到的更高的生产边界。因此，多成员是团队的首要特征。

（2）组织目标。团队往往是为了特定的目标而存在，向着共同的目标而前进。例如，苹果公司成立之初的目标便是"让每个人都拥有一台计算机"，着力于制造出更多更便捷的私人电脑；而 Facebook 公司成立之初的目标则是"连接全世界"，让更多的人能够借助于互联网的平台实现相互之间的信息分享和交流；尤努斯在孟加拉国创办的格莱珉银行，目标则在于向贫困的底层人民提供贷款，解决孟加拉广泛的贫困问题。不论是什么样的组织，都会首要确立自己的目标，不管这个目标是具体的还是某个抽象的理想。只有目标存在，团队才能在目标的指引下找准自己的定位，开展相应的活动。

（3）组织规则。有了人员和目标，这个群体还不能称之为团队。团队必须要有一定的组织规则，将人员有机地组合在一起。一般而言，团队中总是存在着一名领导者，代表着整个团队的形象或掌管团队的主要事务。比如，联合国总是设有一名秘书长，各个国家也总是有一位国家元首代表国家的形象，各个企业或组织也总有一名或名义或实质上的领导者。在领导与成员的区分之外，成员之间也总是以各种方式组合在一起，不管这种方式是松散的还是严密的。组织规则规定了不同成员在组织中的角色，界定了不同成员之间的权属关系，也建构起了组织的运作方式。

因此，就一个团队而言，人员、目标和组织规则这三个构成要素缺一不可，要想组建一支团队，需要首先考虑这三方面的定位。但团队的三要素并不一定是固定不变的，随着团队任务的完成和环境人员的变动，团队的规模、目标和组织规则也总是处于不断的变动当中。

二 团队的结构类型

团队的结构类型划分方式有多种，但从最直观的意义上来看，主要有三种类型：

（一）直线型结构

直线制是一种最早也最简单的组织形式。它的特点是团队从上到下实行垂直领导，下属部门只接受一个上级的指令，各级主管负责人对所属单位的一切问题负责。直线制组织结构有如下几个优势：

首先，形成了有效的金字塔式等级指挥。直线制组织在内部有明确的职能分工，上下级是一种权力上的隶属关系，在组织规模逐渐扩大的金字塔底端，它能保证整个秩序的有效运行，不像没有明确指挥链的专制组织在一百人左右时就会失去控制。

其次，它体现了职业化原则。直线制组织结构中，个体与组织之间建立了一种"契约"关系。个人要始终以组织的目标来努力工作，忠于职守，而不是忠于某个领导，这将会把偏爱和裙带关系对组织效率的损耗降到最低。职业化和职业晋升是相联系的，直线制组织中每一层的雇员都会把晋升看成自己在组织中成功和自我价值实现的重要途径，每一层级的人都会充分发挥自己的才华以谋取职位的上移，这种晋升的诱惑将会使组织保持在一种长久的进取状态，这也是直线制组织成功的秘诀之一。

第三，它强化了对工作的技术要求。直线制组织模式要求内部的员工进行专业化的分工，精通自己份内工作的专业知识，要按明确的程序行事，以此来提高工作效率。这种对技术的要求，在工业化时代成为组织机构有效安全运转的必要条件。如韦伯指出的，在纯粹的官僚制度中，精确性、工作的速度、任务的明确性、对文件的熟悉程度、活动的连续性、权限的划分、指挥的统一、严格的上下关系对人员摩擦的控制，以及在物质和人员方面的成本的减少等等，都达到了最佳的状态。

但这种组织结构形式也存在着不足之处：它要求负责人能通晓多方面的知识和技能，亲自处理各种业务。在组织业务比较复杂、组织规模比较大的情况下，把所有管理职能都集中在团队最高领导一人身上，会使最高领导难以胜任。因此，直线制结构往往适用于规模较小，技术比较简单的组织。

（二）职能型结构

这种结构采用按职能分工实行专业化的管理办法来代替直线型的全能管理者，各职能机构在自己业务范围内可以向下级下达命令和指示，直接指挥下属。这种结构模式使管理工作分工较细，各部门都由专家进行决策管理，专业性和准确性相对提高，减轻了上层管理者的负担，使他们有可能集中注意力以实行自己的职责。

但是，这种结构模式由于实行多头领导，妨碍了组织的统一指挥，容易使管理混乱，不利于明确划分职责与职权；各职能机构往往从本单位的业务出发考虑工作，横向联系差；各部门之间相对独立，对于环境发展变化的适应性差，不够灵活；过度强调专业化，容易使管理者忽略本专业以外的知识，不利于培养上层的、综合性的管理者。

（三）扁平化结构

随着知识经济的到来和互联网企业的兴起，扁平化结构成为更受欢迎的团队组织形式。传统的工业时代以机械技术为基础，而知识经济时代则是以智能技术和专业技术为基础，因此，对人的管理理念要改变传统的"经济人"的假设，确立"社会人"和"管理人"的新观念。组织的创造力主要依赖于成员的创造力，着力通过减少规则的束缚和建立以信任为基础的成员新关系。而通过改变传统多层级的线性组织，实行组织的扁平化已成为组织设计的必然趋势。

扁平化的核心就是减少管理中的中间层次，告别直线型的多层级金字塔式模式。目前世界上许多企业都大刀阔斧地压缩管理层级，扩大管理幅度，实施管理结构的扁平化。美国的通用电气公司原来从董事长到工人，有 24 个管理层级，经压缩后现在只有 6 层，原有的 60 个部门也减为 12 个，管理人员从 2100 人减为 1000 人。太阳公司扁平化后的垂直结构只有三层：总裁、事业部部长、工程师。而英国电讯公司的管理层级也压缩了 50%。

扁平化组织模式的设计，不是简单地扩大管理幅度、减少中间层次和增加组织间的联系，人为地拉平和联结不但不能提高运行效率，还可能造成原有组织的混乱。组织结构的变革要有客观的成熟条件，信息技术、网络技术是其运行不可缺少的前提。同时，组织内部单位和权责划分的柔性和灵活性、对一线员工的信任和自主权的授予、组织边界的开放性等因素，也是其成功运行所必不可少的因素。当然，扁平化组织结构也有其局限性，比如领导者的管理幅度大大增加，有时也可能导致管制的失效、失控；中间层级的取消，使得员工的职位晋升激励降低等；对通信和电子网络等高技术的过分依赖也导致运行风险增大等。

三 团队建设方法

作为一个团队的领导者，在领导团队时，有一些技巧和注意事项。

（一）充分授权

在当今竞争日益激烈、组织规模日益强大的局面下，领导者要充分授权。充分授权是对成员能力的信任和肯定，可以极大地发挥下属的积极性、主动性和创造性，并能减轻主管不必要的工作负担。授权的力量是极大的：良好的授权可以充分调动团队成员的积极性，发动成员的力量去出色完成任务，并能使成员在这个过程中得到快速成长，将来能够担当更大的责任。但授权不是放弃权力，而是通过授权来让权力的运行更有效能。管理主义大师泰勒曾指出，通过将工作任务做规范化处理，领导者可以将一般的日常事务授权给下级管理人员去处理，自己只保留对例外事项（即重要事项）的决策和监督权。

领导者还需要注意的是，授权并不意味着撒手不管。有效地授权需要给员工四大方面的支持，使他们更加自由地行动以完成工作。这四个因素是：第一，知识和能力：被授权者需要具备完成这项工作所需要的知识和能力；第二，权力：在授权的同时要给予被授权者行使权力所需要的权力配置；第三，信息：在授权的同时基于被授权者所需要的决策信息；第四，奖赏：需要给予被授权者一定的奖赏来激发起积极性。如果缺少相应的支持性因素，授权就很难达到预期的效果，反而会给团队成员带来负担，让其产生受挫感而得不偿失。

（二）做好授权的配套工作

协调目标原理是团队领导者必须熟稔于心的原理之一。这一原理可以表述为：个人目标与组织目标若能取得协调一致，人们的行为就会趋向统一，从而实现组织目标并取得效果。如果个人和组织的目标相辅相成，大家就能信心十足、满腔热情、团结一致地去工作，就能够最有效地实现这些目标。但事实上，团队成员参加工作是为了满足个人需要，而这些需要并不完全同组织目标一致。同时，管理过程中所出现的大量的信息情报，包括组织外的信息情报，领导者知晓得最清楚，必须将这些信息进行适当的整理和分发，让团队成员能够更好地实现自己的职责和目标。因此，协调和沟通的作用是巨大的。通过协调和沟通，个人利益完全可以与组织的利益协调一致；通过沟通联络，向全体成员提供更好的决策和行为帮助，促使组织目标得以实现。

　　所以，领导者必须要注意利用个人的需要动机去实现集体目标。在阐明计划和委派任务时，协调个人与组织的目标，使人们能够发挥出忘我的献身精神，这将会使管理工作更为顺利。对管理者个人而言，也得到他人或下属的支持和信赖，提高个人在团队内的影响力，建构起团队良好的工作氛围和健康的人际关系。

（三）保持适度的威严

　　组织内部需要有一定的权威，保证组织命令的及时有效的执行。除了来自职位的"生杀予夺"的权力外，领导者还需要有一定的威严，从心理上给团队成员形成一定的紧迫感和约束感，督促成员及时完成工作任务，减少监督督促的成本。当前在团队管理中，往往存在着"与员工做朋友"的过度误区。事实上，管理中总是需要权威的存在，这固然会给领导带来一定的亲和力损失，但换来的是组织工作更为有条不紊地进行。

（四）利用好非正式组织

　　在管理工作中，了解组织内部的非正式组织发展情况及其影响，是领导者的一项重要工作。所谓"非正式组织"，是指组织中人们基于情感和交往所形成的非正式的结构形态，也常常被简单称为组织内的"小团体"。小团体的产生有其必然性：团队中的成员具有一定的共生性，如共同需要、共同利益或共同兴趣，促使他们走到一起。这种非正式组织对正式组织的运作过程产生着或正或负的影响：从积极的方面看：它有利于增强组织成员的认同感和归属感，有利于维护组织内部团结，增强组织凝聚力；保护成员自尊，弥补正式组织在满足成员需求方面的不足；疏导组织成员的不满，协调纠纷，强化组织监督，维护组织道德；扩大信息传输渠道，促进正式组织与"非正式组织"间的沟通及关系的协调。但如果引导不力，管理不善，它也可能发生反向功能，与正式组织形成对峙，从而妨碍正式组织的正常运转。

　　因此，领导者需要识别"非正式组织"在团体运作中的作用，扬"正"抑"负"，以保证组织的高效运作。领导者需要主动去接近此类群体，了解其人际关系的规律，通过此种"非正式"的形态去了解组织成员的情感、意见和看法，将小团体转化成组织里正面的一股力量，协助组织目标的达成。同时要防止"非正式组织"的紧密化，对正式组织造成威胁，多用正式组织的力量淡化非正式组织的影响力，加强正式组织的控制力度，并选择适当的时机，通过对"非正式组织"中关键人物的管理，削弱非正式组织的力量。

本章小结

本章从人才的概念出发，进而介绍了人才的特征、人才的分类、人才的重要意义、选人用人的原则和步骤；而后本章依次介绍了完整的选人用人流程（包括选人、用人、察人、励人等环节）的制度规范；最后本章介绍了团队的概念、结构类型，以及团队建设的基本方法。

本章指出，人才是指具有良好的素质，在一定的社会历史条件下，以其创造性劳动，对社会发展和人类进步做出积极贡献的人。人才具有创造性、进步性、社会历史性等本质特征，还具有广泛性、层次性、相对性、动态性等特征。人才可以分为不同领域人才、不同层次人才、不同深度和广度的人才、不同发展阶段的人才。人才对一个国家、一个组织、一个领导者都具有重要意义。人才的选拔要遵循党管人才原则、德才兼备原则、实践原则、竞争原则、公开公平公正原则，此外还要有一定的灵活性。人才使用要遵循适用原则、信任原则、竞争原则、激励原则、用当其愿原则、用养结合原则。选人用人一般遵循职位设计、人才发展、人才鉴别和挑选、人才任用等一系列步骤流程。

本章指出，领导选人用人是一个完整的过程，包括选人、用人、察人、励人等若干环节，每个环节都有一定的制度规范。典型的选人制度包括：选举制，荐选制，考选制，委任制，聘任制，综合制等；用人制度包括任期制度，培训制度，交流制度，回避制度，免职、辞职、降职制度，试用期制度；察人制度包括考察制度，考核制度，检查、视察制度，举报、控告制度，调查制度，报告与汇报制度，离任审计制度等。励人制度包括物质激励制度，工作激励制度，目标激励制度，晋升激励制度，奖惩激励制度，综合激励制度等。

在介绍团队建设时，本章指出，一个团队必须由团队人员、组织目标、组织规则三方面基本构成。团队的结构包括直线型结构、职能型结构、扁平化结构。作为团队的领导者，在领导团队时要充分授权，要做好授权的配套工作，要保持适度的威严，还要利用好非正式组织。

案例与讨论

新任综合处处长的三个月

刘燕是国家某部委办公厅的一名副处长，由于某业务司局综合处处长另有任用，刘燕被人事司任命为该司局综合处新的处长。综合处主要负责本司内的文件管理、资产管理、空间管理、财务管理、年鉴编写、信息报送、与兄弟司局的沟通协调以及司领导交办的其他业务等。与业务处室相比，综合处被普遍认为是比较边缘的处室，几乎没有任何本司局的核心业务；由于司领导主要精力在抓业务处室的工作，对综合处的关注和指导也相对较少。鉴于此，综合处成为年轻同志不愿意进入、在岗同志希望尽快调离的"冷门"岗位。

刘燕到了新岗位后，面对任务繁杂、人心涣散的局面，也是感受到深深的压力。她先是与综合处几位同志以谈心的方式了解各自的工作，顺便了解生活情况。小张，男，31岁，外地一所大学化学工程专业研究生毕业，之后在当地国企工作三年后考入部委进入综合处工作，目前在处里工作已三年，主要从事文件、资产、空间、财务管理工作；孩子2岁。小吴，女，27岁，北京某"双一流"建设高校中文专业研究生毕业，应届毕业直接考入部委，工作满两年，主要进行年鉴编写和信息报送工作；去年刚刚结婚，尚未有小孩。小罗，男，25岁，从直属事业单位办公室工作一年后借调来处里工作，行政管理专业硕士毕业，主要协助小张和小吴处理日常工作；还是个快乐的单身汉。

刘燕也审视了综合处的全部工作，虽然本处不太牵头司里的核心业务，但绝对是为司里业务运转提供重要支撑，特别是文件管理这一部分；此外，年鉴编写、信息报送也都是体现本司业绩成果，提升显示度的工作。刘燕决定重点抓这几项工作。经过前期调研和观察，刘燕将综合处目前工作存在的问题，特别是重点工作的瓶颈和解决思路向主管副司长作了汇报，也听取了副司长对相关工作的指示要求。

刘燕特别邀请办公厅的两位处长来综合处进行文件管理、年鉴编写和信息报送方面业务辅导，请全处集体学习，之后请小张、小吴分别牵头制定或修订本司局相关的管理办法和工作规程。刘燕还把文件整理与归档作为重要专项工作，要求建立分门别类电子档案、誊清领导批示，由小张牵头，小罗全力协助。三位年轻人在学习之后，更清晰地认识到本人所承担工作的重要意义，并且找到了可以提升的空间和路径，干劲比以前足了很多。刘燕则每周召开半小时的例会，集中听取各自的工作报告和进展，对于一些不太好处理的问题，请大家集体商议推进办法。综合处业务之外，刘燕还鼓励三位年轻同志参加党支部和工会工作，增加与其他处室的交流。

一个月下来，全司过去五年的所有文件已全部整理完毕，司领导要找哪份文件，综合处总是能在三五分钟内迅速拿出来，对于领导批示落实的情况，综合处也有了较大程度的掌握；信息报送的及时性和文稿质量也有了明显提升。三个月后，恰逢部委年终评优表彰，本司局被评为信息工作先进单位，小吴被评为信息工作先进个人，小张被评为优秀公务员。经刘燕提议，司领导同意，司局也向小罗的原单位发送了感谢信，对小罗的工作予以肯定。

欢喜之余，刘燕对新一年的工作有了一些新的想法。她在考虑请小张与小吴将目前负责的文件管理工作、年鉴信息工作对换，也在考虑给小罗一些独立承担的工作……

讨论

1. 你认为刘燕在综合处处长履新的三个月内，其在用人与团队建设方面采取了哪些改进举措？其中有哪些举措收到了积极的效果？

2. 刘燕用了哪些方法，对综合处的年轻同志进行团队建设与激励？

3. 刘燕对于新一年工作的想法，可能的考虑因素有哪些？

参考文献

彭向刚：《领导科学概论》，高等教育出版社 2013 年第 2 版。

王辉：《组织中的领导行为》，北京大学出版社 2008 年版。

赵恒平、雷卫平：《人才学概论》，武汉理工大学出版社 2009 年版。

朱耀廷、李月修：《诸子人才观与现代人才学》，北京广播电视出版社 2007 年版。

叶忠海：《新编人才学通论》，党建读物出版社 2013 年版。

叶忠海：《人才学基本原理》，蓝天出版社 2005 年版。

王通讯：《人才学新论》，蓝天出版社 2005 年版。

中共中央、国务院：《关于进一步加强人才工作的决定》，2003 年 1 月 26 日

中共中央办公厅：《党政领导干部职务任期暂行规定》，2006 年 6 月 10 日

中共中央办公厅：《党政领导干部交流工作规定》，2006 年 6 月 10 日

中共中央办公厅：《党政领导干部任职回避暂行规定》，2006 年 6 月 10 日

中共中央：《党政领导干部选拔任用工作条例》，2002 年 7 月 9 日

中共中央组织部：《党政领导干部任职试用期暂行规定》，2001 年 2 月 6 日

CHAPTER

第七章
领导激励

本章学习目标与重点建议

1. 理解领导激励的概念与内涵，掌握领导激励的一般原理、过程及其具体内容

2. 掌握领导激励的主要理论，理解各个理论的主要内容、观点及其应用，学会从综合性视角理解和认识领导激励的一般作用原理及其机制

3. 掌握领导激励的分类及其主要方法，理解领导激励的主要原则，掌握领导激励的技巧，了解领导激励中存在的主要误区，并在实践中避免这些误区

在一定程度上，可以把领导视为激励他人去实现共同目标的过程。因此，激励可以说是领导活动的核心。通过激励，可以激发个体潜能，诱导个体间协同合作，实现扩增性的群体合力，进而使得群体高效工作以实现共同目标。因此，掌握和理解领导激励的一般原理与过程、理论基础、领导激励的方式方法和激励技巧等，对于领导者有效开展工作、履行领导职能以及取得高成效至关重要。

第一节　领导激励概述

一　领导激励的概念与内涵

（一）组织中的激励

中文语境中的"激励"一词，《辞海》解释为"激发使之振作"，即"振奋、奋发"。在英文语境中，没有唯一确切的对应词汇，常用的两个词汇为"incentive"和"motivation"。学者们对"incentive"一词的翻译比较一致，均译为"激励"，此外，还有"刺激、鼓励"之意。但对于"motivation"一词，其中文翻译则存在一定的异议，大多数学者译为"动机"，但也有学者译为"激励"[①]。在美国学者罗宾斯的《组织行为学》一书中译本中，早期版本（如第七版）把"motivation"译为"激励"，后期版本（如第十四版）则改译为"动机"。在英文文献中，通常的用法为"intrinsic motivation"和

---

① 爱德华·劳勒三世著《组织中的激励》，陈剑芬译，中国人民大学出版社 2011年版，则将"motivation"译作"激励"。

"extrinsic incentive"。①因此，本书中，我们倾向于把"motivation"译为"动机"，即个体内在的驱动力或行为驱动因素，如：个体工作兴趣、自尊等；而把"incentive"译为"激励"，指外在的诱因，如：报酬、表彰和晋升等。在实践中，组织通常是综合利用个体的内在驱动因素和外在诱因，以达到激励组织成员努力工作，为组织做出贡献的目的。

在现实组织中，特别是正式组织，本质上是出于特定共同目标而具有高度正式化社会结构的个体集合（斯科特和戴维斯，2011）。为了实现组织的共同目标，则需要组织通过各种途径和方法激励组织成员共同努力，为组织做出贡献（Barnard，1938；Simon，1997）。在一般意义上，这种促使个体或群体积极主动为组织做出贡献的过程即激励。组织激励的途径或方法非常多，每个组织根据组织自身、行业、经济、文化和社会环境等因素，会选择多种不同的激励手段或方法，进而形成每个组织自身独特的组织激励系统，这种独特的激励系统要素通常包括：制度与规章、理念与文化、薪酬系统、组织结构与工作设计、领导者及其行为风格等。所以，领导激励是各种组织激励系统中的一部分。

然而，尽管领导激励只是组织激励系统中的一部分，但却对整个组织激励系统具有重要的影响，在一定程度上可以说是组织激励系统的起点和根源。比如，无数卓越组织（如：迪斯尼、海尔）的制度与文化、经营理念和管理哲学，都始终受到组织创始人的影响。此外，在组织进行薪酬系统决策、组织结构设计的过程中，都将受到领导者自身理念和偏好的影响。由此可见，组织激励系统即是领导激励的外在反映和实践，可以认为，组织激励的有效性与否，最终取决于领导激励的实践。因此，为实现持续而系统的激励，需要有来自组织高级管理者强有力的领导②。

（二）领导激励的概念与内涵

如前所述，任何组织都是一个由单个个体组成的集合体，组织目标的实现既依赖于个体潜能发挥和积极主动性，更依赖于组织群体协同综合效能的实现。因此，可以把领导激励定义为，由领导者实施的，意在激发组

---

① Kreps D M. Intrinsic Motivation and Extrinsic Incentives[J]. American Economic Review, 1997, 87(2): 359~364.

② 迪安·R·斯皮策著，张心琴译：《完美激励：组织生机勃勃之道》，东方出版社2008年版，第14页。

织成员个体潜能发挥和积极主动性，以及激发组织个体成员和业务单元（包括团队、职能部门、子公司／附属机构等）间合作和协同行动，以达到组织综合效能最大化和目标实现的策略和活动。如美国著名领导力学者巴斯的著作《领导与绩效：超越期望》（Bass，1985）[①]所认为的那样，领导激励意欲在组织内实现超越期望的行为表现和绩效。结合巴斯的观点，可以认为，领导激励的核心要义，在于通过对个体和群体两个层面的激励来实现组织超越期望的绩效。

首先，领导激励是一个激发个体工作积极主动性，并使个体潜能得到最大化发挥的过程。一般来说，个体的行为表现和绩效受个体动机、能力和环境三个因素的影响，也即行为（绩效）$=f(M，A，E)$（其中 $M=$ 动机，$A=$ 能力，$E=$ 环境）[②]，因此，在特定的环境条件下，通过激发个体工作动机（即积极主动性）和潜能的充分发挥，将使个体达到卓越行为表现和绩效。在这个过程中：

一方面，是激发个体积极主动的工作动机，实现个体从"要我干"到"我要干"的转变。国外有调查表明[③]，一方面，多数人事经理感到烦恼的问题之一即"员工缺乏动力"，69% 的运营经理认为"员工缺乏动力"；另一方面，73% 的雇员认为受调查时的激励比过去更少，84% 的人认为他们可以获得更好的绩效，50% 的工人认为他们只付出了保住职位所必需的努力程度。该调查结果说明，组织成员的工作积极性或工作动机存有极大的提升空间，这有待于领导激励后去实现。

另一方面，是激发组织成员个体潜能的充分发挥。人的潜能没有得到充分发挥，已是人们普遍认可的观点。美国学者詹姆斯研究认为，普通人只开发了其潜能的 1/10[④]。此外，有研究表明[⑤]，按时计酬员工通常工作中只发挥了个人潜能的 20%-30%，但在受到充分激励的情况下则能发挥80%-90%，远远超过组织对员工一般的期望值。因此，领导者需要通过有效的手段和方法，在调动组织成员主动积极性的基础上，充分释放员工的

---

① Bass, B. M. Leadership and performance beyond expectations[M]. New York: Free Press, 1985.

② 乔治·T·米尔科维奇、杰里·M·纽曼著，成得礼译：《薪酬管理》，中国人民大学出版社2008年第9版，第229页。

③ 迪安·R·斯皮策著，张心琴译：《完美激励：组织生机勃勃之道》，东方出版社2008年版，第3页。

④ 转引自陈荣秋：《领导学：理论与实践》，清华大学出版社2007年版，第43页。

⑤ 转引自彭向刚：《领导科学概论》，高等教育出版社2013年第2版，第289页。

潜能，以达到卓越的行为表现和绩效。

其次，领导激励的最核心所在，即激励组织个体成员和业务单元（团队、部门等）间合作和协同行动。在越来越动态和复杂变化的知识经济时代，基于团队的工作普遍存在于组织中，并且已经成为组织成功的基础和重要决定因素。调查表明，80年代以来，团队在美国企业组织中大量出现，例如IBM、GE、AT&T等大公司，所拥有的团队均达百个之多；同时，为了适应环境不断变化的要求，许多组织开始走向合作，从而在企业之间出现了一些跨组织团队，如波音公司在开发777客机过程中，先后组建了235个团队，其中大部分团队是由波音公司人员和其他公司人员共同组成，他们分别从事新机型的设计和飞机部件的制造工作，这些团队就是跨组织的团队[①]。

然而，团队并不总是给组织带来良性效应，事实上现实中团队冲突无处不在，进而导致群体或组织无效率。正是人类群体性活动经常出现混乱无序，导致了领导的产生，特别是正式团体或组织中，领导者是团队或组织存在和运行的不可或缺的条件。为了维持团体或组织秩序和凝聚力，以实现团队或组织共同目标，需要领导者把单独的个体成员有序地组织并凝聚在一起，并促使成员间协同行动，共同努力以实现目标[②]。如果说对组织成员个体的激励是向"我要干"转变，而群体性的激励则是"我们一起干"的促成，形成群体合力，实现个体所无法完成的目标和整体性卓越效能。因此，在社会各类组织中实现群体性合作和协同行动，是领导激励的核心要义。

最后，值得指出的是，通过领导激励实现超越期望的行为表现和绩效，是领导区别于管理的本质所在。管理一般是通过奖惩和行为控制，使得组织成员的行为表现和绩效达到预期的行为要求和绩效标准，而领导则是通过对员工的信任、授权、认可等，激发个体内在的自我驱动力量，使得组织实现长期持续的卓越行为表现和绩效。需要特别说明的是，这里所指的领导者，不仅仅指组织高层管理者，也包括组织中的中基层管理者。因为，在面对剧烈变化的环境、高挑战性和需要高创新性的工作任务时，需要发挥组织内所有成员智慧和领导才能，也即在组织内形成一种"全员式领导"行为模式和文化，借助于群体合力以应对非常规问题和任务。因此，任何组织，特别是

---

① 蔡晴：《看美、日、欧企业的团队管理》，《管理观察》2001年第2期。

② Nahavandi, A. The art and science of leadership (6th Ed)[M]. New Jersey: Prentice Hall, 2012, p. 7.

在未来，领导激励将会是每一个组织成员都必须具备的基本能力素质。

二 领导激励的一般原理和过程

（一）领导激励的一般原理

如前所述，领导激励的作用在于，激发组织成员超越期望的行为表现和绩效。这个过程具体表现为，通过人类自身内在和环境外部因素，以及这两者的交互作用因素，而促发的需要和行为驱动力（即动机），影响人类行为的产生、目标指向、强度和持续性的过程（Pinder，1998）[①]。具体来说，人类自身内在因素包括个体生理和心理特征，环境因素包括组织内情境和组织外部环境因素，以及两者各种具体因素之间的相互作用。因此，领导激励也即基于人类心理行为的一般过程和基本原理（见图7—1），通过环境因素对人类行为的促进和制约，以及心理行为内部因素与外部环境因素交互作用的机制，达到领导激励效果最大化。

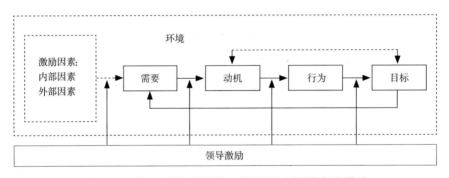

图7—1 基于人类心理行为一般原理与过程的领导激励

根据人类心理行为的基本原理（见图7—1中大虚线框中内容），人的行为始于特定的需要，或者说人类因需要而产生行为[②]。需要即个体生理或心理上的一种不平衡状态，这种不平衡状态进而使得个体产生生理或心理上的紧张与应激，进而表现出对消除这种紧张或应激状态特定事物的渴望或欲求。当个体产生了对特定事物的欲求时，即产生了行为动机，即指向

---

① 转引自Kanfer R, Chen G. Motivation in organizational behavior: History, advances and prospects[J]. Organizational Behavior & Human Decision Processes, 2016, 136:6~19.

② 爱德华·劳勒三世著《组织中的激励》，陈剑芬译，中国人民大学出版社2011年版，第4页。

特定目的物（即目标）的个体意向，或者说指向特定目标的行为驱力，以驱动个体采取特定的行为去获得欲求之物，达成目标。所以，领导激励就是通过需要的促发或识别、动机激发与维持、行为引导与强化和目标确定与沟通四个方面，对个体或群体行为动机的激发与诱导。组织激励早期的相关研究和理论，如：需要理论、期望理论、目标设置理论等，主要是围绕激励的内部心理行为原理展开的。

然而，人类行为除受行为动机控制之外，还会受到组织内部情境与组织外部环境因素的影响。换句话说，人类的行为表现和绩效是人的潜能和环境共同决定的，"……人的潜能与环境是一种内因与外因的关系。潜能是主导因素，环境是限制或促进潜能发展的条件因素。环境可能促进或抑制人类实现潜能。"[①] 这些环境因素包括组织情境和社会环境两个方面。组织情境包括组织设计、工作设计、制度规章、文化、薪酬系统等。相对来说，领导者对组织情境具有一定的可控性，即领导者可以对组织结构、工作设计、制度与文化和薪酬系统的确立，具有较大的影响。社会环境包括法律法规、文化习俗、价值观等，这些宏观环境因素，通常是领导者难以控制的，领导者需要利用外在机会、克服不利因素，比如：劳动力市场潜在的机会或竞争劣势等。此外，社会环境还包括家庭、社区等因素，对员工家庭、朋友等的关心，是东方文化背景中领导激励的重要方法。20世纪60年代开始，相关研究和理论开始关注激励的环境因素作用机制，如：工作特征理论、社会交换和社会影响等。

因此，综合来看，为达到激励效果最大化，领导需要基于人类心理行为的一般原理，在最大化利用环境中的有利因素，抑制或规避环境中的不利因素的基础上，通过需要促发与识别、动机激发与维持、行为引导与强化和目标确定与沟通四个基本阶段，激发个体和群体的潜能和积极性，引发组织成员的卓越工作行为，促使这种卓越行为指向合意的目标，并激发卓越行为长期持续维持。

（二）领导激励的基本过程

个体行为的产生、目标指向性、动力强烈和长期持续性，分别对应于

---

① 程江：《激励的本质与主体性的转化》，南开大学出版社2014年版，第30页。

领导激励的需要促发与识别、目标确定与沟通、动机激发与维持和行为引导与强化前后相连的四个基本阶段。下面逐一进行介绍。

1. 需要的促发和识别

激励始于需要的促发或识别。需要的促发，一方面有可能是个体自身内部因素所激发，如：个体对管理知识的兴趣，或者能力提升的想法，而产生到商学院读 MBA 课程班的需要，在此，兴趣和能力提升需要促发的个体内部因素。另一方面需要也可能是受外部因素（包括：周围的人、组织环境、工作任务、社会、经济、文化因素等）所促发，如：身边的同事都具有 MBA 文凭，或者为了加薪等，而产生参加 MBA 课程班需要。在此，身边的同事、加薪等是需要促发的外部因素。通过这些内部或外部刺激因素，促发参加 MBA 课程班的需要。

如果说组织是由需要各异的个体构成的集合体，因此组织本质上也是各种需要的集合体，组织的存续就在于组织对个体需要的满足与否。在领导激励中，这就需要领导者保持对被激励对象需要的敏感性，积极主动观察和发现被激励对象的真实需要，或者激发其需要，因此需要领导激励的起点。不过，需要也是领导激励的回归点（见图 8.1 目标到需要的回路），因为激励效果好坏取决于由个体行为最终产出（即目标）满足需要的程度。

2. 目标确定与沟通

需要产生后，并不必然产生动机和行为。动机和行为的产生，取决于能够满足特定需要的事物或目标物，所以，动机和行为都具有目标指向性。因此，在领导激励中，领导者激发或识别了组织成员的需要后，接下来就是确定在其所在的组织内通过什么目标物去满足组织成员的需要，进而激发其行为动机，并产生卓越的行为表现。例如：个体对管理知识感兴趣，可以是参加 MBA 课程班，也可以是在组织内部大学进行管理技能培训，或者是到专业培训机构接受管理技能培训，这就取决于哪种方案更可行了。而领导者即需要从这些目标物中进行选择并提供给组织成员，以实现领导激励。

然而，如果说组织是由个体构成的集合体，那么其本质上也可以说是一个不同需要的集合体，个体加入组织必然是期望在组织中能够得到满足个体需要的目标物。但组织类似于人类有机体，组织自身也具有目标指向性，而且这种目标指向性必须具有单一性或范围有限性，否则将无法达成资源的有效利用和高效运转，这就要求组织成员的个体目标与组织目标具有一定程度的相容性，或者个体目标内含于组织目标中，这样才有可能实现组织正常高效运转，也是领导激励有效性的基础。这就需要目标沟通，以达成组织成员个体目标与组织整体目标之间的相容一致性。

在领导激励的目标确定与沟通中，一方面是领导者向下属传递组织及部门和团队等组织单元体的整体目标相关的信息，另一方面下属则向领导者表达自身的目标预期和对组织单元体目标的了解与认知，进而达到成员个体目标与组织单元整体目标的相容，以及领导者与下属之间对个体目标和组织目标之间的一致共识。这个过程中，设置适当且具有挑战性的目标本身是领导激励的一种方法，另一方面明确且有挑战性的目标也为组织成员行为的引导与强化提供了基准和指引，以实现结果导向。正如柯林斯等《基业长青》（2009）一书中相关研究表明的那样，那些具有远见卓识长期持续发展的组织，往往都是能够不断提出大胆而具有挑战性目标的组织，也正是这种大胆而具有挑战性的目标，不断地激发了组织成员的潜能和积极主动性，实现了组织的"基业长青"[①]。

3.动机激发和维持

动机即人类行为背后的目的和驱动力，源于满足人类特定需要的目标物。根据弗洛姆（Expectancy Theory；Vroom，1964）的期望理论，个体行为动机的激发主要取决于行为指向的目标实现概率大小，以及目标满足个体需要预期程度大小（有关期望理论，将在下文进一步介绍）。比如：尽管组织成员有自我成长和自我实现的需要，但有些人可能因为成本太高（如：学费、花费太多时间精力等），且目前也不紧迫，因而没有参加MBA课程班的动机或动机太弱。

此时，领导者可以通过给予个体必要的支持（如：信息、资源等），或者给予奖励（如：给予学费补贴），帮助被激励者认识到欲实现目标对于个体自身的重要性，如：继续教育对个体晋升或加薪的重要性，激发个体的行为动机。为了维持个体的动机，领导者可能还需要创设团队互助性气氛，或者允许员工实施灵活的工时，给予及时的鼓励和反馈，同时引导被激励者认

---

① ［美］吉姆·柯林斯、杰里·波勒斯：《基业长青》，中信出版社2009年版。

识到行为对组织目标的重要性或不可或缺性，而激发个体长期性的动机。

总之，领导者或者通过引导个体的自信心、自我效能感、鼓励其接受挑战等个体内部因素，或者通过制定相关规章制度，创设支持性的组织氛围，给予个体实质性的支持，以激发和维持个体特定的行为动机。

4. 行为引导与强化

领导激励的最后一个环节，即引导和强化组织期望的行为或高绩效行为，这类行为是有利于目标实现的个体努力行为和群体合作与协同行为。因此，领导者首先要明确，什么样的个体和群体行为是组织所期望或产生高绩效的行为。这样的行为，由于组织的性质（公共组织还是私营组织）、行业（服务部门还是生产部门）、组织文化（进取型还是稳健型、个体主义还是集体主义）等方面的不同，相应的最佳组织行为模式也不同，这需要领导者进行分析识别，然后传达给所有组织成员并制度化，建立组织行为规范。组织期望行为最好的传达方法，是领导者的以身作则和榜样示范，而这也是领导激励的重要手段之一。

需要特别强调的是，集群性是任何组织的本质特征，也是组织存在的意义所在。通过群体性合作，可以行使个体不具备的职能，完成个体所无法完成的任务。因此，在行为引导与强化的过程中，引导和强化组织成员个体间、团队间、部门间和业务单元间的合作和协同行动尤其重要。这包括两方面的内容，一是引导和强化人们的合作意愿，二是引导和强化组织成员合作的能力技巧，实现协同行动。

人类进入知识经济和网络经济时代以来，合作和协同行动已经成为组织竞争优势的重要来源，也因为如此，私营部门越来越强调团队式的组织结构设计和团队的运用；而公共部门，特别是政府职能部门间，一直受部门割据、职能分散的困扰，因此为加强部门间合作和协同，近年来积极开展了诸如大部制改革、合作型治理（collaborative governance）的公共部门革新运动，都是体现了合作和协同对组织成功和长期持续发展的重要性。因此，合作意愿和协同行动也就成为领导激励的重要内容。

（三）领导激励过程的整体性和环境影响性

尽管上文中把领导激励的一般过程分成了四个阶段，但需要特别指出的是，这两个阶段并无绝对的界限，而且四个阶段彼此之间可能互相影响相互融合。例如，目标的可实现性是动机产生的重要影响因素，但当目标实现后，之前的需要得到满足，更高层次的需要随即出现，与此同时，目标实现也有可能使个体自信增强，进而设定更高的目标，进而满足更高层次的需要。所以领导激励的过程是一个各环节相互作用、相互促进的有机循环系统，只有保持整个过程的完整一致性，才能起到最好的激励效果。

其次，任何组织及个体的行为发生，都不是在真空中，都会受到个体及群体所处情境和环境的影响，领导激励活动也不例外。领导激励的组织情境权变性可以追溯到 Filder（1976）的领导权变理论、House（1974）的路径—目标理论和 Hersey 等（1981）的情境领导理论①，这些理论均强调了领导者领导风格必须与组织情境因素相匹配，这些因素包括：下属特征（如：成熟度、准备性等）、工作任务（如：结构性、常规性还是创造性等）、领导者与成员间关系和职位权力等。

综合来说，领导激励是系统性的，且不能脱离现实的环境。

第二节　领导激励的理论

一　激励理论概述

美国学者爱德华·劳勒三世（Edward E. Lawler，1994）研究发现，与激励相关的形形色色的理论达几百种②。然而，组织激励的实践证明，单一地使用任何一种理论都无法对领导激励进行完全的解释，更有效的方法则是综合多种理论进行解释③。不少学者对各种激励理论进行了综合性的讨论阐述，如：Locke（1991）基于行为的激励过程归纳了一个动机连续体模型（Model of the Motivation Sequence）④，Kanfer等（2016）⑤基于文献回顾提

---

① 参见彭向刚：《领导科学概论》，高等教育出版社2013年第2版，第68~72页。

② 程江：《激励的本质与主体性的转化》，南开大学出版社2014年版，第2页。

③ 迪安·R·斯皮策著，张心琴译：《完美激励：组织生机勃勃之道》，东方出版社2008年版，第8页。

④ Locke E A. The motivation sequence, the motivation hub, and the motivation core[J]. Organizational Behavior & Human Decision Processes, 1991, 50(2):288~299.

⑤ Kanfer R, Chen G. Motivation in organizational behavior: History, advances and prospects[J]. Organizational Behavior & Human Decision Processes, 2016, 136:6~19.

出了工作动机启发式元模型（Heuristic Meta-Model of Work Motivation）。此外，也有不少学者对激励进行综合性的研究分析，如：Cerasoli等（2014）[1]对内部动机和外部激励联合效应进行了量化元分析研究，Gerhart等（2015）[2]则对报酬、内部动机和外部激励与员工绩效和创造性之间关系的以往研究进行了文献综述研究，张剑等（2003）[3]对内部动机与外部动机之间关系的综述研究等。限于篇幅的原因，在此不作详细的介绍，感兴趣的读者可自行参阅。

如前文所述，激励的过程一般性地可以分为：行为的引发（也即什么因素促发了特定的行为？）、行为的维持（即行为的动力源是什么？）和行为的目标指向（即如何使行为指向目标并最终达成目标？）三个基本过程。在此，将基于图8.1的领导激励一般过程，对当前主流的激励理论，对应于激励的三个基本过程，分为内容激励理论、过程激励理论和行为改造理论（陈荣秋，2007；程江，2014）三大类别，外加组织情境—社会环境取向理论（Cerasoli等，2014）（见图7—2），分别进行简要介绍和讨论。

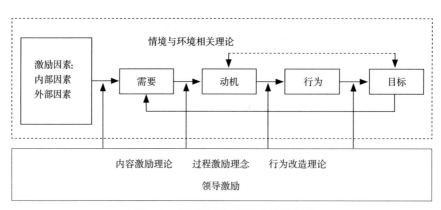

图 7—2　领导激励过程整合理论视角

二　内容激励理论

内容激励理论主要回答"什么因素促发了人类行为"的问题。一般认为，

① Cerasoli C P, Nicklin J M, Ford M T. Intrinsic motivation and extrinsic incentives jointly predict performance: a 40-year meta-analysis[J]. Psychological Bulletin, 2014, 140(4): 1~29.

② Gerhart B, Fang M. Pay, Intrinsic Motivation, Extrinsic Motivation, Performance, and Creativity in the Workplace: Revisiting Long-Held Beliefs[J]. Social Science Electronic Publishing, 2015, 2(1): 489~521.

③ 张剑、郭德俊：《内部动机与外部动机的关系》，《心理科学进展》2003年第11期。

人的行为始于特定的需要，或者说人类因需要而产生行为 ^①。因此，内容激励理论强调分析人的需要，通过促发或识别人的需要，以达到促发人类相应行为的目的。从领导激励的角度来看，领导者需要根据被激励者的具体需要类别和水平，决定采取什么样的激励方法和过程。因此，这涉及到对人类需要实质及其特征的认识。这类理论主要有马斯洛的需要层次理论、阿尔德弗的 ERG 理论、麦克利兰的成就需要理论、赫茨伯格的双因素理论等。本书主要介绍马斯洛的需要层次理论和赫茨伯格的双因素理论。

（一）需要层次理论

20 世纪 40 年代，美国学者马斯洛（A. H. Maslow）提出了著名的需要层次理论，把人类的需要划分由低到高的生理需要、安全需要、社交需要、尊重需要和自我实现需要 5 个层次（如图 7—3 所示）。

在马斯洛的需要层次理论中，最低层次的需要即生理需要，指人对食物、水、空气和住房等与生存相关的生理需求。一般来说，生理需要是通过满足人体机能使生命得以延续的基础，因此也是人首先必需得到满足的需要。在组织激励中，表现为工资、福利、工作环境和设施等对员工生理需要的满足。

图 7—3 马斯洛的需要层次理论

---

① 爱德华·劳勒三世著《组织中的激励》，陈剑芬译，中国人民大学出版社 2011 年版，第 4 页。

　　安全需要是人在生理和心理上，保护自己免受伤害或疾病等的要求，包括避免非生理性机能伤害的生命安全、生理安全和心理安全感，表现为对生命安全保障、安全工作和生活环境、工作和生活保障等的需求。在组织激励中，可以通过良好的工作环境和设施，职业安全保障，如：医疗保险、失业保险、工作保险和退休福利等，满足员工的安全需要。

　　社交需要是人对于友谊、爱情、归属、接纳等的渴望，表现为对与他人建立关系、互相帮助、倾诉、婚姻和组建家庭、成为组织一员、获得特定的团体或组织身份等的需求。在组织激励中，可以通过建立友好和谐的组织文化、非正式团体、与家庭相关的福利、组织认同和身份感等，满足员工的社交需要。

　　尊重需要是指人对自我存在感和价值感的追求，内部表现为自尊、成就感等，外部表现为他人的认可、地位、赞誉等。在组织激励中，可以通过赋予个人自主权、承担责任、职位晋升、嘉奖和表彰等方式，满足员工的尊重需要。

　　自我实现需要指人天生有一种潜能释放、个人价值实现最大化的倾向性，表现为高尚的理想和远大抱负，在特定领域做出杰出贡献。在组织激励中，可以通过提供挑战性工作机会、提供与个体职业目标和理想的发展机会、个人提升的培训和学习机会、卓越与突出贡献奖等方式，满足员工的自我实现需要。

　　大多数情况下，只有低层次的需要得到满足后，高层次的需要才会出现。例如，只有当生理和安全需要得到满足后，社交需要才会成为个体行为的主导性需要。由于生理和安全需要属于缺失性需要，因此在没有得到满足前会非常强烈，但也比较容易满足，例如二战纳粹集中营的囚犯，每天只有一小份食物和饮用水，仍然能存活下来。而高层次的需要则属于成长性需要，则是无止境的，相对来说则可能并不是那么的强烈，也比较难以满足，如：人们对艺术创作等无止境的追求。然而，人们的需要出现也并不必然按照由低到高的层次，有时尽管低层次需要没有得到满足，有可能出现高层次需要，或者可能同时存在几种需要。

（二）赫茨伯格的双因素理论

20 世纪 50 年代末期，美国学者赫茨伯格（Frederick Herzberg）提出了著名的"双因素理论",也称"激励—保健双因素理论"。该理论的提出,源于赫茨伯格和他的助手们在美国匹兹堡地区,对两百余名工程师和会计师进行的调查访问研究。研究围绕两个问题:哪些事项是让他们在工作中感到满意?哪些事项让他们在工作中感到不满意?

在对结果进行分析后发现,导致员工感到满意的因素,通常与工作本身或工作内容相关,如成就感、工作挑战性、工作责任感、成长和发展的机会等,与个体较高层次的需要相关。这些因素能够激发员工工作的积极态度和满意感,进而增强员工的工作动机和努力程度,对员工具有很好的激励作用。因此,赫茨伯格把这类因素称作"激励因素"。

而使员工感到不满意的因素,通常与工作坏境或工作关系相关,如:公司政策、管理监督、上下级关系、工作条件、工资薪酬等,与个体较低层次的需要相关。这些因素不良时,会导致员工的不满意,良好时,能消除不满意,但并不导致满意和积极的工作态度,类似于卫生保健对身体健康所起的作用。因此,赫茨伯格把这类因素称作"保健因素"。

双因素理论的特点包括:①打破了传统的满意和不满意两极对立不相容观,即要么满意,要么不满意。相反,当保健因素低于可接受水平时,员工会产出不满意感;但是,当增加这些因素及其强度时,能消除不满意,但并不必然使员工产生满意。类似地,激励因素缺乏时,员工没有满意感,但并不必然不满意;只有具备这些因素时,员工才会满意,才能起到高激励效果。②保健因素和激励因素并不是截然分隔,两者之间存在一定的重叠性,如:赏识通常属于激励因素,但员工得不到赏识时,则可能导致消极影响,表现为保健因素;又如工资通常是保健因素,但当温饱是个体的主导性需要时,工资也有可能成为激励性因素。③双因素理论与马斯洛的需要层次理论存在一定的对应相关性。一般来说,生理、安全和感情等较低层次的需要对应于保健因素,而尊重、自我实现等高层次需要,则对应于激励因素。

总之,人类需要是领导激励的起点,需要可以是由于个体自身因素导致,也可以是因为外在因素触发。因此,领导者既可以激发个体内在因素,也可以通过外在因素的刺激,激发个体的工作动机和潜能,这也是实施领导激励的根本。领导者可以基于各种需要理论,在对人的各种需要及其特征有了科学深刻的认识后，特别是要注意需要可能存在文化差异性和个体差异性，然后通过对个体或群体需要的识别和触发，进而激发和引导组织成员个体和群体的工作动机和高绩效工作行为。

三 过程激励理论

过程激励理论主要回答"人的行为动力如何产生和维持？"的问题，聚焦于从人的需要到行为产生过程中的行为动机产生到目标行为选择的过程。如前所述，人的需要被识别或激发后，并不必然产生行为，还需要通过一定的方法引导和激发人的目标性行为，即行为动机的触发和引导，关于行为动机触发和引导的相关理论，称为过程激励理论。这类理论主要有期望理论、目标设置理论等。

（一）期望理论

期望理论（Expectanoy Theory）由美国心理学家维克多·弗洛姆（Victor H. Vroom）提出。该理论认为，人们从事任何工作的行为倾向的强度，取决于个体对于这种行为可能带来的结果的期望强度，以及这种结果对行为者的吸引力。具体而言，当个人认为努力工作将带来良好的绩效评价时，就会受到激励而付出更大的努力；良好的绩效评价则会带来组织奖励，如奖金、加薪或晋升；组织奖励会满足员工的个人需要，进而激发个体的行为动机。该理论认为，激励有效性主要依赖于个体对结果的喜欢程度或期望程度，以及达到目标的可能性之大小。可表示为如下公式：

$$M = E * I * V$$

其中：M（motivation）=激励值，是直接推动或使人们采取某一行动的内驱力，指激发个体或群体的积极主动性和潜能的发挥；E（expectancy）=期望，指经过努力所能取得预期绩效的概率，是个体对某一行为导致特定成果可能性的估计；I（instrumenta1ity）=工具性或中介值，指取得绩效能导致某种期望结果（奖励）的概率，是个人对实现预期绩效带来期望结果可能性的估计；V（valence）=效价，指获得期望结果对于满足个人需要的价值的大小，它反映个人对某一结果的重视与渴望程度。期望理论表明，激励过程中需要处理好三种关系。分别是：

①努力与绩效的关系。人们总是期望通过一定的努力能够达到预期的

绩效,如果个人主观认为达到绩效的概率很高,就会激发出很强的工作动机,努力去达成预期的绩效;反之,则会缺乏工作动力和热情。因此,在领导激励中,领导者可以通过设定难度适中的绩效目标,同时在工作过程中给予组织成员及时而充分的支持、帮助和鼓励,增强组织成员的信心和自我效能感,提高组织成员对实现特定绩效目标的概率的感知,以提升其努力程度。

②绩效与奖励的关系。如果组织成员认为取得绩效后,获得合理回报或奖励的可能性很大,则可以激发组织成员的工作积极性和热情;否则,组织成员将不努力工作去实现绩效目标。因此,领导者需要与组织成员明确,绩效目标达成时,组织成员将获得什么回报或奖励。

③奖励与满足个人需要的关系。奖励的激励效果,取决于奖励物满足个体特定需要的程度。由于人们在年龄、性别、资历、社会地位和经济条件等方面各不相同,他们对不同回报或奖励物的重视和渴望程度是不一样的。例如,对于有家室的员工,薪酬可能是其最渴望的回报;而对于年龄大的员工,相关的医疗和社会保障福利则可能是其最关注和渴望的奖励。因此,目标物的价值,即效价,是因人而异的。

从期望理论来看,领导激励可以通过提升组织成员实现目标的自信心和成功的概率,明确绩效达成后的回报,以及根据给予组织成员最需要的事物,来达到良好的激励效果。

(二)目标设定理论

目标设定理论(Goal Setting Theory)由美国学者洛克(Edwin A. Locke)在20世纪60年代提出。该理论认为,管理者可以通过设定一些为部属接受和认同的特定目标,来引导部属的行为和绩效改进。同时,管理者通过为部属提供目标达成程度的信息反馈,以使目标本身成为一个有效的激励因素。目标能够把个体的需要转变为动机,使个体行为指向特定的目标并努力实现该目标;而通过领导者的信息反馈,个体可以将自己的行为结果与既定目标进行对照,以及时调整和纠正行为偏离目标,从而实现目标。根据目标设定理论,目标难度和目标清晰度是影响部属绩效的两大因素。

目标难度(Goal Difficulty)是指一项目标的挑战和需要努力的程度。目标难度会影响部属对于目标的接受和认同。当部属接受与认同一项目标时,他们会愿意付出必要的努力来达成该目标。但是，当所设定的目标太简单或者太难感觉无法实现时，目标将不被接受或认同，进而失去了激励的作用。

目标清晰度（Goal Specificity）是指一项目标的明确与清楚的程度。相对于模糊的目标，清晰的目标能起到比较有效的激励作用。清晰的目标可以将部属的注意力和努力都集中在一个较为明确的范围内，使得个体的努力具有明确的目标指向性并达成。目标清晰度可以使个体容易判断努力与绩效的关联性，并依据这样的绩效反馈，比较容易进行行为修正和调整。

目标设定理论提出后，得到了许多实证研究的支持，并被不断扩展。扩展后的目标设定理论认为，组织成员绩效除了受到目标难度和目标清晰度的影响外，还受目标接受度和目标承诺度的影响。目标接受度（Goal Acceptance）是指员工将该目标视为他自己目标的程度，目标承诺度（Goal Commitment）则指员工对该目标的认可程度和实现目标的决心、信念的程度。

目标设定理论表明，领导激励过程中，一方面可以通过领导者与组织成员间的充分沟通，设定组织成员认可的、清晰而具有一定挑战性的目标，并引导组织成员表现出对目标达成的愿望和决心，以达到提升个体积极性和潜能发挥的激励作用。

四 行为改造理论

行为改造理论主要回答"如何维持行为持续性和目标指向性"的问题，聚焦于通过从行为到目标达成的过程，也即如何让行为不偏离既定目标。目标性行为的持续一方面是指个体自身对行为的自我调节，以保持行为的目标指向性，避免行为偏离既定目标；另一方面，则是通过外在的奖惩措施对行为施加影响，强化指向既定目标的有效性行为，校正偏离目标的无效行为。这类理论主要有强化理论和归因理论等。

（一）强化理论

强化理论（Reinforcement Theory），也被称为行为校正理论，由哈佛大学心理学家斯金纳（Burrhus F. Skinner）提出。该理论认为，无论是人还是动物，因为外因素的刺激会引发具有特定目的的行为，并产生特定的结果。当结果对其有利时，这种行为就会被强化重复出现，此时为正强化；但结果对其不利时，个体就会避免该行为，而发出有利于自己的行为，并使这种有利行为被强化而重复出现，这种情况被称为负强化。无论是正强化，还是负强化，有可能达到引发和强化有利行为，或者促进绩效目标实现行为的产生和重复出现。强化理论所体现的是通过外在奖励或惩罚，使得特定行为（如：组织期望的高绩效行为）得以重复出现，并纠正个体不合宜的行为。

领导者在运用强化理论实施组织激励时，需要遵循四个原则：①对不同的激励对象使用不同的强化措施，包括采用不同的强化物（如：认可、表扬、物质等）和不同强化方式（如：私下场合表扬或公开场合表扬）；②小步子前进，分阶段设立目标，并予以明确规定和表述；③及时反馈，实现强化效果最大化；④多运用正强化，少用且谨慎使用负强化，以避免负强化产生的副效应。

强化理论表明，为了保持个体行为指向且不偏离特定目标，可以通过外在的奖励或惩罚因素进行强化和校正。在领导激励过程中，领导者可以通过提供金钱、晋升、赞赏、提供发展机会等因素来强化员工行为的持续性（正强化），也可以通过批评或惩罚不合意或不利行为（负强化），并诱导组织成员发出组织期望的行为。

（二）归因理论

归因理论（attribution theory）是关于知觉者推断和解释他人和自己行为原因的社会心理学理论，是对人们行为活动的因果关系的分析，通过改变人们的自我感觉和自我认识来改变和调整人的行为的理论。归因理论主要有海德（Fritz Heider）、凯利（H. E. Kelley）和维纳（B. Werner）等人提出的理论，在此仅对维纳的理论做介绍。

维纳的归因理论则认为，能力、努力、任务难度和运气是人们在解释成功或失败时知觉到的四种主要原因，并将这四种主要原因分成控制点、稳定性、可控性三个维度。根据控制点维度，可将原因分成内部和外部。根据稳定性维度，可将原因分为稳定和不稳定。根据可控性维度，又可将原因分为可控的和不可控的。每一维度对动机都有重要的影响。在控制点维度上，如果将成功归因于内部因素，会产生自豪感，从而动机提高；若归因于外部因素，则会产生侥幸心理。如果将失败归因于内部因素，则会产生羞愧的感觉；归因于外部因素，则会生气。在稳定性维度上，如果将成功归因于稳定因素，会产生自豪感，从而动机提高；归因于不稳定因素，则会产生侥幸心理。将失败归因于稳定因素，将会产生绝望的感觉； 将失败归因于不稳定因素，则会生气。在可控性维度上，如果将成功归因于可控因素，则会积极争取成功；归因于不可控因素，则不会产生多大的动力。将失败归因于可控因素，则会继续努力；归因于不可控因素，则会绝望。

归因理论对领导激励的指导意义在于，领导者可以通过对个体或群体在任务执行过程中，帮助行为结果的原因进行客观的分析，并引导其进行正确的行为归因，如把失败的原因主要归为外在不稳定的因素，以免被激励者陷于消极情绪；而当行为结果良好时，则因多向个体或群体自身的努力、能力等因素引导，以进一步提升其信心和积极性。

五　情境与环境相关理论

如前文所述，行为（绩效）=f（M，A，E）（其中 M= 动机，A= 能力，E= 环境）。因此，情境与环境相关的激励理论主要回答"特定的工作场所情境和工作场所外环境如何影响人的行为和绩效表现？"的问题，聚焦于阐释情境和环境因素对人的行为的影响机制。这类理论主要有社会比较理论和工作特征理论。

（一）社会比较理论

社会比较理论通常称作公平理论（Equity Theory），由美国心理学家亚当斯（J. Stacey Admas）于 20 世纪 60 年代首先提出。这种激励理论主要讨论报酬的公平性对人们工作积极性的影响，注重公平在激励过程中的作用。这一理论的核心假定可以用公式表示如下：

$$\frac{个人所得的报酬}{个人的投入} = \frac{比较对象所得的报酬}{比较对象的投入}$$

亚当斯的公平理论认为，个人在组织中更为关注的并不是所获报酬的绝对值，而是与别人相比较的相对值，通过这种比较而做出公平与否的判断。个体间报酬比较的这种相对公平感，会对个体工作积极性和行为动机产生很大影响。在个体对自己的投入与产出，与其他人的投入与产出之比进行比较时，如果人们感到自己的产出与投入比和其他人的产出与投入比不适当时，就会产生不满，影响工作效率和对组织的信任；如果人们觉得自己的报酬与投入之比，与他人的这个比值相等或近似时，则会感觉到公平，进而继续维持工作的积极性和努力。事实上，除了这种报酬的比较外，组织成员还有可能对组织中资源分配、决策制定等过程的公平性进行感知，如果感觉自己没有得到公平对待时，也会产生消极情绪，进而产生消极行为。

公平理论表明，领导者需要在组织内建立公平公正的奖酬和资源分配体系，并尽量使得这种奖酬和资源决策与分配的过程透明公正，以使组织成员具有公平感。需要特别强调的是，差异化的薪酬体系本身是一种激励手段，但这种手段实施的前提是，酬谢分配的依据，如绩效评估过程与结果，必须是客观准确的，否则将使得组织花钱却没有达到激励的效果。

（二）工作特征理论

工作特征理论由美国的哈克曼（Richard Hackman）和奥尔德汉姆（Greg Oldham）两位学者于 1976 年提出[①]。该理论强调了工作特征与个体成长需要差异性之间的相互作用，而对个体工作满意度和激励的影响。

该理论提出了影响组织成员工作效率、工作动机和满足感的 5 个工作特征因素，分别为：①技能的多样性（skill Variety），即完成一项工作涉及的范围，包括各种技能和能力；②任务的一致性（task Identity），即在多大程度上工作需要作为一个整体来完成——从工作的开始到完成并取得明显的成果；③任务的重要性（task Significance），即自己的工作在多大程度上影响其他人的工作或生活——不论是在组织内还是在工作环境外；④自主性（Autonomy）：即工作在多大程度上允许自由、独立，以及在具体工作中个人制定计划和执行计划时的自主范围；⑤反馈性（Feedback）：即员工能及时明确地知道他所从事的工作的绩效及其效率。

该理论认为，一个工作岗位可以让员工产生三种心理状态即：感受到工作的意义，感受到工作的责任和了解到工作的结果。这些心理状态又可以影响到个人和工作的结果即：内在工作动力、绩效水平、工作满足感、缺勤率和离职率等，从而给以员工内在的激励，使员工以自我奖励为基础的自我激励产生积极循环。工作特征模型强调的是员工与工作岗位之间的

---

① Hackman, J. R., & Oldham, G. R. (1976). Motivation through the design of work: Test of a theory. Organizational Behavior and Human Performance, 16, 250~279.

心理上的相互作用，并且强调最好的岗位设计，即通过上述 5 个因素，应该给员工以内在的激励。

此外，后期，该理论还提出了 5 个支持性的社会环境特征，包含：社会支持、组织外的互动、互相依赖性要求、实际的互相依赖性和他人的反馈。在良好的岗位设计的基础上，领导者同时给予任职者提供相应的支持，进而对组织成员起到良好的激励作用。

第三节 领导激励的方法与技巧

一 领导激励的分类和主要方法

（一）领导激励方法的分类

领导激励方法多种多样，而且具有灵活自主性，从传统常用、显性可量化的激励，如：报酬、额外福利和晋升，到现代关注人性、内在的激励，如：表彰嘉奖、决策自主权、成就感等，各种激励方法的特征和效用各不相同。根据激励的来源和对象指向性，通常可以在两个维度对领导激励进行分类[①]，即从激励的来源可以分为内部激励和外部激励，从激励的对象指向可以分为系统普遍性、群体导向和特殊性、个体导向激励。

1. 内部激励和外部激励

内部激励（intrinsic motivation）也即自我激励或自发性（autonomous）激励，是指个体基于自身内部需要与动机，产生指向特定目标行为的强烈持续驱动力的过程，如：寻求挑战或乐趣。外部激励（extrinsic incentive）也即他人激励或控制性（controlled）激励，指个体因他人或外在因素而激发工作积极性和努力程度，以实现特定目标的过程，如：认可或金钱。综合现有研究的结果来看，关于内部激励与外部激励的结论包括（Cerasoli 等，2014；Gerhart 和 Fang，2015；张剑，郭德俊，2003；Steers 等，1996）：

①总体上，内部激励与外部激励均对个体或群体的行为表现和绩效存

---

① Steers R M, Porter L W, Bigley G A. Motivation and leadership at work[M]. McGraw-Hill, 1996, p. 496~498.

在积极的促进作用，但促进作用性质及其强弱，则因绩效类型（数量性和质量性）和与绩效关联性方式（直接关联性和间接关联性）而具有权变性。

②内部激励和外部激励各有优劣势和适用的范畴。元分析研究（Cerasoli等，2014）表明，内部激励的作用更加稳健，具有中等程度以上的积极促进作用，能更好地预测质量性绩效；而外部报酬激励则能更好地预测数量性绩效，对行为表现和绩效的影响，则因外部激励类型、绩效类型等的不同而不同。

通常来说，对于以质量作为主要绩效标准，困难或需要创新性，或工作产出模糊具有不确定性的工作，如：研发创新、装配质量、创意提案等，宜采用内部激励；此外，在个体内部动机已经很高的情况下，可适当结合外部激励，以综合提升激励效果。

对于以数量为主要绩效标准，简单、重复性，工作产出明确、可量化的工作，如：合格产品量、问题解决量、产品销售量等，宜采用诸如计件工资或销售佣金之类的与绩效具有直接重要关联性的外部激励，激励效果非常强；但对于诸如基本工资之类的与绩效无法建立清晰直接重要关联性的外部激励，在特定的范围内对个体并不具有强烈的激励作用。

然而，需要指出的是，事实上，金钱的激励，可能远高于人们的一般印象，因为在由个体对金钱对于个人激励的主观评价中，可能受到社会期望效应的影响，而低估金钱的激励作用（Rynes等，2004；Gerhart和Fang，2015）。

③内部激励与外部激励是一种共存关系，但这种共存关系可能是互补互促，也可能是互相抑制关系。根据自我决定理论（self-determination theory）[①]，外部激励可以进一部划分自主性为（自我决定的）和控制性（非自我决定的）的激励，前者包括个体对外部行为调节的内化和对特定行为价值观的认同，具有类似内部动机的性质，而后者则主要是指纯粹受外在因素激励的行为调节和心理过程。因此，自主性外部激励成分将对内部激励起到增强或补充作用，而控制性的外部激励则有可能对内部激励起到抑制性作用。

例如，对于创造性工作，当内部激励已经很高时，外部激励，特别是自主性外部激励，如：员工认为从事创造性工作是其自我认同的一部分，

①　Ryan R M, Deci E L. 2000. Self-determination theory and the facilitation of intrinsic motivation, social development, and well-being. American Psychologist, 55(1):68~78.

将对内部激励具有促进作用[①]；而且外部激励可以通过改变个体的对自己能力的认知或自我决定性的感觉，而改变内部激励，如：因为外部激励让个体对自己的能力更自信[②]，进而提升工作积极性和努力程度。

不过，当外部激励与绩效之间存在非常明确且重要的关联性时，外部激励将抑制内部激励的作用，而把内部激励"排斥在外"（crowding-out）[③]。如：计件工资制、销售佣金制等，由于外在报酬与绩效结果间关系明确，此时，内部激励有可能不具有任何激励作用。

显然，并不是所有工作都能够明确地进行数量性或质量性的分类，比如：生产率、学术科研，这些绩效指标同时具有数量性和质量性的性质，此时，或许混合的激励方法会更适用，但实际的激励实施可能会相对复杂不易操作。

2. 群体性激励和个体性激励[④]

群体性激励是指在特定群体范围内，从项目小组到整个组织大小不等的各类群体，对所有成员实施的激励，如：项目小组团队绩效平均奖、组织范围内的医疗保险、股权激励等；个体性激励指对特定个体实施的具有区分性的激励，如：个体销售佣金、个体突出贡献奖等。

一般来说，个体性激励方法有利于个体动机和潜能的激发，对于注重效率/速度、个体能独立完成的工作任务，而且如果同时能够在个体性激励因素与精确的绩效测量建立明确的关联性的话，能让员工建立强烈的公平感，对个体起到很好的激励效果，也有助于保留能力强的优秀员工。其缺点在于可能会诱使员工过分追求个人自身利益和目标，而忽略群体目标，进而导致个体间过分竞争，损耗团队整体合作效能。特别是如果绩效评价本身不够精确或公平时，个体性激励将起到反向不利作用，如：打击员工士气，优秀员工流失，组织运营效率低下等。不过，如学者所言（Beer，

---

① Hennessey B A, Amabile T M. 2010. Creativity. Annual Review of Psychology, 61: 569~598.

② Steers R M, Porter L W, Bigley G A. Motivation and leadership at work[M]. McGraw-Hill, 1996, p. 497.

③ Gerhart B, Fang M. Pay, Intrinsic Motivation, Extrinsic Motivation, Performance, and Creativity in the Workplace: Revisiting Long-Held Beliefs[J]. Social Science Electronic Publishing, 2015, 2(1): 489~521.

④ 参见Barnes C M, Hollenbeck J R, Jundt D K, et al. Mixing Individual Incentives and Group Incentives: Best of Both Worlds or Social Dilemma? [J]. Journal of Management, 2011, 37(6):1611~1635. 及 Steers R M, Porter L W, Bigley G A. Motivation and leadership at work[M]. McGraw-Hill, 1996, p.496~498.

1993），虽然基于团队的组织工作设计越来越普遍，且个体性激励存在不足，但仍然有用武之地[①]。

相比之下，群体性激励则有利于个体成员间合作，包括信息共享、贡献自己的知识技能、支持团队成员等，群体性激励方法特别适合于要求精确性且个体单独无法完成的任务，尤其是任务要求多种技能而需要成员间互相依赖时。然而，群体性激励的缺点在于，会造成 "社会怠惰"或"搭便车"现象，特别是在大型团队中，而且由于群体性激励通常是平均式地分配激励报酬，有可能导致成员的不公平感，容易致使优秀员工流失，或进一步引发成员的怠惰行为。然而，众所周知，在当今的经济社会环境中，工作的复杂性和动态性越来越高，因此组织成员或部门工作间的互依性越来越强，加之客户对产品和服务质量的要求越来越高，群体性激励将会越来越多地被使用。

最后，有学者提出可以运用个体性激励和群体性激励混合的方法，以克服单一方法的缺点。然而，不少研究证明（如：Barnes 等，2011）混合性激励方法并不必然提升个体动机和潜能，以及群体性效能。相反，混合性激励很可能牺牲个体工作效率，同时也达不到单独使用群体性激励方法时达到的群体合作激励效果。因此，总体来说，混合性方法有待于进一步研究，且在实际应用时需要谨慎，并进行良好的设计。

3. 领导激励方法的综合分析

根据激励的因素的来源和激励对象两个维度，可以进一步根据这两个维度对领导激励的方法进行综合分析与运用，见图7—4[②]。

	群体性	个体性
外部	举例：各类职业保险、部门绩效奖	举例：业绩的大幅度提升
内部	举例：集体自豪感	举例：自我实现感、工作有趣

图 7—4　领导激励方法的综合分析

首先，组织需要建立一个综合激励系统。由于组织通常是各类人员和

---

① 引自Stewart III G, Applebaum E, Wolters D, et al. Rethinking Rewards. Harvard Business Review [J]. November 1993;71(6):37~49.

② Steers R M, Porter L W, Bigley G A. Motivation and leadership at work[M]. McGraw-Hill, 1996, p.498.

任务的综合有机系统，因此领导激励不可能简单地使用某种方法就能很好地起到激励效果，这就需要领导者根据组织自身的组织结构情况、所提供的产品或服务的特点、组织人力资源的构成等特征，建立一个综合性的激励系统，同时行使特定的自主性，实施一定程度的个性化激励方法。

其次，一般来说，对于行政性、支持性、附属性工作岗位、团队和部门，宜实施更大比重的群体性和内部性激励；对于生产性和直接实现组织产生与回报的工作岗位、团队和部门，则宜实施个体性和外部性激励方法；对于基础性、复杂、注重精确性和质量的工作，则宜实施群体性和内外部结合的综合性激励方法。如前文所述，领导激励的特征即权变灵活性，这需要领导者充分运用个人或团队智慧，实施有效的组织激励。

二 领导激励的原则和技巧

领导激励作为一种有成本的领导职能活动，如：金钱的投入、领导者时间精力的投入等。因此，为实现领导激励活动投入产出的最大化和可持续性，领导激励活动必须根据个体和群体心理行为的一般机制和原理，遵循客观科学的原则和技巧，这些原则和技巧主要包括：权变性原则、相关性原则、差异性原则、适时性原则等。

（一）权变性原则

领导激励的权变性原则体现为领导激励效果，除受领导者所用激励方法本身影响外，也受领导者自身行为风格、下属特征和情境等因素的共同影响。首先，领导者因自身人格和能力素质的差异性和独特性，而表现出特定的激励方法或风格偏好，因而表现出领导者之间激励风格与方法的差异性。如前文所述，卓越的领导激励需要同时关注个体和群体，即既看到群体中单个个体独特潜能和优势特长，又能够对所有个体的能力优势进行整合，实现群体综合能力优势。从同时达到个体和群体两个层面的激励来说，研究表明，这类领导行为主要有变革式领导和授权式领导。

变革型领导行为包含指向个体和群体两个层面的领导行为（Wu 和 Tsui，2010）[1]。前者称为个体导向的领导，如：个性化关怀和智力激发；

---

[1] Wu J B, Tsui A S. Consequences of differentiated leadership in groups[J]. Academy of Management Journal, 2010, 53(1):90~106.

后者称为群体导向的领导，如：理念感召和鼓舞干劲。授权式领导即领导者通过权力共享、赋予群体成员更多的工作自主权和工作责任，进而提升人们的工作动机，通常包含关怀式领导行为、支持和辅导性领导行为、参与和协商性领导行为等（Srivastava 等，2006）[①]。例如，研究表明，CEO的交易型领导更有利于组织的利润绩效，同时与非货币型激励对组织利润绩效具有交互影响效应，而变革型领导更有利于组织的成长绩效，但与相应的货币或非货币激励的交互作用则相对更复杂（马喜芳等，2015）[②]。

其次，领导激励需要根据下属特征，采用不同的方法，主要原因是个体间需要和能力素质具有差异性。下属特征主要包括成熟度、能力素质水平、领导—成员关系等。例如，研究表明，授权式领导只有在下属对领导者充分信任时，才能对个体的创新绩效有更好的促进作用（Zhang 等，2014）[③]。一般来说，在下属能力强时，则宜采用参与式或关系导向的领导，而当下属发展尚不成熟时，则需要采用任务导向的领导；当任务具有更多的成员相互依赖性、不易量化测量、需要更多的智力支持和模糊性时，宜采用团队导向的领导风格；反之，则宜采用个人导向的领导风格。

最后，领导激励具有情境权变性，即受环境因素的影响。这些因素主要包括工作任务特征、团队过程与氛围、组织文化、组织外环境因素等。例如，当组织文化支持创新时，民主参与式的授权领导将有利于组织赢利，而当组织缺乏创新环境时，专制式领导在短期内会更有利于组织赢利（Rotemberg，1993）[④]；再如，当任务结构性高时，宜采用参与式或关系导向的领导，当任务结构性低时，则需要采用任务导向的领导。此外，个体水平的动机受到群体和团队过程的影响，同时个体的动机特质也影响群

---

① Srivastava A, Bartol K M, Locke E A. Empowering Leadership in Management Teams: Effects on Knowledge Sharing, Efficacy, and Performance.[J]. Academy of Management Journal, 2006, 49(6):1239~1251.

② 马喜芳、颜世富：《变革型领导一定比交易型领导更有效吗？CEO领导风格、组织激励对组织绩效的协同性研究》，《中国人力资源开发》2015年第19期。

③ Zhang X, Zhou J. Empowering leadership, uncertainty avoidance, trust, and employee creativity: Interaction effects and a mediating mechanism[J]. Organizational Behavior & Human Decision Processes, 2014, 124(2):150~164.

④ Rotemberg J J, Saloner G. Leadership Style and Incentives[J]. Management Science, 1993, 39(11):1299~1318.

体过程（Kanfer 等，2016）[①]。

总之，为达到最好的领导激励效果，需要领导者根据特定情境选择合适的激励方法，灵活调整。

（二）相关性原则

所谓相关性原则即领导激励必须与具体任务、所期望的任务行为和任务目标匹配一致。这主要体现在两个方面：一是明确激励与具体任务活动间的匹配一致性；二是实现激励与组织核心或关键任务目标和活动间的强关联性。

首先，激励的重要作用，即诱导员工行为活动指向组织期望的任务活动，达成目标，获得期望结果。然而，相关研究（Kerr，1975）发现，无论是政府、孤儿院、大学等非私营组织，还是保险、制造等私营组织，存在大量的激励错位问题。比如，领导者本来希望团队合作，但却采用高比率的个体佣金提成的激励方法，则必然导致团队中的个体间激烈竞争，进而导致适得其反的结果。再如，领导者本意想要鼓励产品创新，却并不给予资金和人员支持，甚至忽视或轻视员工的奇思妙想。这种激励错位，将使得组织花了钱，却没有办好事。因此，领导者首先需要明确，员工或团队什么样的行为和结果是组织所期望的，然后通过激励措施引导组织成员的行为指向组织和组织成员自身都共同获益的目标。

其次，除了明确激励与具体任务目标之间的匹配一致外，还必须实现激励与核心或关键任务活动之间的强关联性。对于很多组织来说，目标可能是多元的，即使组织只确立了一个目标，也有短期目标和长期目标之分。而对于组织内的员工个体和群体来说，则毫无疑问，承担着多种任务。举例来说，研发人员或部门的核心任务是新产品或技术的研发，但同时可能也需要配合市场部门为客户提供技术支持等售后服务，因此对研发人员或部门的激励就应该与新产品或技术任务目标或活动具有强关联性，把激励集中于员工个人或团队的核心任务上，所谓"钱用在刀刃上"。

（三）差异性原则

所谓差异性原则，即承认个体间需要和能力素质的差异，进而在不同

---

① Kanfer R, Chen G. Motivation in organizational behavior: History, advances and prospects[J]. Organizational Behavior & Human Decision Processes, 2016, 136:6~19.

个体或团队间实施差异化的激励，实现激励效果最大化。这主要表现为激励要素类型和激励强度水平差异化。

激励要素类型差异化，即根据个体或团队不同的需要类型，尤其是主导性需要，实施与需要类型相关的激励。例如对于刚参加工作的应届毕业生，有的人可能会更看重工作锻炼和成长机会，或者对于成就需要强烈的人，领导者可以通过授予具有挑战性的工作岗位与任务，达到好的激励效果；不过，对于刚参加工作的应届毕业生，除了锻炼成长的工作机会外，由于刚参加工作初期财务上往往也是困难期，以及对于成家后的员工，经济激励是这些人重要的工作动机和驱动力；对于不少大龄员工，其需要更多地在于生活的安稳，因此工作保障性可能是对他们最好的激励，等等。近年来企业流行的总体报酬制或福利包策略，即是这种依员工需要类型差异而实施的差异化激励的实践案例。

激励强度水平差异化，即根据个体或团队的能力水平和为组织做出的贡献大小，而在激励的数量上实施差异的策略。实施激励强度水平差异化有一个基本的前提条件：即绩效评价必须客观准确。绩效薪酬制是强度水平差异化激励的典型代表，其具体应用包括销售提成或佣金制、计件工资制等。这个激励策略的优点是能够很好地激发个体潜能和积极性，其缺点是可能会导致个体间的恶性竞争而削弱了团队间合作。

总体上，激励要素差异化策略具有较好普适性，能更好地满足组织成员的个性化需求，但由于这种策略需要涉及面广、操作性复杂，有可能会增加管理成本；而激励强度水平差异化策略虽然能够很好地激发个体潜能和积极性，但有可能对团队合作性和组织长远利益造成损害，因此需要谨慎使用。

（四）适时性原则

适时性原则指领导激励及时，时机恰当。心理学研究表明，在特定的时间给予个体及时激励，有效性可达80%，而错过了最佳时机，激励的有效性急速降低，不到10%。之所以激励时机很重要，原因就在于，人的情绪具有时效性，而领导激励需要在最佳时机激发个体或群体的积极的情绪状态和高昂的工作热情。一般来说，进行领导激励比较好的时机有[1]：在进

---

[1]　彭向刚：《领导科学概论》，高等教育出版社2013年第2版，第305页。

入新工作岗位和环境时，具有强烈的需求愿望时，处于困境中时，物质和精神需求得到一定的满足时，产生悔过之意时，等等。

在最佳时机进行激励，既保持了个体行为动机的持续性和行为的一致性，提升了被激励对象的行为动力，起到了事半功倍的激励效果。然而，如果错失最佳领导激励时机，其不利后果一方面是组织成员或群体工作效率的降低，甚至是产生反生产行为，给组织带来直接的损失；另一方面则有可能使得组织成员或群体士气受打击、情绪低落，甚至抵制、怨恨等情绪，且这种不良情绪有可能进一步累积，最终导致人际冲突等问题。

三　领导激励的误区

美国学者斯皮策（2008）在《完美激励：组织生机勃勃之道》一书中，总结了组织激励的主要六种误解，分别为[①]：并不是每个人都有工作动力；奖励解决一切；对一些人，威胁是唯一有效的激励方式；快乐的员工是有动力的员工；激励是人事部门和主管的职责；激励是一种常识。斯皮策所总结的这六项误区中，涉及激励的基本哲学理念（如：并不是每个人都有工作动力），也有一些观念上的误区（如：快乐的员工是有动力的员工），当然更多的是激励实践上的误区（如：奖励解决一切）。本书在综合相关研究和学者的观点后，提出如下领导者激励过程中可能存在的误区，以帮助领导者在激励实践中避免这些错误。

（一）过分依赖外在或物质激励

毫无疑问，个体加入组织，并不纯粹是出于共同愿景和共同目标，当然也希望通过加入合适的组织能够实现个体自身的目标，而这些目标当中最基本，有时甚至是非常强烈的需要或目标，就是为了获得薪酬和福利，以满足自身生存和供养家庭的需要。然而，工资福利能让个体工作，却不能让他们工作得更久、更努力、更灵活。[②] 因为，当领导者过多地依赖于外部激励时，人们将变得习惯于等到有了外部诱因或威胁才行动，组织成员将只是因为获得工资和避免被辞退而工作，组织也将不可能获得长期的良

---

① 迪安·R·斯皮策著：《完美激励：组织生机勃勃之道》，张心琴译，东方出版社2008年版，第10~11页。

② 同上书，第9页。

好行为表现和绩效，尽管有可能实现短期的绩效目标[①]。然而，如不断重复的调查结果表明的那样，个体认为最能激励他们努力工作的，首先是执行任务本身的成就感、来自同事和高管层认可、职业生涯发展和管理层支持，之后才是工资；金钱只不过是高绩效的结果，而满意和尊重才是高绩效的激励所在（Lebby，1993）[②]。

（二）过分重视结果激励，而忽视过程激励

组织因特定使命和目标而存在，追求达到特定的结果，无可争议。但如果组织过分注重结果，特别是过分注重短期市场占有和利润结果，则有可能给组织带来严重的不利影响。例如，20世纪90年代初，索尼导入了美国式的"绩效主义"，即所谓的"刺激收入，增加利润"，把员工报酬与组织收入和利润紧密挂钩，而忽视了对员工荣誉感、自豪感等内在动机，特别是创新精神方面的激励，于是从20世纪90年代末开始则出现了巨额亏损。如果深入探究可以发现，本质上并不是"绩效主义毁了索尼"，而是"结果和利润导向绩效主义毁了索尼"。再如20世纪后期中国经济发展的"GDP"模式，也是典型的过分关注经济发展的结果，而忽视了经济发展过程的合理性，导致了对生态环境极大的破坏性和对自然资源的过度开采，忽视了经济的可持续发展。因此，根据图8.2领导激励的一般过程和原理来看，在"动机"到"目标"的中间还有"行为"这一环节，不能只看见目标而忽视行为过程。特别是需要看到长远的目标，然后充分引导和激励组织成员采用正确的行为指向长远的目标。

（三）缺少沟通和认知偏差

激励错位或激励失灵的一个重要原因，是激励者与被激励者双方，对激励的认知和感受的不一致[③]。这种不一致性产生的原因，则在于领导者在激励方法设定和实施过程中缺乏双向沟通与协商，以及激励实施后的没有及时的沟通反馈与修正。通常情况下，领导者作为激励实施的主体，具有

---

① 迪安·R·斯皮策著：《完美激励：组织生机勃勃之道》，张心琴译，东方出版社2008年版，第18~19页。

② 引自Stewart III G, Applebaum E, Wolters D, et al. Rethinking Rewards. Harvard Business Review [J]. November 1993; 71(6):37-49.

③ 程江：《激励的本质与主体性的转化》，南开大学出版社2014年版，第6页。

更多的决策权和单方面的解释权,处于主导地位,而员工个体作为激励的客体则处于相对的信息缺乏和决策权较弱的地位,这就导致了领导激励过程中激励主客体双方的不平衡性或信息的不对称性,各自以自己的立场(利益)为出发点,进而导致激励双方对激励的不满意①。因此,领导者在实施激励的过程中,需要让员工具有适宜的参与性,以通过有效的双向沟通,达成激励方式和数量等方面的一致性,并在激励实施过程中进行及时必要的双向反馈沟通,进而使得最大程度地激发个体的潜能和主动性,以实现员工和组织的卓越行为表现和绩效。

(四)领导激励的个人理性局限性和自利性倾向

由于领导者在设计和实施激励的过程中,受个人自利倾向和有限理性的影响,领导激励存在一定的灰暗面(dark side)。原因在于,由于领导者职权的优势位置,以及自身人格魅力等的影响,在领导者—成员互动过程中,往往处于优势位置,因此其对低阶职位组织成员的影响,要大于低阶职位成员对领导者的影响,这里可能会导致领导激励过程中领导者采取胁迫性姿态,强制下属非自愿执行工作任务。

其次,由于组织重要决策一般由高层管理人员做出,而高层管理人员在做决策时往往掌握了更全面的信息,而组织中其他成员则无法了解领导决策的真实意图和目的,特别是在专制式领导或组织体制中,即便决策意图可能是良好的,然而一旦决策失误,利益受损的,或者说受损更大者往往是组织一般成员。例如联想公司20世纪末实施国际化战略遭遇失败,随即实施大裁员,而且整个过程效率极高,面谈5分钟左右,之后员工所有信息均在公司系统中清除。事后有人曾评价,高层战略决策的失误,代价却由一般员工来承担,这显然显示出了组织无情的一面,也显示了领导者在进行员工激励过程中存在将风险转嫁于员工的潜在可能性。

最后,作为人类同类个体的领导者,其自身也有自利性倾向,很多领导者有可能隐藏其决策的真实动机,而激励员工从事违反伦理道德的事情。纳粹主义即是这方面的典型个案。如日本在受到美国核弹的攻击之后,战败即事实的情况下,仍然欺骗国内民众说战争对日本非常有利,取得了

---

① 程江:《激励的本质与主体性的转化》,南开大学出版社2014年版,第6~8页。

极大成功，而到了美国实施第二颗原子弹轰炸后，终于无法再隐瞒事实时，才不得不向民众公开事实，并承认战败。所以，领导激励虽然有其情境权变性和自主性的优势，但这种优势则有可能因为领导者自身的有限理性和自利性倾向，而实施非理性和违背伦理道德的动机性激励。此外，安然丑闻、三聚氰胺事件、瘦肉精事件等，均反映了组织领导者决策与激励过程中的自利性倾向。因此，领导者伦理道德修养也是领导激励的一个重要影响因素。

本章小结

本章首先对领导激励的概念与内涵、一般原理和基本理论进行了介绍，接着概述了领导激励的方法与技巧。

首先，本章认为领导活动的重要职能在于激励组织成员为实现组织目标共同努力、做出贡献，这包括个体工作动机和潜能的激发，以及促成组织成员间合作与协同，进而达到组织卓越的绩效表现。

其次，本章认为有效的领导激励遵循人类一般的心理行为过程基本原理，即人类的行为指向特定的目标，目标源于特定的需要，需要产生特定的行为驱动力（动机），进而激发特定的行为。由此，领导激励的一般过程包含对组织成员需要的促发与识别、目标确定与沟通、动机激发与维持、行为引导与强化以及诸环节整体性激励。

再次，本章认为，根据领导激励的一般过程及其不同环节，领导激励的理论包括内容激励理论，主要有需要层次理论和双因素理论；过程激励理论，主要有期望理论和目标设置理论；行为改造理论，主要有强化理论和归因理论；情境与环境相关的理论，主要有社会比较理论和工作特征理论。每个理论只涉及领导激励过程中的某一方面，在实践中需要综合各个理论的观点，以指导实践运用。

最后，基于激励的基本内涵及过程，本章指出，在领导激励实践中，需要注重内部激励和外部激励、群体性激励和个体性激励相结合，领导激励必须遵循权变性、相关性、差异性和适应性原则，领导激励需要避免过分依赖外在或物质激励、重视结果忽视过程、激励过程中的沟通缺乏和认识偏差、个人理性局限与自利性倾向四个方面的主要误区。

案例与讨论

A 纳米公司销售部门的激励 [①]

A 纳米公司是一家生物制药企业下属的子公司，专事纳米技术在医药领域的开发和销售。A 纳米公司成立于 2001 年，在 2002 年 11 月份，一款药品成功推向市场，在不到一年的时间里已经取得了不俗的销售业绩。A 纳米公司销售部门 70% 的员工是 2002 年 7 月份毕业的应届生，其他人员为陆续从社会上招聘的，但是年龄均在 35 岁以下。

该公司对销售部门采取的薪酬方案极其简单：固定工资。具体方案为：应届毕业生中，本科生月工资为 2000 元，硕士为 3000 元，其他从社会上招聘来的带有一定工作经验的员工月工资较高，在 4000-5000 元之间。对于应届毕业生来说，他们的工资收入与其在该城市工作的同学们相比是较低的，其他员工的工资在其同等资历的人中也比较低。A 纳米公司成立至今，在近两年的时间里，公司的工资方案从未变过，始终都是固定工资，而且每个人的工资水平也没有进行过调整。

在这种单调的薪酬方案下，销售部门的人员干劲十足。那么，是什么在激励他们努力工作呢？当提出这个问题的时候，员工们的回答几乎一致："我努力工作并不是为了公司，而是为了我自己，为了我将来的事业发展，在这里我们每个人都独立负责管理部分区域市场，我们能够得到锻炼，这对于我们的成长很有益处。虽然我目前的工资收入很低，但是我相信在不久的将来，一旦我跳槽到其他公司，我会得到很高的工资"。实际情况部分地证明了这一点，该部门的跳槽率的确很高。而且经过深入系统地调查分析之后，A 纳米公司销售部门存在下述三种现象：

现象一：固定工资的薪酬方案，并且显著低于外部的工资水平；

现象二：销售部门的员工干劲十足，而且工作的主动性、创造性较高，这可以通过业绩显示出来；

现象三：员工的流动率很高。在调查的人员当中，80% 的人明确表示在将来的某个时间会跳槽，40% 的人认为自己会在一年之内跳槽。

---

① 蒲勇健、赵国强：《内在动机与外在激励》，《中国管理科学》2003年第11期。

一般来说,在一个公司中,出现以上三种现象中的任何一种都不足为奇,可是,当所有这几种情况同时在一个公司中出现的时候,现实中并不常见,因为它们是一组矛盾的组合：当"现象一"出现的时候,"现象二"不应该出现；当"现象二"出现的时候,"现象三"的出现也不大合理。

讨论

1. 试分析 A 纳米公司销售部门人员激励的方式方法、特征和优劣势。
2. 现在任命你为销售部门的主管,利用领导激励的相关原理和方法,你会如何改进和提升该部门的人员激励?

参考文献

爱德华·劳勒三世著：《组织中的激励》,陈剑芬译,中国人民大学出版社2011年版。

陈荣秋：《领导学：理论与实践》,清华大学出版社 2007 年版。

程江：《激励的本质与主体性的转化》,南开大学出版社 2014 年版。

迪安·R·斯皮策著：《完美激励：组织生机勃勃之道》,张心琴译,东方出版社 2008 年版。

马喜芳、颜世富：《变革型领导一定比交易型领导更有效吗? CEO 领导风格、组织激励对组织绩效的协同性研究》,《中国人力资源开发》2015 年第 19 期。

彭向刚：《领导科学概论》,高等教育出版社 2013 年第 2 版。

蒲勇健、赵国强：《内在动机与外在激励》,《中国管理科学》2003 年第 11 期。

乔治·T·米尔科维奇、杰里·M·纽曼著,成得礼译：《薪酬管理》(第九版),中国人民大学出版社 2008 年版。

王自亮：《领导学》,中国人民大学出版社 2015 年版。

张剑、郭德俊：《内部动机与外部动机的关系》,《心理科学进展》2003 年第 11 期。

[美]吉姆·柯林斯、杰里·波勒斯：《基业长青》,中信出版社 2009 年版。

Barnes C M, Hollenbeck J R, Jundt D K, et al.2011. Mixing Individual Incentives and Group Incentives: Best of Both Worlds or Social Dilemma? . Journal of Management

Bass, B. M.1985. Leadership and performance beyond expectations. New York: Free

Press

Cerasoli C P, Nicklin J M, Ford M T. 2014.Intrinsic motivation and extrinsic incentives jointly predict performance: a 40-year meta-analysis[J]. Psychological Bulletin

Gerhart B, Fang M.2015. Pay, Intrinsic Motivation, Extrinsic Motivation, Performance, and Creativity in the Workplace: Revisiting Long-Held Beliefs. Social Science Electronic Publishing

Hackman, J. R., & Oldham, G. R. 1976. Motivation through the design of work: Test of a theory. Organizational Behavior and Human Performance

Hennessey B A, Amabile T M. 2010. Creativity. Annual Review of Psychology, 61: 569 - 598.

Nahavandi, A.2012. The art and science of leadership (6th Ed). New Jersey: Prentice Hall

CHAPTER

第八章
领导方式与方法

本章学习目标与重点建议

1. 了解领导方式的概念，掌握不同领导方式的内涵

2. 了解领导方法的概念、特征，掌握运用领导方法的基本原则
及不同领导方法的内涵

3. 理解、掌握基本的领导沟通技能

领导者从事领导活动离不开基本的方式方法。方式是解决问题的方法和样式，具有指导意义。方法则是为达到某种目的而采取的具体办法和手段，具有实践意义。领导方式方法作为一种媒介，将领导者与被领导者联系在一起，为领导者完成领导活动、实现组织目标提供思路和措施。领导活动受许多因素影响、具体实施过程也较为复杂，领导者必须掌握、运用合适的方式方法，才能提高领导效能、提升组织效率，使领导活动顺畅进行，最终达成领导目标。

第一节　领导方式

领导活动中，领导者、被领导者要在一定的系统环境下共同开展工作，以达成组织目标。历史实践表明，成功的领导者在某种程度上体现出一些共性特征。

一　领导方式的内涵

领导方式是领导者在长期领导活动中形成的认识和处理问题的基本行为机制、手段、方式，集中体现为领导者对待下属的态度与行为表现。领导方式是一种领导行为范式，核心是领导者与被领导者之间的行为模式，理论基础是研究者们对领导有效性的科学研究。

为了提高领导效能，寻找有效的领导途径和方法，研究者们围绕着领导素质特征、领导行为模式、领导活动与环境的互动、领导价值取向等等影响领导有效性的因素，按照不同的研究范式对领导者、被领导者、领导活动等开展了深入研究，建立了多种理论体系。如领导特质理论、领导行为理论、领导权变理论等等。这些理论的实践即形成了参与型、指导型、魅力型等多种类型的领导方式。

这些领导方式有些在理念上相近，有些在操作方法上相似，详细区分这些方法旨在便于领导者实际应用。在领导实践过程中，领导者可以多种方式并用，以得到最优效果。

二　领导方式的类型

随着领导理论的发展，每种理论都会延伸出对应的领导方式。现就几类典型的领导方式介绍如下。

（一）指导型领导方式

指导型领导方式是指领导者通过制定决策、发布指令、建章立制等方式，使被领导者明确工作任务、完成标准、完成时限等要求，同时对完成任务的方式提供具体指导。领导者不仅告诉被领导者要做什么、怎样做，而且采取具体行动帮助他们做。其最重要特征是对目标执行工作的干预，主要形式是把控从任务部署、步骤实施到具体工作方式方法等执行全过程，事无巨细。

指导型领导方式要求被领导者严格遵照决策或者规章制度执行，有利于明确方向、具体步骤、明晰责任，可以节约探索有效工作路径的时间，对于缺乏工作经验、个人能力较弱、创新能力不足的被领导者具有很强的指导意义，保证任务目标按照预想得以实现。另一方面，指导型领导方式对领导者个人能力提出了更高要求。事无巨细的管理使领导者本身承担大量工作，且责任较为集中，容易出现领导者承担过多责任的情况。被领导者则因为承担责任较少，仅仅被动执行，而失去了锻炼和成长的机会，工作积极性也会受到打击。

（二）参与型领导方式

参与型领导方式是一种鼓励被领导者参与决策、一同解决问题的领导方式。领导者在决策时让被领导者共同参与进来，向其分享一部分权力，使被领导者具有一定的自主权，从而有效激发被领导者的主人翁意识和创造力，调动其工作热情，增强其归属感。

集体工作会议是参与型领导方式的主要实现形式。领导者在会议中把握讨论方向，指导讨论过程，鼓励被领导者积极参与到决策过程中，群策群力，建言献策，通过讨论加深对问题和目标的认识，利用集体力量为决策寻求依据，同时借此获得对决策的支持与认同，保证讨论结果能够解决问题。

参与型领导方式的优势在于对被领导者会产生诸多积极影响。一是通过讨论使被领导者对工作目标和工作方法有更深入的理解。二是被领导者通过参与决策，更易于将任务目标进行分解，从而优化执行过程。三是能够充分调动被领导者的进取精神和主动性。四是通过参与决策将责任压力向基层传导，增强工作动力，促使被领导者主动改进工作。虽然参与型领导方式让渡了部分决策权，分散了一部分决策责任，但这并不代表领导者"无为而治"。领导者仍然需要掌控绩效目标、任务完成实现以及协调资源等等，并对组织所做决策负责。

（三）公仆型领导方式

公仆型领导方式是指将被领导者的利益、需要放在首位，通过为被领导者提供服务来促进组织目标实现。这种管理方式起源于既有领导理论模型对诸如领导者对被领导者表现出的利他主义和谦恭行为等现象无法做出恰当的解释[①]，其要义是改变了传统管理方式中的固有从属地位。格林利夫曾指出，公仆型领导首先要有天生愿意服侍他人的心，服侍是第一位的，然后才是通过有意识的选择，促使一个人渴望去领导别人[②]。领导者不再是领导过程的核心，被领导者成为核心服务对象，其重要性被提升到新高度，甚至高于组织目标和领导者的定位。领导者的动机不再是谋求地位、身份以领导他人，而是要为被领导者服务、帮助他人获得更好地发展。领导过程的实现不再依赖于权力，而是通过为被领导者提供发展所需的支持使被领导者为组织做出贡献。

在实践层面，许多学者对公仆型领导方式的行为特征进行过研究。格林利夫概括了公仆型领导者的四条行为准则[③]：一是即使无法获得物质利益，也会坚持正确的行为，帮助被领导者；二是鼓励被领导者参与决策，

---

① 姚凯、吕雯晶：《仆人式领导：内涵解析与模型构建》，《理论界》2007年第5期。
② 罗伯特·K.格林利夫著，徐放、齐桂萍译：《仆人式领导》，江西人民出版社2008年版。
③ 凌茜：《浅谈公仆型领导》，《现代管理科学》2007年第7期。

听取并采纳他们的意见,增强其自信心;三是信任被领导者,真诚地与其分享信息、权力和报酬,从最能增加团队利益角度做出决策,从而赢得被领导者的信任;四是尽力帮助被领导者发展。近年来,西方学者更多倾向于从领导个体特征、领导与员工关系、工作任务、领导行为等方面设计计量方法,使公仆型领导方式具象化[①]。Dennis 和 Winston 通过对 529 个样本数据进行因素分析,得出公仆型领导方式的"授权、服务和愿景激励"三因素模型[②]。Barbuto 和 Wheeler 采用"管理者—员工"配对样本,通过探索性和验证性因素分析,得到公仆型领导的五因素结构,分别是利他主义、情绪抚慰、智慧、说服引导和社会责任感[③]。

公仆型领导方式能够激发组织内部的积极变化,在全球许多著名企业取得了巨大成功,证明了这种管理哲学具有较强的可应用性。另一方面,公仆型领导方式可能伴生一些问题,需要引起注意。公仆型领导方式往往和风细雨,领导者行事风格上有"软弱"之嫌;过分从被领导者考虑可能导致缺乏主见、优柔寡断;这种领导方式产生作用的时间较长,难以立竿见影。

（四）情境领导方式

情境领导方式是指领导者根据被领导者的准备程度采取相应策略的管理方式,其领导方式随环境及被领导者的准备程度变化而变化。情境领导方式的核心要素包括领导者下达的指示、领导者给予的关心和被领导者在工作中表现出的准备程度。

早期的领导方式研究集中在领导自身特质和领导行为模式方面,并由此形成了领导行为理论。然而,领导是否有效除了与领导个人特质和行为有关外,还受到其所处环境的影响。1969 年,Hersey 和 Blanchard 在领导生命周期理论基础上提出了生命周期领导理论,认为领导者应该根据员工所处的不同发展阶段为其提供相适应的指导和支持[④]。1982 年,二人将生命

---

① 陈佩、杨付、石伟:《公仆型领导:概念、测量、影响因素与实施效果》,《心理科学进展》2016年第1期。

② Dennis R, Winston B E. A factor analysis of Page and Wong's servant leadership instrument [J]. Leadership & Organization Development Journal, 2003, 24(8):455−459.

③ Barbuto J E, Wheeler D W. Scale Development and Construct Clarification of Servant Leadership [J]. Group & Organization Management An International Journal, 2006, 31(3):300−326.

④ Hersey P, Blanchard K H. Life cycle theory of leadership.[J]. Training & Development Journal, 1969, 33(6):26−34.

周期领导理论更名为情境领导理论[①]。该理论认为领导者应该根据不同的情境采取相匹配的领导方式，通过下达指令、给予支持等方式促进被领导者的能力成长，帮助被领导者建立、强化绩效导向的价值观，提升工作意愿。领导者的职责就是通过恰当的指导、支持帮助员工达到相应的能力水平，从而提高工作效率和生产力。

情境领导方式首先是基于被领导者的发展程度，可以用被领导者的能力和工作意愿衡量。具体分为四类：意愿较强、能力不足；意愿不足、能力不足；意愿不足、能力较强；意愿较强、能力较强。针对这四个不同的发展阶段，领导者的领导方式分别为：指示式，代表给予较多的指令、较低的支持；教练式，代表给予较多的指令、较高的支持；支持式，代表给予较少的指令、较高的支持；授权式，代表给予较少的指令、较低的支持。领导者要主动识别员工的发展程度，并随着被领导者在工作进程中发展程度的变化灵活采取对应的领导方式。随着被领导者工作效率的提高，领导者不仅可以减少对活动的控制，还可以不断减少对活动的支持。如果领导方式对应错误，则会导致被领导者的不信任，进而影响工作效率。

情境领导方式综合了领导者、领导对象以及环境等三个主要因素，提供了对领导行为的指导和判断，使领导者明确了面对不同类型的被领导者时采取什么样的领导方式更合适，在实践上可操作性强。但是，领导可采取的行为不止下达指令和提供支持两种，另外，在完成一项工作任务的不同阶段，被领导者的表现也会多种多样。在具体应用情境领导方式时，必须要谨慎评估，综合施策。

（五）其他的领导方式

按照领导力的生成机制，有人也归纳出魅力型、交易型、变革型与愿景型等不同领导方式。

1. 魅力型领导方式

魅力型领导方式是指领导者倾向于以积极的态度、高度的自信，表现得诚实、慷慨，以个人魅力吸引大批被领导者，并获得其忠诚拥护，进而实现组织目标的领导方式。对美国建国开始到1991年历任总统档案的分析表明，

---

① Hersey P, Blanchard K H. Management of organizational behavior; utilizing human resources[J]. Industrial & Labor Relations Review, 1982, 8(9):22.

魅力型领导具有一些普遍特征，领导的个性和魅力是影响领导效力的重要因素，与组织赋予的力量相比，领导效力更依赖于领导魅力。具体到魅力型领导的行为及其归因研究，魅力型领导应该具有以下行为或特质：

（1）要提出一个与众不同或者令人意想不到的愿景。美好的愿景能够使被领导者对领导者产生喜欢、欣赏甚至崇拜的感觉，从而认为该领导者有魅力。

（2）要提出一系列实现愿景的方法。领导者必须为被领导者指明实现愿景的具体方法和路径。方法要有特色，有独创性，避免约定俗成的老路。

（3）要敢于承担风险，具有牺牲精神。领导者要勇于面对实现愿景过程中的困难，肯于承担失去金钱、权力、生命的风险，并且肯于牺牲个人、家庭的利益，不计较个人得失。

（4）要有强烈的自信。领导者要对自己的决策充满信心，坚定的信念能够使被领导者增加对领导者的信任。

魅力型领导可能还有其他一些特质，比如精力充沛、善于沟通等等，正是这些行为或特质，使魅力型领导对组织以及组织中的被领导者产生巨大的影响力。领导者首先描绘一幅清晰、有吸引力的愿景，传达对于高收益的期望，展现出实现目标的充分信心。其次通过语言、行动向被领导者传递自己的价值理念，并亲力亲为树立榜样。通过这一过程，领导者为实现组织目标提供了强大的推动力。同时，对于组织获取外部帮助产生助益。魅力型领导方式还会对被领导者产生诸多影响。如使被领导者接受更高的目标设定；增大被领导者的风险倾向。通过魅力型领导方式，领导者与被领导者之间建立了充分的信任关系，使被领导者甘愿为实现组织目标奉献一切。

魅力型领导方式是理性与感性的结合，感性成分更多。如果被领导者对领导者过分崇拜、过分依赖、过分服从，将会产生诸多消极作用。对于被领导者而言，将会降低他们充分表达自我观点的可能性，对领导者的错误不敢批评或者视而不见，盲目乐观导致低估风险。对于组织来说，一旦过于依赖魅力型领导，组织行为可能被滥用于个人私利，组织目标下可能隐藏着欺骗、操纵，最终对社会产生灾难性后果。

2. 交易型领导方式

交易型领导方式是指领导者通过奖励与被领导者进行交换来促进工作

完成的领导方式。领导者与被领导者之间以一系列交换和隐含的契约为基础，以物质或精神等奖励来激励被领导者完成组织目标。领导的整个过程就像一场交易。用于交易的可以是薪酬、职位，也可以是忠诚、情感、信任。

交换是交易型领导方式的基本特征。作为激励方，领导者一方面提供报酬、实物奖励、晋升机会、荣誉等用于论功行赏、按劳分配，另一方面也会给出明确的要求，规范被领导者的行为，确保交易最终结果令双方满意。而被领导者则必须服从指挥，按照约定的角色分工完成任务，以获取回报。交易型领导方式更加注重执行力、效率、秩序，激励和惩罚均来自于交易本身。如果被领导者在执行过程中偏离了既定路线，没有达成约定的目标，领导者可采取相应的惩罚措施，影响被领导者的收益，约束被领导者作出调整以达成目标。

交易型领导方式产生的效果较为直接，对提高绩效具有显著作用，但也因此导致一定的局限性。一是不利于长远规划。被领导者有在较短时间内获得收益的期望，因而对于长期建设或者长效机制缺乏动力。二是容易产生道德败坏问题，特别是在巨大的奖励诱惑或者惩罚压力下，容易使被领导者走向误区。三是归属感弱化。"一物换一物"的行为方式无法使被领导者建立起对组织的归属感。四是回报与需求容易失衡。领导者所能提供的与被领导者所需要的并不总能完全匹配，相互间的博弈可能使组织整体利益受到损害。

3. 变革型领导方式

变革型领导方式是指领导者个人魅力，宣传构想的愿景，使被领导者自觉接受某种思想和价值观，从而激发其工作热情的领导方式。在变革型领导方式过程中，领导者除了引导被领导者完成工作外，还要以领导者个人魅力不断激发被领导者的思想，通过持续不断的关心、爱护、帮助、引导来树立其工作态度、信念和价值观，使其为了组织目标而超越自身利益，更忘我地投入到工作中。

采用变革型领导方式的领导者，会订立一个长远的发展目标，并描绘一幅引人入胜的蓝图。发展目标是对未来的预期，目标越具体，蓝图越明确，对被领导者的吸引力就越大。目标建立后，领导者要围绕目标营造出积极的变革氛围，激发被领导者产生一致的认同，形成适合组织发展的价值观，并且身先士卒、以身作则，发挥表率作用，为组织成员树立榜样。在工作过程中，领导者会尝试调整组织架构，改变组织内的权力分配，激发被领导者的主动性和创新性，同时积极关注他们的需求，提供完成任务所需要的条件，鼓舞、激励他们齐心协力向组织目标迈进。因而，在变革型领导方式下的组织会产生强烈的协同努力氛围，被领导者会表现出更强的信任、羡慕、忠诚和尊敬，被领导者之间的关系不会因为观点不同而受到影响，反而会因为尊重、欣赏差异而获得助益。

变革型领导方式对领导者本身提出了很高的要求，领导者不仅要对组织的未来发展有清晰、准确的把握，还要具有高超的工作能力和较强的个人魅力。领导者制定的发展目标和发展蓝图是否适合组织发展实际，采取的变革措施是否恰如其分，领导者对组织内各层级的被领导者的影响力在传递过程中能否产生一致效果，这些潜在风险都将影响变革型领导方式的实施效果。在具体实施时，必须酌情考量。

第二节　领导方法

人们在观察和处理问题时要采取相应的方法。领导者开展领导活动时，离不开一些基本的领导方法。好的方法可以事半功倍；方法不得当，将会劳而无功，甚至造成巨大损失。领导方法理论性、实践性并重。熟练掌握、运用领导方法对于科学、有效履行领导职责，提高领导工作绩效至关重要。

一　领导方法的内涵

所谓领导方法，就是领导主体在特定的领导理论指导下和特定的领导环境中为实现领导目标、履行领导职责而采取的一系列方法、对策和技巧的总和。[①] 领导方法不仅包括思想方法、工作方法，还包括政策、法规、制度、会议、道德规范等特定工具。毛泽东指出，"我们不但要提出任务，

---

① 陈树文：《领导学》，清华大学出版社2017年第2版，第165页。

而且要解决完成任务的方法问题。我们的任务是过河，但是没有桥或没有船就不能过。不解决桥和船的问题，过河就是一句空话。不解决方法问题，任务也只是瞎说一顿。"毛泽东把"过河"比喻为工作目标，把"桥或船"比喻为领导方法。想要实现工作目标，一定要找到合适的领导方法。领导方法种类较多，是实现组织目标的重要策略和技巧，是考验领导者领导能力和水平的重要方面。

二 领导方法的特征

领导方法是领导者实现其组织目标、履行领导职责的手段和工具。领导方式比较抽象与宏观，体现了领导行为的风格与特征；领导方法比较具体与微观，体现了领导者的行为过程与特点。领导方法的分类有很多，按照不同维度有不同的划分。从作用地位上看，领导方法可以分为方法论基础、基本领导方法、具体领导方法；从时间上看，领导方法可以分为传统领导方法和现代领导方法；从层次上看，领导方法可以分为战略性领导方法和策略性领导方法；从基本功能上看，领导方法可分为经济领导方法、政治领导方法、行政领导方法等。

（一）传统领导方法

1. 调查研究法

调查研究法是领导者履行工作职责的基本工作方法，是领导者的必备工作技能。调查研究是从领导目的出发，通过各种手段和途径，了解和掌握事物发生和发展的来龙去脉，经过综合分析，得出解决问题的方法和措施的过程。其中，调查是为了了解事物相关情况，掌握大量可靠材料，研究是为了对调查获得的材料进行处理加工，发现和揭示事物内在规律。调查研究是分析和发现事物客观规律的基本方法，其目的是通过认识事物的本质和规律，解决问题，指导实践。领导者可以通过调查研究法认识组织的运行管理情况。通过调查研究法为决策管理激励等管理活动提供客观实际的判断分析，全面、准确、客观、及时掌握组织运行的情况，保障组织有效稳定的运行管理。领导者可以通过选取典型代表和具体事项进行典型调查；可以从事项中抽取样本、环节进行随机的抽样调查；可以对整个考察对象进行全面系统的调查；可以对具体的一个人或者一件事进行个案调查；可以随机查看，进行面对面交流的走访调查；可以设计发放问卷，进行问卷分析研究的问卷调查；可以针对具体问题召开座谈会讨论进行座谈调查；可以通过图书馆、阅览室、网站等途径搜集文献资料进行文献调查。

2. 群众路线法

人民群众是社会实践的主体，也是认识的主体，既是领导者，也是被领导者，有着丰富的实践经验和创造力。群众路线是关于如何正确处理领导者与群众之间关系的方法，是以毛泽东为代表的中国共产党根据历史唯物主义基本原理的理论独创，是党的根本工作路线。其内容是一切为了群众，一切依靠群众，从群众中来，到群众中去。毛泽东曾说，"如果没有民主，不了解下情，情况不明，不充分搜集各方面的意见，不使上下通气，只有上级领导机关凭着片面的或者不真实的材料决定问题，那就难免不是主观主义的。" 运用群众路线方法开展工作，首先要充分动员群众，发挥群众的主观能动性。可以通过基层调研、座谈会、利用网络自媒体等渠道增加与人民群众的互动，找到群众最关心的问题、最迫切的需求。并以此为开展工作的出发点。其次，要科学地组织群众活动，提高工作效率。组织群众活动要尊重事物发展的客观规律，根据实际情况因地制宜，采取多种多样的手段，不可生搬硬套。可以通过创新宣传手段、组织专家学者宣讲、个别谈心、召开动员会等多种形式组织发动群众，通过科学安排引导群众集中力量办大事。最后，要善于进行科学分析和客观判断。从群众活动与群众观点中汲取力量和素材，找到真问题、真办法、真态度。

（二）现代领导方法

1. 授权领导方法

授权是在实际工作中，领导为充分利用专门人才的知识技能，发挥主动性积极性，将部分具体的解决问题、处理事务的权力委任给下属。有效授权是领导者有效领导的基本途径，是充分发挥下属责任担当的有效方式，是高效完成工作目标的必要方式。现代社会组织，工作质量、人员技能、管理专业要求愈来愈高，分工不断细化，组织系统性发展、生态化演进日趋增强，这就要求组织领导中授权领导成为必要方式。此外，授权领导有利于明确职责目标，充分发挥相关人员的积极性、主动性，承担起工作任务和责任担当。授权的效果很大程度上取决于被授权者对授权行为的一种心理认同程度，也就是"心理授权"。根据斯贝茨尔的研究，影响心理授权的因素主要有几个：（1）意义。工作的内容和结果与个人的价值和想法相一致。（2）自我决定。人们有能力决定何时和如何完成工作。（3）自我效能。人们对有能力去完成的工作高度自信。（4）影响。人们相信其可能对工作和工作环境有巨大的影响。同时，为了实施真正的授权，应该遵循以下原则：（1）授权任务要明确。（2）要选择合适的人选。（3）保持交流渠道开放畅通，以使上下级之间能够随时沟通。（4）建立适当的控制，确保权力得到恰当的使用。（5）对有效授权给予奖励。①

2. 愿景领导方法

愿景是领导者基于组织定位与发展实际提出的能够被组织成员接受的远大理想和发展蓝图。授权之后的组织，成员会为了完成职责和目标积极工作，但是需要保障授权之后的成员们能够凝聚共识，完成组织整体目标，还需要设置共同愿景。有强烈的工作目标，成员工作会更有动机和行动力，领导会更有向心力。一个引人注目的组织愿景给人以权力，给人以自由，让人合作，让人们朝向描绘的目标。因此愿景在领导新潮流中是重要的，愿景是一个组织成功的关键，因为它提供了一个方向，一种真正的、人们跟随的方向；而过去我们是受政策的约束和规章的影响。彼得·圣吉在其著作《第五项修炼》中说道："共同愿景会唤起人们的希望，特别是内生的共同愿景。"

3. 共享价值文化方法

愿景树立了发展目标，组织还需要实现愿景并与之匹配的精神理念和思想观念，因此，基于组织目标与愿景形成一套适合组织发展的共享价值与文化是十分必要的。美国著名管理学家托马斯·J. 彼得斯和小罗伯特·H. 沃特曼在《追求卓越》中指出，"价值是由最高层的经理们以分分秒秒、年复一年的行动表现出来的，而且它们是全公司上上下下所透彻了解并深入全体员工心中的东西。"共享价值和文化的前提和基础是诚信，这也是组织团结的基础。富有诚信的价值和文化能够让成员信任领导、信任组织，形成团结一致的组织环境。共享文化比共享价值内涵外延更加宽泛，

---

① 陈树文：《领导学》，清华大学出版社2017年第2版，第171页。

是领导者围绕共享价值所建立的一整套信念、仪式、符号、处事方式等文化形象。随着时代与形势的发展，组织的生存发展状态与环境都会发生变化，虽然组织文化具有一定的稳定性与持久性，但是在不适应组织发展情况下会产生文化危机，主要是新老文化之间的冲突与僵持。若不及时进行文化变革，组织就不能很好地适应新的发展，保持较好的竞争力。戴尔针对组织文化的变革提出一般的六个过程：（1）组织成员发觉领导者以类似以往的解决方式无法有效解决组织所面临的违纪，因而对领导者的能力和管理行动感到怀疑。（2）成员对领导者的能力和管理行动的怀疑，连带着对维持既定组织的文化表征（如符号、信念、结构、口号、标语以及组织既定的奖酬制度等）的信心开始动摇，组织成员感到有建立新秩序的必要。（3）在不断地尝试着对危机进行处理的过程中，新领导隐含在一组新假定之下逐渐形成。（4）新领导的形成与旧文化产生冲突。冲突中的失败者，心中会愤恨不平，很快地会被革职或自动离职。（5）危机如果解除，如销售量与获利率增加等，组织成员会将危机的解决归功于新领导者与新文化，其在组织成员心目中的地位也随之建立起来。（6）新领导通过组织符号、信念与结构的建立以及招聘或晋升服从于新文化的成员，使新文化持续地得到增强。[①] 保持组织文化的健康发展，将会提高组织的凝聚力、向心力，为组织成员发展注入不竭的动力。

4. 超级领导方法

管理学教授查尔斯·曼斯在《超级领导——领导他人去领导自己》中提出"超级领导"。詹姆斯·库泽斯与巴里·波斯纳在《领导力》中说道，"领导可以自己来创造，不用别人来赋予，即使你没有头衔、职位和预算，你都可以自己来实施领导。"超级领导是一种发动被领导者来领导自己、影响别人的新型领导方法，实质上是实现自我领导。领导者把被领导者当做独立个体，发挥个体的能动性，以领导者角色处理工作，全方位发挥主体性。超级领导改变了传统意义上的领导主体过分突出或者高高在上的状态，变成将领导主体和客体整合一致双向互动的领导方式。这种领导方法改变了原有的领导者与被领导者单一的主客体关系，能够调动组织成员的主动性、

---

① 陈树文：《领导学》，清华大学出版社2017年第2版，第176页。

积极性，有利于组织成员较为全面细致地观察处理问题，增强了工作的责任意识。

5. 5C 领导方法

"5C"模式是指由首席执行官（CEO）、首席信息官（CIO）、首席知识官（CKO）、首席财务官（CFO）和首席运营官（COO）五个领导主体构成的梯形领导平台。由原来一个领导者居于塔尖的金字塔式变为由几个领导者作为群体构成的梯形平台，将一人的领导权能结构变为多人的领导权能结构，由个人领导变成群体领导。这种领导模式下，各个首席官都能从企业全局出发，考虑各个领域最大潜力与可能，多角度多方向发力，最大限度地独立决策与迅速反应，也避免了权力独裁和权力腐败，集中多人能力更好地处理事情。

三 领导方式、领导方法与领导艺术的关系

领导方式、领导方法和领导艺术表述相近，在领导活动中，容易发生混淆。为了更好地理解领导方式、领导方法，清晰了解这些表达背后的深刻含义，有必要将三者进行区分。

上文讲到，领导方式是领导者在长期领导活动中形成的认识和处理问题的基本行为机制、手段、方式，集中体现为领导者对待下属的态度与行为表现。领导方法是领导主体在特定的领导理论指导下和特定的领导环境中为实现领导目标、履行领导职责而采取的一系列方法、对策和技巧的总和。

领导艺术是指建立在一定知识、经验基础上的非规范化的有创造性的领导方法、方式、技能等的操作性的综合体。它是领导者的学识、智慧、才能、胆略、作风、经验等多种因素的综合反映，表现为领导者创造性地灵活运用已掌握的各种知识和方法，具体分析各种复杂因素，妥善解决领导工作中实际问题的综合能力，贯穿于整个领导过程和领导活动的各个方面，同领导方法一样，存在于每一个领导行为之中，直接影响领导效果。[①]领导艺术是领导者的一种特殊才能，具有创造性、灵活性、综合性、实效性、科学性、个性，是一个领导者高素质高水平的综合体现。

---

① 陈树文：《领导学》，清华大学出版社2017年第2版，第179页。

相同之处。领导方式、领导方法、领导艺术三者首先都与领导者个人素质能力紧密相关，无论是领导者对待被领导者的态度与行为表现、领导活动的方法手段以及对领导活动的创造性运用，都离不开领导者自身的素质能力，其实现极大程度受制于领导者自身的水平。其次，三者在领导活动中紧密相关。虽然理论上对三者进行明确区分和阐述，但是在实际领导活动中领导方式、领导方法与领导艺术共同统一于具体的领导活动中，也就是说，在一个具体的领导活动过程中可以分析出领导者的领导方式、领导方法以及领导艺术方面的表现。最后，三者都是领导活动中运用得十分重要的手段，都是实现组织目标的"桥或船"。

不同之处。领导方式、领导方法、领导艺术三者首先在内涵上有区别，领导方式主要是领导者与被领导者之间的关系，集中表现为领导者的言行模式；领导方法主要是领导者在领导活动中所采取的具体方法、技巧、对策等，并且具有物质载体，例如制定、规定、会议等；领导艺术是领导者学识、智慧、才能在领导活动中的综合反映，是领导方式方法技能等的综合体。其次在外延上有区别，领导艺术可以包括领导方式和领导方法，比两者的外延都大。最后从各自的特点上有区别，领导方式更加稳定持久，领导艺术更加灵活富有创造性，领导方法较为居中。领导艺术对领导者要求最高，不是所有领导者都具有领导艺术，领导方式是领导者在领导活动中一般的特性表现，领导方法较为居中，每个领导者都有领导方法，但是运用程度因人而异。因此领导艺术高超的领导者一般会具有较好的领导方式和灵活多样的领导方法，并且具有独特的领导才能。

第三节　领导沟通技能

沟通交流是人与人之间表达和获取信息的基本方式。领导者在日常工作中的一项重要内容就是与人沟通。特别是在当今社会组织越来越庞大、复杂，掌握丰富的沟通技能、有效沟通，才能更好地实现领导目的，提高工作效率。

一　领导沟通的内涵

（一）领导沟通的概念

沟通是将个人信息通过语言或者非语言的方式传递给他人的过程。领导沟通是领导活动与沟通过程的有机结合，是指领导者在履行领导职责过程中，为了实现领导目的，将某些信息传递给其他人或者组织的行为。其本质是信息的交换传递。有效的领导沟通可以改善领导者与被领导者之间的关系，减少组织冲突，使整个组织的各个要素、各个部分互相协调、成为一个整体，最终促进组织目标的实现。

（二）领导沟通的原则

要使领导沟通产生实效，必须要遵循一些基本原则。

1. 目的性原则

领导沟通过程中，沟通内容往往具有一定的目的性。如掌握情况、传达指示、沟通感情等等。无论何种目的，沟通时要始终以目的为中心，抓住问题主线，明确表达关切，让对方听得懂你的核心意图。这就要求领导者在沟通过程中要抓住重点，把握关键。沟通时尽可能简洁高效，避免长篇大论。

2. 时效性原则

领导沟通过程中传递的信息具有时效性要求。沟通是为了部署工作、解决问题、达成一致。如果信息过时了再去沟通，解决不及时，就有可能使事态发展到不可收拾的地步。优秀的领导者在需要沟通问题时，一定不能放松思想、拖延怠慢，发现问题要尽早沟通、尽早解决，及时收集反馈意见并加以改进，推动组织的整体工作效率得到提升。

3. 相互尊重原则

相互尊重是沟通中最基本的美德。领导沟通不是一个人的活动，往往包括多个利益主体。在沟通中一定要尊重对方的人格，有损尊严的话不说，有伤感情的话不讲，有损名誉的话不传。特别是在领导岗位时间较长的领导者，习惯了发号施令，尤其要提高警惕。另外，要多倾听他人的意见，多考虑他人的感受。通过真诚的、有效的沟通，获得他人的认同，避免不必要的阻力。

4. 保持距离原则

保持适当的距离是领导沟通中的一个重要原则。每个人在生活中总有一些不愿被外人所知的事情。隐私权是公民的基本人格权利，受法律保护。领导者在沟通时不要打破砂锅问到底，对涉及个人隐私的内容，除非必要，不必过问，以免有损领导者个人威信。

（三）领导沟通的作用

领导沟通对于领导活动的顺利进行，实现组织目标具有重要作用。

1. 领导沟通是维系组织系统的基础

领导活动赖以存在的组织系统是由不同层级、不同人员构成的有机整体。正是基于领导者发挥的沟通作用，将这些层级、人员凝聚在一起，才能实现组织的有效运作。离开了领导活动，组织功能无法发挥作用，组织的目标也不可能实现。

2. 领导沟通是实现正确决策的保证

决策是领导活动的一项基本职能。任何决策都离不开信息作为决策依据。领导沟通是领导者获取信息的重要手段，是领导者做出正确决策的保证。充分的沟通可以使领导者获取更多的信息，有利于领导者科学严谨地分析问题、提出解决方案。另外，充分的沟通可以印证信息的可靠性，去伪存真。很多决策失误都是由于信息获取不充分、沟通不畅导致的。

3. 领导沟通是实现组织关系协调的有效方法

任何组织都是由不同部门、不同人员组成的。有效的领导沟通是促进组织内各个部门、人员关系协调、顺畅的催化剂。组织运行过程中，常常出现人与人、部门与部门之间因为认识不统一、利益相冲突而产生的种种矛盾。这些矛盾如果得不到及时化解，将会严重影响士气，破坏组织的和谐氛围。此时需要领导者采用合适的沟通方法，充分交流信息、协调各方面关系，增进组织成员间的相互理解，消除隔阂。

4. 领导沟通是统一组织思想和行动的重要手段

组织运行的直接目的就是实现组织目标。通过领导沟通，向组织成员传递组织目标和组织文化，统一思想，增强凝聚力；调动成员的主动性和创造性，增强其使命感和责任感；在组织内营造上下齐心、积极向上的氛围，带动大家共同为实现组织目标而奋斗。

二 领导沟通的类型

领导沟通的类型多种多样，可以从多个角度进行分类：按照信息载体不同可划分为语言沟通和非语言沟通；按照组织系统不同可划分为正式沟通和非正式沟通；按照信息流向不同可划分为上行沟通、下行沟通、平行沟通；按照信息传递媒介不同可划分为直接沟通和间接沟通；按照沟通是否进行反馈可划分为单向沟通和双向沟通等等。

（一）语言沟通

语言沟通是用语言作为信息传递的载体进行沟通，具体包括口头表达和书面文字两种方式。其前提条件是所用的语言能够为双方所理解。

口头表达可以是正式谈话、讲座、谈判，也可以是非正式聊天、讨论。其优点在于信息传递和反馈的速度快；缺点在于，信息接受者容易因为个人或者环境因素的影响导致接收到的信息失真或不对称，从而产生误解。

书面文字可以使用信件、便条、报告、通知、公告等等形式。其优点是沟通的内容可以保存下来，更容易进行传播和扩散；内容逻辑性更强，能够精确反映作者想要表达的思想和内容。缺点在于，与口头表达相比，信息反馈速度较慢。

（二）非语言沟通

非语言沟通是指通过非语言行为来传递信息，进行沟通。非语言行为包括面部表情变化、身体姿势调整、声音强弱等等。非语言沟通可以表达丰富的含义，信息量远大于语言沟通。但是其表达的信息有模糊性，相近的表情、姿势表达的意思可能不同，如果缺乏相互理解，将严重影响沟通效果。

（三）上行沟通

上行沟通是指被领导者与领导者进行的信息交流，信息从基层向高层传递。如汇报工作、讨论疑难工作、反映情况等。其优点是被领导者可以将看法、意见反映给领导者，增强参与度。缺点是被领导者因职务、岗位不同可能存在距离感，影响沟通效果。

（四）下行沟通

下行沟通是指领导者将信息传递给被领导者，是自上而下的沟通。如指导工作、传达要求等。下行沟通可以为被领导者指明工作目标，增强被领导者的归属感，增进组织中各层级之间的联系和了解，提高组织效率。其缺点是信息在自上而下的传递过程中可能出现搁置、误解的情况，影响沟通效果。如果长期使用下行沟通，可能强化了领导者的权力意识，形成官僚作风，同时使被领导者形成依赖，影响被领导者的积极性和创造性。

（五）平行沟通

平行沟通又被称为横向沟通，是同级之间横向进行的信息沟通。具有程序简单、省时高效、增进互信的优点。同时，由于信息量大、头绪多，容易造成混乱。

（六）直接沟通

直接沟通是指发送信息与接收信息之间不需要其他媒介传递的沟通方式。如面对面谈话、电话联络等。直接沟通表现形式简单，优点是快速便捷，不但可以听到声音，还能感知表情、肢体语言等多方面信息。其缺点是受个人情绪影响较大，沟通的信息往往不够系统，且受到表达能力的制约。

（七）间接沟通

间接沟通是指通过中间人或者中间媒介进行的沟通。如书信、电话等。间接沟通为非会面式沟通，其优点是沟通双方能够比较系统、委婉地表达观点，不太容易受到情绪和环境因素影响，其缺点是缺少感情交流，沟通成本较高。

（八）单向沟通

单向沟通是指信息发送者与接收者之间的地位保持不变的沟通方式，一方只发送信息、另一方只接收信息。其优点是沟通速度快，没有反馈环节，过程简单。缺点是由于缺少反馈环节，发送者无法确定发出的信息是否全部被接收者收到；信息接收者只是被动接收信息，参与感不强。

（九）双向沟通

双向沟通是指在沟通过程中，信息发送者与接收者之间的位置不断交换，发送者在发送信息后还需要及时听取反馈意见，必要时可以进行反复商谈，直到双方取得一致为止。其优点是沟通信息准确性较高，接收者参与感更强。

三　领导沟通技巧

领导者在进行沟通交流时，为了确保工作效果，就要使用一些策略和技巧。领导活动的实质对象是人，领导沟通的策略和技巧是对人与人交往中一些基本技巧运用到领导沟通过程中的探索和总结。领导沟通技巧的娴熟程度体现了领导者的能力水平和个人魅力，对不同领导沟通技巧的把握彰显出领导者多样的领导风格。

（一）认真倾听

倾听是接人待物的基本礼仪。领导沟通中的倾听不同于日常生活中所说的听或者听见，而是将注意力集中于所听内容的有意识的行动，是一种主动行为。认真倾听对于领导者至关重要，是领导者基本素养之一。沟通过程中的语言即使不是精雕细琢，也是意象丰富。认真、专注地倾听对方表达的内容，才能准确把握获取信息的准确意思，从而采取合适的方式应对。

（二）善于表达

领导沟通过程中，领导者需要通过选择恰当的表达方式将信息准确表述出来，才能使收听者准确理解信息内容，领会领导意图，便于开展工作。沟通时尽量做到主题突出、言简意赅，不多绕弯子、不重复啰嗦。领导者要注意通过学习、训练来提高自己的表达能力，减少因表达不准确引起误会而导致工作出现偏差。

（三）换位思考

领导沟通过程中特别要注意换位思考。因个人素养不同、所处环境有异，工作中难免会对同样的事物产生不同看法。有时甚至是相互冲突的。在沟通中尤其要试着站在对方的立场思考，多思索不同意见的差异，共同寻找能够解决问题的合理途径。

（四）把握轻重缓急

由于所处岗位的特殊性，领导者每天会从各种渠道获得大量的信息。领导者必须要做好信息筛选，把握轻重缓急，重要的、紧急的事情优先办、马上办。避免出现因事情较多，耽误重要信息的沟通处理。同时，还要注意区分信息的保密程度。不能因为事情紧急而在沟通中泄露国家秘密、擅自扩大信息的知悉范围。

（五）学会幽默

幽默是一种艺术，幽默中体现的智慧可以使沟通更顺畅、更有效。在领导沟通中，幽默可以减弱人们的戒备心理，在危机时缓解紧张，在窘迫时避免尴尬，可以增强领导者的亲和力，有助于提高团队的集体意识。幽默是一种创造性本领，是一种随机应变的能力。培养幽默感要注意日常生活积累，多发掘有趣的事、多接触有趣的人。另外，幽默也要依环境而定，不可随意幽默，拒绝低俗幽默。

（六）逆向说服

领导者在沟通过程中可能会遇到自主意识强、拒绝接受领导者观点的被领导者，正面说服、侧面说服难以奏效。面对这种情况，可以运用逆向思维方式，反其道而行之。一是站在对方的立场、从为对方谋利益的角度考虑问题，合作共赢。二是采用激将法，利用刺激性的话或者反话来使对方去做某件事。三是"以彼之道还施彼身"，深入了解对方的观点，找出其中对自己有利的部分，再用这个观点去说服对方。

本章小结

本章主要介绍了领导方式方法的基础知识，主要包括领导方式方法的内涵、特征，并对主要的领导方式方法类型做了阐述，介绍了领导沟通的基本含义、类型以及提高领导沟通效率的技巧等。

领导方式是关乎领导活动的行为模式，领导方法是开展领导活动的具体手段。从内涵上看，领导方式是对复杂多样的领导方法实践基础上经过归纳总结而成，更为抽象；领导方法则针对具体问题，侧重实践。

领导方式方法的重要性不言而喻。领导者必须要掌握基本的方式方法。一方面要注重理论知识的学习，了解领导方式方法的内涵。另一方面，还要注重理论联系实际，在实践中不断打磨、验证、再学习。另外，方式方法虽有一定之规，但在应用时往往双管齐下、多措并举，针对工作实际和事物不同发展阶段采用多种方式方法。同时，领导方式方法的具体实践中，还要特别重视领导沟通技巧的运用。只有这样，才能提高领导活动的效率，有效实现组织目标，逐步形成符合领导者自己的领导风格。

案例与讨论

某高校 x 学院是学校的重要院系，教师数量、学生数量都很多，科研实力很强。该院人事关系复杂，院长和党委书记矛盾公开化，重要事项决策常常受阻，学院管理混乱，教师队伍人心浮动，学院发展受到严重影响。学校对该院情况有所了解，虽几经协调，但收效甚微，于是下定决心调整该院领导班子。A 先生是某职能部门负责人，临危受命，调任该院党委书记。

A 先生意识到，首先，该院的问题根子在领导班子，只有领导间关系融洽、相互信任，才能营造和谐发展的大环境；其次，他一直在机关任职，对院系工作比较陌生，当务之急是尽快熟悉业务、了解学院基本情况。因此，他确定的首要任务是听取关键岗位教职工的意见和想法。

到任第一周，他先与领导班子成员及各办公室负责同志分别接触，或在办公室商谈，或在食堂共同用餐，让大家尽快了解他，同时听取大家对学院现状的认识以及对未来发展的意见建议。在交流中他发现，有一位副院长工作能力较强，但是团队精神不够，对下属要求较为苛刻。于是，他与这位副院长达成协议，一旦这位副院长的行为有些违背团队精神，他就会悄悄告诉他。另外，他还创造各种机会与学院各个系、所的负责人，以及骨干教师沟通，了解他们在加强学科建设、优化学院管理方面的想法。

通过一段时间的调研，A 先生发现，不论是行政人员还是教师，大家对于学院发展的问题和建议有高度的共识，而且与学校整体改革和发展目标相契合。比如要有坚强的领导集体，要加强人才培养和师资队伍建设。可见，远景目标是清晰的。A 先生逐步厘清问题，将实现远景目标的过程切割为一个个短期目标，并列出具体任务，尽量明确到各个办公室，具体细化到人。他的这一想法，也得到了院长及其他领导班子成员的认可。

在随后的几个月里，A 先生在全院大会、党员代表会议、工会活动等各种场合不停阐述学院新的远景目标，让所有教职工牢记自己的工作与学院发展目标紧密相连、休戚与共。特别是在工作任务刚刚部署下去的几个星期，A 先生提出这是事关学院事业发展的关键，如果大家不能履职尽责，那么学院有理由采取强有力的措施，以铁的纪律保证工作目标的实现。

通过一段时间的努力，学院工作氛围焕然一新，教职工工作热情被调动起来，大家开始为达成学院远景目标建言献策并积极行动；行政部门创新工作方法，不断提高服务水平和办事效率。A 先生上任一年后，学院科研项目数、科研经费数、文章引用率均得到显著提升；教职工对学院领导班子的工作充分肯定，到学校告状的少了、表扬的多了；学校对该院工作成效非常肯定。

讨论

1. A 先生采用了哪些管理方式方法？

2. 哪种管理方法能调动下属积极性？

3. 如何能够做到在不同领导方式方法间的灵活转变？

参考文献

彭向刚：《领导科学概论》，高等教育出版社 2013 年第 2 版。

仵凤清、王立岩、胡阿芹：《领导学：方法与艺术》，机械工业出版社 2014 年第 2 版。

黄东阳、林修果：《领导科学》，北京大学出版社 2016 年版。

MichaelD.Mumford 著，杜文东等译：《领导力》，人民卫生出版社 2014 年版。

加里·尤克尔著，朱舟等译：《领导学》，机械工业出版社 2014 年原书第 8 版。

姜春云：《努力掌握科学的领导方式和领导方法》，《求是》2005 年（11），16-18。

姚凯、吕雯晶：《仆人式领导：内涵解析与模型构建》，《理论界》2007 年（5），201-202。

刘兰芬：《当代西方领导学研究走向探要》，《领导科学》2003 年（17），42-43。

钱艺：《领导方式的多样化及其选择》，《中国行政管理》1999 年第 2 期。

陈文晶、时勘：《变革型领导和交易型领导的回顾与展望》，《管理评论》2007 年，19（9），22-29。

万建华：《变革型领导方式浅析》，《集团经济研究》2007 年（11X），134-135。

陈佩、杨付、石伟：《公仆型领导：概念、测量、影响因素与实施效果》，《心理科学进展》2016 24（1），143-157。

凌茜：《浅析公仆型领导》，《现代管理科学》2007 年（7），46-48。

孙健敏、王碧英：《公仆型领导：概念的界定与量表的修订》，《商业经济与管理》2010年1（5），24-30。

方志远：《"情境领导"理论评述》，《领导科学》1994 年（4），25-26。

侯立永、卜华、王春梅：《高效领导模式：情境领导》，《全国商情经济理论研究》2006年（10），26-28。

高福辉：《情境领导理论与领导风格实证分析》，《领导科学》2013 年（4z），34-35。

王维、张书钦：《领导与沟通》，《青春岁月》2014 年（16）。

刘永雷、李旭：《领导沟通的策略与技巧》，《中小企业管理与科技旬刊》2008 年（2），6-8。

王建平：《反向说服四招》，《政工学刊》1996 年（6），22-23。

CHAPTER

第九章

危机管理与领导

本章学习目标与重点建议

1. 掌握危机管理与领导的概念、特点

2. 理解危机管理与领导的基本程序、危机管理与领导中的关键点

3. 了解危机的概念以及危机管理与领导的职能

第一节　危机管理与领导概述

一　危机管理与领导的概念

对于危机管理的概念的理解是危机管理与领导的基础，而危机管理的概念中关键是如何理解"危机"二字。因此先对危机的含义进行解读，再在此基础上探讨危机管理的内涵。

（一）危机的概念

如何看待危机？危机似乎是个令人紧张的字眼，然而我们的社会、国家、组织和个体，都不能避开它的威胁。因为所有的组织虽然可以视作由若干子系统、亚子系统和要素所组成的稳定系统，但系统中广泛的个体差异以及组织特性的差异及外部环境的变化都会使不同的行为主体之间常常发生分歧、摩擦、对抗以及整体性的失稳。究竟如何看待危机，又如何在现实生活中界定危机呢？学者们从不同的角度进行了解释。

英文韦伯辞典定义危机为：有可能变好或变坏的转折点或关键时刻。

赫尔曼（Hermann）认为：危机是一种情境状态，其发生出乎决策主体的意外，并且决策主体的根本目标受到威胁，而改变决策之间可获得的反应时间很有限。[1]

罗森塔尔（Rosenthal）等人认为：危机就是对一个社会系统基本价值和行为准则架构产生严重威胁，并且在时间压力和不确定性极高的情况下，

---

[1] Hermann, Charles F., International Crisis: Insights from Behavioral Research, New York Press, 1972.

必须对其作出关键决策的事件。[①]

杨冠琼认为，危机事件是指那些导致社会系统或其子系统的基本价值和行为准则趋于崩溃，在较大程度上和较大范围内威胁到人们的生命和财产安全，引起社会恐慌和社会政策秩序与运转机制瓦解的事件。[②]

以上所列是不同学者从不同的角度对危机的理解，虽然从表达方式上有一些差别，但是存在一些共性的认识。可以认为，危机是指突发性的、决策者的核心价值观受到严重的挑战或趋于崩溃、事态发展具有高度不确定性并且时间压力极大需要快速做出决策等情境的汇聚。

（二）危机管理的概念

危机管理的理论在 18 世纪 60 年代初诞生，作为管理学研究的重要领域与课题，危机管理的理论研究与应用实践日趋活跃。但对于如何定义危机管理，国内外学者大都从各自研究的侧重点出发，具体的定义不尽相同。

美国学者史蒂文·芬克认为，危机管理是对于企业前途转折点上的危机，有计划地消除风险与不确定性，使组织更能掌握自己前途的艺术。[③]

日本的企业顾问藤井定美认为，所谓危机管理就是针对那些事先无法预想何时发生，然而一旦发生却对组织的正常运作造成极端危险的各种突发事件的事前事后管理。[④] 日本学者泷泽正雄则从经济角度出发，将效用理论引入危机管理中，认为在发现、确认、分析、评估、处理危机流程的每个阶段，必须以最小费用获得最大的效用为目标。[⑤]

格林（Green）认为，危机管理的任务是尽可能控制事态，在危机事件中把损失控制在一定范围内，并且在事态失控后要争取重新控制住。[⑥]

薛澜、张强等认为，基本的危机管理应该包括如何减少危机情境的发生，

[①]　Rosenthal Uriel & Charles Michael T., Coping with Crisis: The Management of Disasters, Riots and Terrorism, Springfield: Charles C. Thomas, 1989.

[②]　转引自董传仪著：《危机管理学》，中国传媒大学出版社2007年版，第5页。

[③]　FINK S. Crisis management: planning for the invisible. New York: American Management Association, 1986:15.

[④]　转引自董传仪著：《危机管理学》，中国传媒大学出版社2007年版，第5页。

[⑤]　［日］泷泽正雄：《企业危机管理：组织迈向安全经营的法则》，香港高宝国际有限公司1999年版。转引自余明阳、张慧斌等：《危机管理战略》，清华大学出版社、北京交通大学出版社2009年版，第11页。

[⑥]　罗伯特·希斯著，王成、宋炳辉、金瑛译：《危机管理》，中信出版社 2004 年版，第13页。

如何做好危机管理的准备工作，如何规划以及如何培训有关人员以应对危机局面四个方面。[①]

董传仪指出，对于组织（包括政府和企业）而言，危机管理是指组织在正常的生存和发展过程中，针对可能面临或正在面临的危机，为了预防和消除系统内的不平衡状态所进行的一系列管理活动的总称，目的在于消除或降低危机所带来的威胁和损失，乃至变危险为机会。[②]

尽管上述定义的表述方式各不相同，但都强调以下三点：首先，危机管理是对突发的、对组织的正常运作造成重大危害的事件的管理；其次，危机管理是一个时间序列，包括危机爆发前的准备管理、危机爆发中以及危机爆发后的管理；同时，危机管理的目的在于控制损失和危害。

综合上述，危机管理指的是针对突发性的、对组织正常运作造成重大危害的事件所进行的一系列管理活动的总称，包括危机前、危机中和危机后的管理，其目的在于通过危机管理将组织的损失或者伤害降到最低。

二　危机管理与领导的特点

危机管理具有可预防性、系统性、灵活性和开放性特征。[③]

（一）危机管理的可预防性

危机具有突发性和隐蔽性等特征，这些特征为危机的发现与处理带来了挑战。但是危机在突发之前，往往都有迹可循，如果能够建立完善的预防和预警机制，危机完全有可能在爆发前就得到处理，或者即使危机爆发也能够得到及时有效的控制。众多危机管理失败的案例大多是没有注意危机前期所暴露的特征，反应迟钝，导致危机蔓延不可控制。

（二）危机管理的系统性

危机在爆发时通常速度非常快，看似散乱、不可控，但危机管理的过程如果从系统的角度来看并不是无序和混乱的。从纵向的角度来看，危机

---

① 薛澜、张强、钟开斌：《危机管理——转型期中国面临的挑战》，清华大学出版社2003年版。
② 董传仪著：《危机管理学》，中国传媒大学出版社2007年版，第17页。
③ 余明、张慧斌等：《危机管理战略》，清华大学出版社、北京交通大学出版社2009年版，第11页。

管理中，危机前、危机中和危机后的管理是一个统一的整体，不同阶段之间存在着非常密切的联系，一个阶段的成功与失败对下一阶段的危机管理产生直接的、重要的影响。从横向角度看，危机管理体系中涉及的组织领导管理、人力资源管理、信息管理、沟通管理等领域的内容并不是各类科学知识的简单堆砌，而是围绕危机管理本身所形成的一个有机的联系整体。

（三）危机管理的灵活性

危机管理较之于其他管理领域而言，所面临的环境具有突发性和多变性，因此危机管理有更多的不确定性和难以预测性。这就要求危机管理在遵循一般管理规律的基础上，灵活应对危机时的具体情境，根据危机出现的新变化和新形式，及时、灵活地做出决策，做到因时因地制宜。因此危机管理对于领导者的要求较之于一般管理领域更高。

（四）危机管理的开放性

危机的爆发往往牵扯面较广，除了政府部门、消费者、媒体、竞争对手、供应商等危机利益相关者之外，普通的公众也会对危机的发展和组织的危机管理给与高度的关注，危机管理往往是带有公共事件的性质，具有开放性。这就要求组织在危机管理时，充分考虑到危机管理的开放性特征，对危机管理的复杂性和综合性有足够的认识，在危机处理中能够从开放的角度与多方利益相关者和普通公众保持良好的沟通。

三　危机管理与领导的职能

危机管理与领导的职能主要包括检测与预防职能、决策与评估职能、组织与领导职能、危机控制职能、危机创新职能等。[①]

（一）危机检测与预防职能

危机的检测与预防职能指的是组织对可能引起危机的因素进行严密的监控，对各种可能引起危机的关键指标设定预警线，一旦出现危机征兆并突破预警线，应立即采取有效措施对可能引发危机的要素进行控制，将危机在爆发之前消灭。大多数危机在爆发之前都有征兆，如果能够进行有效

---

① 余明、张慧斌等：《危机管理战略》，清华大学出版社、北京交通大学出版社2009年版，第12~13页。

的检测和预防，能最大程度地降低组织损失。因此，危机检测和预防职能可以视作危机管理的首要职能。

（二）危机决策与评估职能

决策是管理工作的核心，是领导者领导力的最直接的体现。在危机状态下，往往信息有限，所面临的情境复杂，但时间紧迫，需要迅速做出应对危机的决策，决策的迅速性、决策的正确性都对遏制危机的未来发展起到了至关重要的作用。危机的评估职能指的是对危机事前的预防和预警、事中的应急处理、事后的危机恢复等都要进行评估，对于危机的利益相关者、危机的预算、危机的管理主体等都要进行评估。危机评估是总结经验教训，改进危机管理工作的重要手段，也是顺利开展后续管理工作的必要前提。

（三）危机组织与领导职能

任何组织的决策以及计划都要通过人的努力实现，在危机管理中，危机中的组织与领导起着至关重要的作用。建立合理的危机组织，有效协调与领导危机组织中的各个小组的行动，建立危机组织中高效的沟通机制是成功的危机管理的必备要素，对于危机管理有着重要意义。

（四）危机控制职能

危机控制职能指的是在危机状态下，各项决策与计划的实施都可能会遇到各种因素的干扰，有时候这种干扰或者障碍会严重影响危机管理进程，只有能够及时有效地排除干扰，才能保障危机管理工作的顺利进行，因此危机管理需要具备控制职能，能够在面对各种干扰或者障碍的情况下，有效控制事态的发展，使得危机管理按照计划的方向有序展开。

（五）危机创新职能

危机创新职能指的是危机管理虽然可以从以往的案例中寻找经验，也可以参考既定模式制定危机管理的相关章程，但现实中的危机，情境复杂，危机管理中所遇到的时间、地点、环境、人员以及利益相关者等都不可能再被复制，因此每一次危机管理都需要在具体的情境中发挥创新精神，针对新的形势和新的问题，创造性地寻找解决危机的办法。危机创新职能也是危机管理中的一项必备职能，而这项职能恰恰能够促进危机管理理论与实践的丰富与发展。

第二节 危机管理与领导的基本程序

关于危机管理的程序，比较成熟的理论有危机管理的三阶段模型、四阶段模型、五阶段模型和六阶段模型，这些模型虽然在具体阶段的划分上有区别，但都是从危机发展的时间序列的角度来对危机管理的程序进行的划分。这种划分有利于在危机的各个发展阶段有针对性地解决危机的发展与扩散，最终将危机处理完善。但是这种时间序列的阶段划分忽视了危机管理体制的系统性，容易产生消极应对的思想。为了弥补这些缺陷，根据危机发展的规律并总结不同学者的观点，本书将危机管理的程序分为危机预警与危机预控、应急管理、恢复与评估三个阶段。

一 危机预警与危机预控

危机预警是组织危机管理的前提，其作用主要是发现危机的存在，为防范危机提供依据。因此，预警阶段是十分必要而且可以最大程度减少危机破坏性的重要阶段。根据预警情况，对可能发生的危机事件进行预先的控制和防范，是危机预控阶段的重要工作，在预控阶段做好危机管理工作，大部分危机都能被消灭在萌芽状态。

（一）危机预警

危机预警，是指组织通过事前的检测，对危机产生的前兆进行有效识别并通告警示的管理行为。

1. 危机预警的功能 [①]

危机预警的功能一般包括以下四个方面。第一，预见功能。预见功能指的是通过对组织内、外相关环境的检测，发现敏感性指标的变化，从而预见可能发生的危机。预见性功能是危机预警的首要功能，只有在成功预见危机的基础上，才有可能对危机进行警示和预控，才有可能将危机控制

---

① 余明、张慧斌等：《危机管理战略》，清华大学出版社、北京交通大学出版社2009年版，第31页。

在萌芽状态或者降低危机可能造成的损失和伤害。第二，警示功能。对危机的警示是在对危机进行预见之后发生，在预见危机的基础上，向相关部门及其人员发出警示，意味着将前期的应对和处理提上了议程。第三，延缓功能。延缓功能是指通过危机预警机制及早发现危机征兆，并在此基础上提前准备应对措施，通过有效应对能够在很大程度上减缓危机发展的进度，降低危机危害的范围或者程度。延缓危机的发生、降低危害程度是危机预警要实现的重要目标，也是危机预警的基本作用之一。第四，化解功能。化解功能指的是通过危机预警，在危机诱因萌动之初及时发现，通过采取一定的措施进行阻止与防范，将危机成功消灭在前兆期。化解危机是危机预警最重要的目标。

2. 危机预警系统构成

危机预警系统根据预警程序的先后顺序，可以将其分为危机检测子系统、危机评估子系统和危机预报子系统。[①]

危机检测子系统的主体职能主要包括分析风险信息、监测危机动态和处理相关信息三项。对于一个组织而言，有必要对其所面临的各种风险进行初步的分类，识别哪些风险对于组织而言是难以承受的，会对组织造成非常严重的危害，这类风险才是危机管理的对象。在确定风险来源之后，应该针对不同的检测对象建立相应的预警指标或者指标体系，并确定各项指标的预警线。

危机评估子系统主要是对检测子系统中获取的信息进行整理和评估，由于危机的复杂性和多变性，通常需要设置一个多元的评判体系，然后根据危机自身的特点、所获信息的特点、评估费用和其他相关情况的约束选用一种或者多种科学的评估方法，对信息进行定量或者定性判断，并在此基础上形成评估结论。危机评估子系统的所有工作都是在危机检测和信息处理的基础上进行的，是整个危机预警系统的重要环节，对危机预警的成效起着关键性的作用。

危机预报子系统是指根据危机评估的结果，对危机的来临、发展及其危害，向组织内外的利益相关者发出警报，提请注意，并提前采取预控措

---

① 董传仪著：《危机管理学》，中国传媒大学出版社2007年版，第79~84页。

施。有效的危机预报子系统要求警报能够被危机反应者和潜在受害者迅速、准确地得知，而危机等级不同，发出警报的方式也可以有所区别。

3. 危机预警机制建立的原则

建立危机预警机制是为了更加系统、高效地对危机进行管理。而危机预警机制的建立通常要注意四个原则。首先是专业化原则，指的是危机预警系统需要具有专业知识和技能的人员进行管理协调；其次是全员参与原则，全员参与客观上扩展了组织危机监测的范围，有利于危机预警工作得到广泛的支持和参与；第三是开放性原则，指的是危机预警功能向整个战略系统开放，并且预警经验应该在组织内部以及组织与组织之间开放；第四是长期性原则，指的是应该长期不懈地做好预警系统的维护与管理工作，不能疏于管理、形同虚设。

（二）危机预控

危机预控，指根据危机检测和预警情况，对可能发生的危机进行预先的控制和防范，目的是降低危机发生的概率或者减轻危机发生后带来的危害。

1. 危机预控管理的原则

有效的危机预控应该遵循信息时效性原则、可操作性原则、抓住关键控制点等原则。信息时效性原则指的是危机预控必须给危机管理者提供及时、有效的信息数据，应该能够及时影响、改变危机管理者的关注点。可操作性原则指的是危机预控不仅要能够提出问题、分辨偏差，同时还需提出解决问题的办法，提出可操作性的建议。抓住关键控制点指的是管理者应该控制关键性活动或危机应对中的关键环节，这些环节一旦出现偏差，势必影响整个危机管理活动，因此应该作为领导关注的重点。

2. 危机预控的基本方法

危机预控的方法有组织目标法、系统模型法、利益协作法等。组织目标法指的是危机管理者在建立预控体系时，就要以维护组织最终要实现的目标和结果为准则，避免只从短期利益角度来考虑危机预控措施。系统模型法指的是在危机预控中必须从整体的角度、系统地看待危机事件的产生，综合考虑系统中多个相互联系、相互影响的因素，以体系化和模型化的方法来实现危机预控。利益协作法指的是，危机的产生不仅会给组织自身带来损害，往往还会损害到组织相关者的利益，因此在危机预控中，管理者要与利益相关者取得协商和沟通，并争取获得他们的支持，从而使得组织得以生存下去。

二　应急管理

危机应急管理是指危机管理者通过监督、监察有关活动，保证危机应对活动按照危机应对计划进行，并不断纠正各种偏差的过程。应急管理的目的是控制危机给组织带来的破坏，并且在利用组织现有资源的情况下最终解决危机。

（一）应急管理的原则

在应急管理中，管理者必须遵循以下原则：

1. 主动性原则

主动性原则包括两个方面，一方面是指危机管理者主动提供危机事件的相关信息。如果对于信息采取逃避、隐匿的做法，媒体和公众会转向其他信息源获取信息，这些信息可靠性和真实性难以保证，容易造成流言扩散，加剧事态的严重程度。另一方面是指主动承担责任。不论危机性质如何，也不论危机责任究竟属于何方，危机管理者都应该展现愿意承担责任的态度，争取有利的舆论氛围。

2. 快速性原则

由于危机具有突发性特点，在曝光初期公众的关注度较高，危机管理者应该在危机发生的第一时间迅速做出反应、研究对策，并向利益相关者和公众发布信息，避免外界各种不利猜测以及公众对组织的能力和诚意产生怀疑导致组织形象和声誉受损，很难弥补。

3. 真诚性原则

真诚性原则指的是应急管理人员在同公众接触中，态度要真诚、诚恳，一方面对利益受损个人或组织表达同情和关注，并勇于承担相应责任；另一方面，根据公众心理活动特点，采取恰当的情谊联络策略，解决深层次的心理、情感关系问题，体现解决问题的诚意。

4. 真实性原则

危机初发时，社会上的舆论往往是一边倒的，很多组织并非毁于危机本身，而是栽倒在公众的谩骂声中。此时，唯有坚持真实性原则，说明事实真相才能加强沟通与理解，消除疑虑与不安。

5. 公众利益至上原则

在危机中，利益是公众关注的焦点所在，因此危机管理者应该视公众的利益高于一切，在危机中切实保护公众的利益，把危机对公众的损失降到最低，这是危机处理的最根本要义，也是危机之后组织能否生存下去的关键因素。

（二）应急管理程序

一般情况下，组织的应急管理可以通过以下程序来实施：

1. 建立应急管理机构

如果组织没有建立专门的日常危机管理机构，在危机发生后，应立即根据危机类型，迅速组成危机处理小组，危机小组成员应该包含高层管理者、相关的职能部门以及外部专家等。应急管理机构组建后，首先需要明确负责人，即首席危机执行官以及危机处理期间的发言人，组建工作一经落实，应迅速对利益相关者及公众表明组织危机处理的积极态度。

2. 危机调查与评估

在危机发生之后，应及时组织人员奔赴现场进行危机调查，了解危机的各方面信息，包括调查危机的起源和经过、危机导致的损失情况、分析危机形成的原因等。对于危机调查所取得的结果，需要由危机应急管理机构和有关专家对事态的严重性、紧迫性和发展趋势等事项做大概的预测和估计，并在完成评估的基础上，出台危机调查报告。

3. 危机处理

突发事件与意外结果出现，往往是危机处理中常见问题。一旦出现并完成调查评估后，应该当机立断，有效控制事态的不良发展。然后做好协调沟通。危机处理过程中，参与应急处理的部门和人员往往比较复杂，相互之间的协调沟通是否顺畅对于危机处理过程和结果都产生重要影响。因此，在危机处理过程中，应该重视协调沟通，可以采取临时授权的方式，危机一旦被确认，事件的危机处理权限由应急管理机构的最高负责人进行指派。

4. 做好善后工作

危机处理之后，组织应对危机处理的过程进行评估，总结经验，发现问题，为今后的改革指明方向。同时，为了使组织尽快从危机阴影中摆脱出来，实现组织的可持续发展，还应该尽快采取措施恢复组织形象，对危机中暴露出来的管理问题进行调整和改革，实现组织的可持续发展。

三 恢复管理与危机管理评估

危机恢复管理是指组织在危机状态得到控制后，通过一系列的管理措施来完善组织内部管理、恢复与利益相关者之间的关系并重塑组织形象的过程。

危机管理评估是指当对危机的处理暂时完成后，还需要进一步消除危机对组织的负面影响，并且认真总结在危机发生期间的处理方式、方法的合理性和有效性，为今后的危机管理提供经验和方法上的借鉴。

（一）危机恢复管理

1.危机恢复管理中的沟通

组织在危机结束后，尽快理顺沟通关系对于恢复管理具有十分重要的作用。一方面要尽快重塑沟通渠道，对于原有的沟通渠道比如电话、信函沟通等要恢复其功能，对于大众媒介、核心利益相关者等重点沟通渠道展开"灾后"公关，恢复合作关系，对于应急管理中的沟通渠道要妥善处理，根据实际情况，或保留或兼并、撤销。同时，要注意沟通环境的恢复，以保障沟通渠道能够正常运转。

2.危机恢复管理的流程

科学、合理的恢复程序的设计能够有计划、有步骤地推进危机恢复管理。一般而言，危机恢复的程序主要包括：建立危机恢复机构、获取信息、进行合理预算、制定恢复管理计划、实施恢复管理计划等。

危机恢复机构主要是负责恢复管理的决策、监控和协调，负责对受损区域及受损资产和设备做初步评价，同时负责与一些外部反应机构合作。危机恢复机构要进行危机恢复决策，必须获得有关危机的信息，了解危机的破坏性质和严重程度，因此需要通过各种渠道搜集信息，对危机损失进行分门别类的归纳和整理，形成对危机损失的全面认识。在全面认识危机损失的基础上，恢复管理通常需要获得金融部门的支持，因此需要进行合理预算。合理预算必须强调组织的承受力和危机对组织破坏程度之间的协调，既要确保恢复的效果，也不能为组织今后的发展留下隐患。在实施危机管理效果评估的基础上，组织应着手研究和制定危机恢复计划。危机恢复计划的常规项目包括：封面、联系方式、危机恢复目标、计划书阅读者和政策部分。危机恢复计划书的具体内容主要包括：危机恢复对象、每种危机恢复对象分配的资源、每种危机恢复对象的人员配置、补偿和激励、危机恢复个人与团队之间的协调和沟通政策等。在危机恢复计划的指导下，组织开始全面的危机恢复行动。在执行中，要充分考虑各项因素，如利益相关者、媒体、政府等对计划的反应，在适当的时候对计划进行调整，同时，在执行中，要做到修补和建设两手抓，一方面弥合危机带来的损害和伤痕，另一方面，对于组织的管理漏洞、形象系统等进行优化和改善。

3. 危机恢复管理的中心任务

危机恢复管理的中心任务可以分为两类：一类是补救型任务，主要以"解决危险"为中心诉求，包括补偿危机中受损害的利益相关者和公众、大众心理修复、组织形象重建等；另一类称之为"改善型任务"，主要以"化危机为机遇"为中心诉求，包括提升组织形象、改造和总结问题所在并吸取经验教训等。

补偿危机中受损害的利益相关者和公众可以分为两个层面：第一个层面是就由于危机本身造成的损害进行补偿，第二个层面是就危机管理过程中所采取的行动对一些相关者或者公众造成的损害进行补偿。第一个层面的补偿是大多数危机中管理者都非常重视的，而第二个层面的补偿大都是在公共危机发生时，行政主体为了维护国家、社会的公共利益，有时不得不损害特定行政管理相对人的利益，这部分补偿很容易被忽略。补偿的方式有有形补偿和无形补偿两种。有形补偿指的是针对利益相关者的生命、健康和财产损失进行物质和资金方面的赔偿或者救助，无形补偿主要是精神抚慰。危机不仅造成物质损害，心理层面往往影响更为深远。要修复大众心理首先要通过适当的渠道监测社会心理反应，掌握民众心理的行为趋势，同时要善于利用大众媒体，通过大众传播合理引导舆论来修复大众心理。如果在危机中组织形象受损，那么其恢复和重建也成为危机恢复管理的重要任务。著名的形象修复理论专家班尼特认为，形象修复策略存在两个重要前提：第一，组织被认为对危机事件的发生承担责任；第二，社会大众对组织责任的看法比危机事件的真相本身更重要。这两个前提条件都强调要注重公众对组织责任的看法。从这两个前提出发，班尼特提出了由否认、逃避、减少敌意、补偿、战略自责五项策略构成的危机传播管理模式，在政府型组织的形象恢复以及企业型组织的形象恢复中得到了广泛的应用。

改善型任务主要包括提升组织形象、改造和总结问题所在并吸取经验教训等。提升是在危机恢复管理中，组织要想使危机后的形象得到提升，必须突出新的形象建设策略，让公众感受到组织改革和致力于推进新形象的努力和决心，比如推出适应市场的新的产品和服务、引进社会形象良好的新的高层管理人员、参与并宣传组织在社会公益活动中的努力等。除了努力提升组织形象外，在危机后及时总结经验教训对于组织而言，是组织"化危机为机遇"的重要基础。经验教训的总结主要包括：对危机产生的原因进行系统调查，强化危机防范体系；对预警系统进行检查并评价，强化其危机预警功能；对危机公关和危机处理工作中的问题进行总结，经验进行积累；对危机过程中暴露的管理机制、规章制度等内部管理问题进行改革、修补和完善。

（二）危机管理评估

1. 危机管理评估的目的

危机管理评估的目的主要是在收集材料的基础上对危机所产生的各种影响进行客观的评估，并在此基础上提高组织应对危机的能力。具体可以分为以下四个方面：第一，确认危机调查结果是否准确，目的是明确危机实际造成的损失程度；第二，基于相关信息，判断危机是否得到有效控制以及危机的发展趋势；第三，确认危机的负面影响对组织的影响程度，判断其持续性如何；第四，判断利益相关者在危机后对组织的态度及其与组织关系发展的未来变数。

2. 危机管理评估的内容

危机管理评估的内容主要包括：对危机预警管理的评估、对危机管理预案的评估、对应急管理的评估、对危机传播管理的评估、对危机管理绩效的评估等。对危机预警管理的评估主要是评估预警系统是否对危机发出了及时的警报，如果没有，原因是什么，该如何改进；组织是否对于预警提高了警惕并采取了相应的措施，如果没有，原因是什么，该如何改进。对危机管理预案的评估主要是评估预案是否合理；是否为危机管理工作提供了有用的指导，起到的作用有多大；如何提高制定危机管理预案的水平，让其对危机管理起到更大的作用。对应急管理的评估主要是评估应急管理中危机发生前和发生后的相关工作被执行的情况；危机管理中对各类公众的应对是否具有针对性，管理中的沟通协调情况是否足够有效；在应急管理中对于利益相关者以及公众、新闻媒体、政府等相关人员及机构的应对措施是否有效，存在的问题如何改进等。对危机传播管理的评估主要是评估危机传播管理是否遵循了预定原则；危机传播工作的方式和技巧是否得当，有什么需要改进的地方；危机传播的效果如何，公众的反应如何，是否符合预期等。对危机管理绩效的评估主要是评估危机管理对恢复组织声誉所起的作用；评估危机管理的各项措施多大程度上减少了组织的经济损失；评估危机管理中的预算以及各项支出是否合理，有哪些需要改进的方面等。

第三节　危机管理与领导中的关键点

在危机管理与领导过程中，存在一些关键性的因素。本节阐述的关键点包括媒体交流与管理、危机中的利益相关者分析、信息管理、沟通管理、组织与用人等。

一　危机管理中的媒体交流与管理

现代社会，社会信息传播系统高度发达，人们往往依赖大众媒介传达的信息来认识环境，并在此基础上采取环境适应行动，因此在危机中，正确运用媒体管理策略至关重要。

（一）及时准确地向媒体发布信息

及时准确地向媒体发布信息，让组织自身成为媒介的信息源，能有效避免媒体主观故意或客观失误造成的报道偏差，有效引导社会舆论，并通过大众所需信息的传播，排除大众由于信息不对称而产生的各种如恐惧、惊慌等心理，对于有效控制危机传播和组织形象的维护都具有重要意义。

在向媒体发布信息时，一方面要主动、客观、及时、全面，另一方面，要充分考虑信息会给公众带来什么样的心理反应，弄清楚公众关心的到底是什么，在此基础上，注意在信息发布的时间上、信息的表达方式上等充分体现艺术性特征。

（二）与媒体协作，合理引导舆论

危机管理主体在危机的环境下，应尽可能地取得大众媒体的支持与合作，无论组织性质是公共组织还是企业，应避免与媒体发生冲突。有时，媒体在没有得到足够证据的情况下，对组织危机的报道有与事实不符的可能性，这种情况下，组织很容易指控媒体有某种倾向或者公报私仇，但如果措施和言辞不当或者证据不够充分，很容易引起媒体团结一致，捍卫"媒体尊严"，导致组织与媒体站到对立的立场上，使得危机管理遭遇巨大困境。因此，应该尽量避免冲突，让媒体成为危机管理的有效工具而不是加速危机的渠道。

（三）与媒体保持沟通并控制其活动范围

一方面，在危机中要与媒体保持沟通，另一方面又要适当控制其活动范围，这两者之间并不矛盾。首先，在危机中，要采取多种方式如现场访谈、新闻发布会、媒体会议、随机采访等与媒体保持良好的沟通，让公众对于危机形成正确的认识，避免各种无端猜测和造谣等加剧危机的程度。同时，与媒体的沟通也要讲究策略性，客观、真实的沟通并不意味着任何时间、地点和任务都适合跟媒体沟通。如果组织自身还没有得到什么有价值的信息，或者还没有想好组织的应对策略，贸然与媒体沟通会导致回答问题不畅，反而招致更多不满。同样，如果在不合适的地点比如与利益受损者协商现场，如果媒体贸然加入，可能会使得沟通过程受到阻碍，影响危机管理进程。因此在危机中，与媒体沟通的人员需要精挑细选，需要有专业的人与媒体沟通对接，否则胡乱沟通一方面效率低下，另一方面如果相关人员对情况并不熟悉可能导致众口不一，引人非议。

二　危机管理中的利益相关者分析

利益相关者是与组织有特定利益关系的个人或群体。组织的利益相关者是极其广泛的，他们分散在不同的领域，有着不同的规模与结构。

（一）利益相关者的特点

尽管利益相关者分布广泛，所在领域、规模、结构、规则都各不相同，但在危机时的利益相关者有其共同特点，主要包括以下三个方面：一，权益的合理性。虽然不同类别的利益相关者的需求各有差别，立场也各异，但都有维护自身权益的合法性和合理性，组织有维护和保障他们相关权益的义务。承认权益的合理性也是进行利益相关者分析的前提，否则利益相关者的分析对于危机管理而言就毫无意义。二，利益的相关性。利益相关性是指利益相关者与组织之间有着利益方面的关联，这种关联因利益相关者的种类不同而不同，或紧密或松散，或明或暗。利益相关性也是进行利益相关分析的前提和基础，否则危机管理中的利益相关者分析就不存在。三，影响的不确定性。在危机发生时，利益相关者对组织的影响具有不确定性，一方面影响的方向有不确定性，可能是正向影响也可能是负面影响，同时影响的范围和程度也有不确定性。利益相关者对组织的影响与组织危机管理的原则、水平和策略等都有紧密联系，所谓"水能载舟亦能覆舟"，得当有力的危机管理能够将利益相关者对组织的影响向着有利于组织的方向倾斜，反之，则可能加深组织的危机，严重影响组织的生存和发展。

（二）利益相关者的互动机制

利益相关者对组织的作用一般经历知晓事件、理解事件、表明态度和展开行动四个过程。知晓事件意味着通过各种可能的途径知道了事件的存在，但其所知道的事件并不一定是事实，也可能只是不断传播中的一些捕风追影的信息。尽管知晓的可能不是事实，但却依然使得利益相关者开始关注事件的发展，并采取部分行动来维护自己的利益。在知晓信息之后，利益相关者通过各种途径对接收到的信息进行主动的整合、分析、归纳，达到"理解"的状态，然后在此基础上进行决策。但这里的"理解"是站在利益相关者的角度来看的，是利益相关者自身所认为的理解状态，并不意味着真的了解事件的事实真相。表明态度指的是利益相关者在自认为已经理解了事件的来龙去脉之后，所形成的自己的判断。这种判断可能是理性的，也可能是非理性的，比如害怕和恐慌等。表明态度之后往往会采取相应的行动，而行动是利益相关者作用于组织的最直接的方式。基于不同的态度，相应的行动可能对组织的影响是正面的，也有可能是负面的。

（三）商业组织的危机利益相关者

从不同的角度对危机利益相关者可以进行不同的划分。仅仅就组织类型不同来划分的话，广泛意义上的商业组织的利益相关者主要包括：内部成员；顾客、客户、消费者；投资者；供应商、零售商、渠道商等合作伙伴；广告公司、公关公司、会计师事务所等咨询服务机构；债权人、债务人；政府机构；竞争对手；媒体；社会公众等。广泛意义上的利益相关者种类过于繁多，现实中尤其是在危机的情境下不可能也没必要面面俱到，而是应该专注于核心的利益相关群体，抓住主要矛盾。对于商业组织而言，政府主管部门、媒体、消费者及其代表是核心的利益相关者。因此在危机中处理好与政府主管部门、消费者以及媒体的关系，是商业组织危机管理的重点所在。

（四）社会公共组织的危机利益相关者

政府等社会公共组织的利益相关者主要包括内部成员；上级主管部门；隶属部门或群体；立法、司法等权利制约机构；社会团体和民间组织；媒体；社会公众等。通常情况下，对于政府等社会公共组织的危机来说，社会公众是危机直接威胁的对象，是社会公共组织的核心利益相关者。但社会公众在危机中的角色不止是受害者，还是危机预警信息的发出者，是危机处理过程和恢复过程的参与者，因此增强社会公众参与的公民意识、发挥其舆论监督作用、加强公众与社会组织间的理解与合作，对于社会公共组织的危机管理具有重要意义。

三 危机管理中的信息管理

危机信息纷繁复杂，在不同的危机管理阶段，信息管理活动的主要内容也有所区别。

（一）危机事前控制阶段的信息管理

危机事前控制阶段的信息工作比较基础，但对危机管理意义重大。危机事前控制的信息管理工作主要包括明确信息需求、关注和分析组织内外部环境、划分危机类型并设定等级标准、采集危机信息等。此阶段的信息管理策略首先是建立标准信息体系，明确危机的内涵、分类与分级标准，并制定日常危机管理制度，形成危机管理计划。建立标准信息体系能够为组织的危机管理指明方向，同时对后续的信息管理工作也有重要的指导作用。其次，要紧扣危机识别信息，即重点关注那些有一定发展与积累的征兆性信息，因为这些信息与危机有较强关联，可以帮助对危机的性质、可能的破坏程度等关键问题形成判断。

（二）危机事中处理阶段的信息管理

危机事中处理阶段的信息管理更为灵活与复杂。危机状态下信息资源极度匮乏，而信息传播渠道的多元化和信息传播的多极化往往导致信息的传递和交换无法正常进行。因此在危机应对过程中，做好信息管理工作首先应该聚焦核心信息，一方面搜集核心信息，包括危机破坏程度、影响范围、造成的后果、公众的态度、媒体论调等核心信息；另一方面传播核心信息，也就是针对搜集到的信息确定应该表达什么，保持信息内容和论调的一致性。同时，在危机事中处理阶段要特别注意对于信息的及时处理和反馈。在危机中，抓住危机处理的第一时间对于控制危机具有至关重要的作用，因此对搜集到的有用信息必须第一时间传递给危机决策者，决策者必须在收到信息后及时处理，迅速反馈。另外，如果能够整合各类信息流，形成传播合力，往往能够达到一加一大于二的效果。具体而言，一方面，通过整合各种信息流，最大限度地扩大受众群，使尽可能多的利益相关者及时了解组织的态度和行动，另一方面，利用各种信息流对受众进行重复传播，往往令人印象深刻。

（三）危机事后恢复阶段的信息管理

危机事后恢复阶段的信息管理侧重于对之前获得信息的梳理与总结，对利益相关者进行补偿，恢复组织形象等。首先，经历过危机之后，组织资源短缺，因此需要明确恢复管理中的资源需求和资源供给信息，为危机恢复计划的制定提供物质基础。其次，对整个危机管理过程中的信息进行汇总，总结经验和教训，对危机管理中起到积极作用的人员进行奖励并对出现严重工作失误的人员实施惩罚。

四　危机管理中的沟通管理

危机中的沟通，从危机生命周期的角度可以划分为危机潜伏期的沟通管理、危机突发期的沟通管理、危机恢复期的沟通管理。

（一）危机潜伏期的沟通管理

对于任何组织而言，危机几乎是不可避免的，因此对于卓越的组织而言，不是期望危机不发生，而是通过建立出色的危机公关处理体系，在危机发生时能够控制危机扩散，降低危机对组织的负面影响。首先，树立危机意识并设立危机沟通机构，机构成员应保证畅通的联系渠道。其次，进行内部媒体公关培训，例如通过理论学习、模拟演习等方式，使得在危机发生时，组织能够冷静自如地面对媒体，得体地回答媒体的问题。另外，组织应在平时就建立并维护良好的媒体合作平台。只有建立平时的定期沟通和良好的合作关系，才能在危机状态下从容应对，而不是"病急乱投医"。总之，对于潜伏期的沟通比较偏重内部沟通，内部沟通的通畅是危机管理的良好基础。

（二）危机突发期的沟通管理

危机突发期的沟通管理比较偏重于外部沟通，主要围绕媒体和公众展开。可以从战略和战术两个角度进行分析。首先是从战略角度，要高度重视危机公关的处理，并采取积极主动的态度进行沟通和情感联络。组织出现危机后，高层领导作为组织对外沟通的重要信息源，必须在第一时间以坦诚的态度出现在媒体和公众面前；并且无论危机的起因何在，都应该以积极的态度主动进行处理，不能推卸责任，消极等待；同时要考虑到公众的心理反应，采用多种方式与公众进行情感联络，消除隔阂，增强信任，这些对于危机的尽早平息都有着至关重要的作用。其次从战术上，与媒体诚恳合作，统一危机事件处理的发布渠道，同时可以邀请权威来协助沟通。处理危机的权威主要有权威机构如政府部门、专业机构，以及权威人士、公关专家、行业专家等。

（三）危机恢复期的沟通管理

危机恢复期的沟通主要围绕危机中受到损害的利益相关者以及内部成员展开。首先是与受到损害的利益相关者进行沟通。他们在危机过程中，物质上和精神上都受到了损害，组织要对其进行补偿，既包括有形补偿也包括无形补偿。因此组织需要通过恰当的渠道与受到损害的利益相关者进行沟通，并在适当的时候将沟通情况向公众说明，一方面体现组织承担责任的决心，同时也体现了公开原则，避免一些妄自猜测对组织造成的负面影响。其次是与内部成员进行沟通。与内部成员的沟通主要是总结和评估，通过总结和评估，对内部成员进行教育和警示，加强危机预防观念。

五　危机管理中的组织领导战略

危机管理的重要职能之一就是组织和领导职能，打造一个强有力的组织领导体系对危机处理有重要意义。

（一）建立危机管理组织结构框架

危机具有突发性，在危机发生后才进行危机管理团队建设太过匆忙和混乱，容易贻误时机，导致危机程度加重，后果堪忧。因此，通常需要在危机发生前就尝试建立危机管理组织结构框架。根据实际需要，可以组建几个相互关联而又独立运行的子团队，主要包括问题管理小组、危机管理指导小组、危机应对处理小组和危机公关传播小组。问题管理小组的主要职责是处理组织系统障碍问题。对可能转化为危机的组织系统障碍问题，通过尽早防范和及早应对，使其对组织的影响降到最低；对不太会转化为危机的前兆问题，要通过经验的积累确保不会由同一个问题演变而成的危机产生。危机管理指导小组主要负责从战略层面对危机管理动向进行把握，主要包括政策制定、预算审核、高层沟通等，但最重要的一点是保证高层领导了解危机管理的总体进展，并尽快在公关人员的陪同下赶赴危机现场，启动媒体沟通程序。危机应对处理小组是危机管理指导小组所定战略的执行机构，处于危机处理的前线，危机管理指导小组和应对处理小组互不干涉，但指导小组应该及时提供决策以便小组实施执行。危机公关传播小组负责在危机潜伏阶段、危机爆发阶段和危机恢复阶段的传播沟通。在不同的发展阶段，危机公关传播需要掌握的战略要点和策略要素各有不同。

（二）危机管理组织领导系统的人员构成

核心领导者的加入有助于危机处理效率的提升以及危机决策的坚决、彻底执行，因此核心领导者是组织领导系统中的必要人员构成。危机所涉领域或地域的相关人员主要考虑的是危机涉及的领域核心领导者的加入有助于危机处理效率的提升以及危机决策的坚决、彻底执行，因此核心领导者是组织领导系统中的必要人员构成。危机所涉领域或地域的相关人员主要考虑的是危机涉及的领域不同，危机管理小组的构成也应该因时因地制宜，有所区别。就危机所涉及领域而言，将所涉领域相关人员加入到组织领导系统中，一方面容易就危机原因进行深入分析和检讨，同时也为危机管理提供专业知识人员。就危机所涉地域而言，危机爆发地的有关管理和服务人员也应该被吸纳进去，以便更迅速、妥善地处理危机。专业人员主要包括公关人员以及律师等。公关人员在与公众和媒体打交道方面经验丰富，有利于沟通，避免一些低级错误对危机管理造成雪上加霜的恶果；律师提供专业法律支持，使得组织在危机中的行为符合法律规范，一方面避免发生不合法的情况，同时也容易取得利益相关人的信任，利于相关利益的沟通协调。财务人员的加入主要是负责各项财务支出的调拨和财务账目的管理，规范危机管理中的资金管理，使得资金来源和去向更加明晰透明。新闻发言人是危机管理中组织形象的代表，是唯一官方权威信息传播途径，新闻发言人是现代危机管理组织系统中不可或缺的人员构成。

（三）危机管理中的领导角色 [①]

危机管理过程异常复杂，因此对危机管理中的领导角色提出了很高的要求。第一，危机中任何一个卓越的领导，必须具备并且坚持一种核心价值观，并且这种核心价值观还需顺应当代社会思潮的主流价值观；第二，危机中的领导角色，必须有一项保持其领导力生存条件的关键资产；第三，危机中的领导角色，必须对危机有正确、全面的认识，并且其认识要与组织所处时代环境和竞争环境的变化而变化；第四，危机中的领导角色，必须具有系统解决问题的能力以及团队整合能力；第五，危机管理中的领导角色，必须具备良好的沟通能力，其沟通能力要具有领导性的卓越特征。

本章小结

本章主要介绍了危机管理与领导的概念、特点与职能；在概述的基础上详细介绍了危机管理与领导的程序，包括危机预警与危机预控、应急管理、恢复与评估三个阶段；最后将危机管理与领导关键点进行了详细阐述。

首先，本章认为危机管理指的是针对突发性的、对组织正常运作造成重大危害的事件所进行的一系列管理活动的总称，包括危机前、危机中和危机后的管理，其目的在于通过危机管理将组织的损失或者伤害降到最低。

---

① 余明、张慧斌等：《危机管理战略》，清华大学出版社、北京交通大学出版社2009年版，第183～185页。

危机管理具有可预防性、系统性、灵活性和开放性特征。危机管理与领导的职能主要包括检测与预防职能、决策与评估职能、组织与领导职能、危机控制职能、危机创新职能等。

其次，本章将危机管理的程序分为危机预警与危机预控、应急管理、恢复与评估三个阶段。其中危机预警与危机预控是指在危机发生前，通过事前的检测，对危机产生的前兆进行有效识别，并根据危机检测和预警情况，对可能发生的危机进行预先的控制和防范，在危机预警与预控阶段做好危机管理工作，大部分危机都能被消灭在萌芽状态。危机应急管理是指在危机发生过程中，危机管理者通过监督、监察有关活动，保证危机应对活动按照危机应对计划进行，并不断纠正各种偏差的过程。危机恢复与评估是指组织在危机状态得到控制后，通过一系列的管理措施来完善组织内部管理、恢复与利益相关者之间的关系并重塑组织形象，认真总结在危机发生期间的处理方式、方法的合理性和有效性，为今后的危机管理提供经验和方法上的借鉴。

最后，本章认为危机管理与领导中的关键因素主要包括媒体交流与管理、危机中的利益相关者分析、信息管理、沟通管理、组织与用人等。其中，媒体交流与管理包括及时准确地向媒体发布信息、与媒体协作合理引导舆论、与媒体保持沟通并控制其活动范围等要点；利益相关者分析主要包括利益相关者的特点分析、利益相关者的互动机制分析以及商业组织和社会公共组织的危机利益相关者分析；危机管理与领导中的信息管理与沟通管理主要包括危机事前、危机事中以及危机事后的信息管理和沟通管理；组织和用人方面，就如何建立危机管理组织结构框架、危机管理组织领导系统的人员构成以及危机管理中的领导角色应该具备的特征等都做了详细介绍。

案例与讨论
海底捞食品安全卫生事件

海底捞是一家在各地拥有百余家直营餐厅的大型跨省餐饮品牌火锅店，生意一直火爆。但是，2017 年 8 月 25 日，一则关于海底捞两家门店后厨脏乱情况的报道闹得沸沸扬扬，报道中涉及的两家门店分别为：海底捞劲松店和太阳宫店。

据法制晚报报道，在北京海底捞劲松店，后厨的配料房、上菜房、水果房、洗碗间、洗杯间等各处均发现了老鼠的踪迹。有的老鼠会爬进装着食物的柜子里。在海底捞劲松店暗访近两个月的时间里，海底捞劲松店请除鼠公司清理过一次老鼠，但没过几天，又有老鼠出现。另外，当洗碗间工作并不是特别繁忙的时候，工作人员会一边打扫卫生，一边洗碗。用来清扫地面、墙壁和下水道的扫帚和簸箕，还会用作清理洗碗机和储物柜。清扫工作完成后，员工簸箕和抹布会被放入洗碗池内清洗，扫帚会被放在洗碗机传送带上面沥水。海底捞劲松店的洗碗机清洗餐盘采用高温消毒，洗碗机虽然每天都会打开清洗，但是只是清洗表层，内部的油污并没有祛除。记者于2017年6月18日早7点打开了洗碗机的机箱盖，可以看到传送带一侧沾满了油渍，并散发出阵阵腐烂的恶臭。洗碗机内壁上沾满了油渍和腐烂的食物残渣，洗碗机内的蓄水池满是黄色的污水。记者把洗碗机蓄水池里的水排净后发现，蓄水池内壁上沾满了油脂，用手可以刮下厚厚的一层。蓄水池内还可以清晰地看到一些掉落的碗盘，上面早已沾满了油脂。

在被媒体爆出北京旗下两家门店严重的食品卫生安全问题后，各大媒体、微信朋友圈关于海底捞食品卫生安全问题的新闻铺天盖地，扩散极快，公众发表了各种看法和猜测，"那些摆在机场的《海底捞你学不会》还能卖出去吗？"在微信朋友圈中，开始出现了不少这样的讽刺之声。海底捞以往积累的良好形象此刻面临着崩塌的风险。

但是3个小时后，海底捞的第一份回应声明发出，亮点在于迅速承认披露的问题属实，并愿意承担相应的经济责任和法律责任。没有将锅甩给其他主体，也没有"临时工"的出现，当企业坦诚地直面问题时，人们继续批判的行为就失去了着力点。

随后的两个小时，它发布了一份明显更深思熟虑的处理通报，让失去着力点的批判转化成更为正面的情绪。这份处理通报发布了更具体的七条措施，包括暂时关停两家涉事的门店、主动向政府主管部门汇报事件进展、欢迎消费者前往门店检查监督、迅速与第三方虫害治理公司研究整改措施等。

相比第一份偏模版式的声明，第二份处理通报积攒了更多的细节亮点。

譬如每一条措施后，都增加了具体负责人甚至联系电话，这让人们看到了企业真正整改的决心。在遣词造句上，它显然也费了不小的功夫。例如第四条中"第三方虫害治理公司"的定语是"我们合作的"，其透露出的信息是，在危机发生前，海底捞就已经聘请了专业的公司尽力治理虫害问题。对于消费者来说，这又能够增加他们对企业的信心。最刷好评的文字出现在第六条，海底捞指出"涉事停业的两家门店的干部和职工无需恐慌……只需按照制度要求进行整改并承担相应的责任，该类事件的发生，更多的是公司深层次的管理问题，主要责任由公司董事会承担。"

首先安抚员工，随后检讨更深层次的管理问题。但在这一过程中，也并非完全为涉事员工开脱，这些员工也需要按照制度要求承担相应责任。不一味护犊子，但也不往犊子身上甩锅，而是扛下绝大部分，在过往中国企业的危机公关过程中，这样的态度相当罕见。

其实仔细思考，第六条措施并不需要和大众沟通，它更像是企业内部通报的范畴，毕竟喊话的对象是自己的雇员。但当这条被有意地放在大众面前时，一个负责任的雇主形象也有利于稳固它过往在人们心中建立起的良好形象。

应该说，海底捞这样的食品卫生事件在我们的生活中并不鲜见，但海底捞这样真挚诚恳的表达和词义准确的陈述，用以回复社会各界实在不多见。任何一件公共危机事件发生后，最主要的工作其实就是两个方面：一个方面的工作是如何采取措施解决问题；另一个方面的工作是如何应对社会舆论，化解舆论危机。就当下这两个方面的情况而言，我们很多单位和部门长于做第一个方面的工作，即采取各种措施应对，不常于或者说根本不重视做第二个方面的工作，即舆论的引导。尽管我们现在各种公关危机培训不少，所谓舆情分析也如火如荼，但真正应对公关危机的好例子极少，绝大部分部门和企业事发后，忙于处理而疏于舆论。这次海底捞的公关危机应对，从多方面为我们提供了一个很好的案例。

简单说，海底捞此次的公共危机应对有以下几个特点：

一是态度真诚。美国学者杰克逊在《声誉资本》一书中把真诚作为声誉资本当中最重要的一项，很多企业恰恰不珍惜自己这样的无形资产。从海底捞的态度中，我们可以感受到他们在危机事件应对中的态度之真诚和用词之恳切，以及改正心之迫切。

二是表达专业。危机公关是一门学问，不是一般的文秘和宣传干部就能胜任的。据说，海底捞公司咨询了专门的人士，从公司提供的几个文本可以看出，其选词用语之简练、准确和专业。

三是实效性强。在被媒体曝光后后，海底捞于3个小时后发出第一份声明，以道歉为主，迅速承认披露的问题属实，并愿意承担相应的经济责任和法律责任。没有拿"临时工"来找借口，而是大方承认。第二个是傍晚向各门店发出的通告，其中明确讲，"涉事停业的门店干部和员工无需恐慌，该类事件的发生，更多的是公司深层次的管理问题，主要责任由公司董事会承担。"在被约谈后也主动公开发出声明，有效引导了社会舆论。

四是措施得力。从公司的几份声明看，危机公关并不只是表达态度，改进措施也很重要。从海底捞公司的措施可以看出，整改分别落实到董事会层、店面层，以及具体的人员身上。可谓将措施落实到人，体现了其细节化管理的工作理念。

当然，如果海底捞公司能够用新闻发布会的方式，公司领导层集体出面，以鞠躬道歉方式面对公众，效果可能会更好。但无论怎么说，在当下普遍公共危机应对不强，也不知怎样应对的情况下，海底捞公司的做法值得充分肯定并应大力提倡。

资料来源：《海底捞认错：这锅我背，这错我改，员工我养！这危机公关100分》，公关世界，2017年第17期，62-65页；《从"老鼠事件"危机中逆袭，海底捞是怎么做到的？》，零售老板内参APP·2017-08-26·今日零售；王旭明：《海底捞的危机公关应当肯定》，搜狐．2017-08-29.

讨论

1. 结合本章内容，试述一个科学的领导干部应该具备哪些危机处理能力？

2. 该案例中危机处理过程中有哪些值得借鉴的地方？其中还有哪些方面可以进一步改进？

参考文献

王金桃等：《系统视角下的危机管理》，清华大学出版社2016年版。

劳伦斯·巴顿著，符彩霞译：《组织危机管理（Crises in organization）》，清华大学出版社2002年版。

鲍勇剑、陈百助：《危机管理——当最坏的情况发生时》，复旦大学出版社2003 年版。

薛澜、张强、钟开斌：《危机管理——转型期中国面临的挑战》，清华大学出版社 2003 年版。

刘燕、赵景华：《中国政府战略性危机管理群体决策的影响机制研究——基于利益相关者模型》，《中国行政管理》2016 年（2）：131-135。

蒋宗彩：《国内外公共危机管理研究现状及述评》，《电子科技大学学报》（社科版）2016 年第 2 期。

马小娟、王婷：《新媒体在公共危机管理中的作用与限度》，《中国出版》2014 年第 18 期。

杨莉、陈维军：《我国企业危机管理及预警现状调查研究》，《科技管理研究》2014 年（13）：188-192。

CHAPTER

第十章
领导效能与评估

本章学习目标与重点建议

1. 理解领导效能的概念、内涵、具体表现和特征

2. 理解领导效能评估概念及其内涵，掌握领导效能评估的一般过程
及其控制环节，理解领导效能评估的基本原则

3. 理解领导效能的主要影响因素，掌握领导效能提升的途径和方法

领导效能是领导学研究与领导实践的重要内容之一。领导实践始于目标预期，成于过程控制，终于与目标达成相关的产出与结果，而这样一个过程实则反映了领导者是否实现了有效领导，领导者的领导效能。领导有效与否决定着群体与组织的存续与成功，决定着任何人类集体的成功、幸福和维系。因此，无论是实际的领导者还是潜在的领导者，都需要对"什么是领导效能？影响领导效能的因素及其作用机制如何？如何评估和提升领导效能？"三个问题有正确的认识和理解。

第一节　领导效能概述

一　领导效能的定义及其内涵

　　自人类社会（也即群体性聚居与生产方式）产生以来，就有了人类领导实践与现象，因此领导实践与群体现象密不可分。人类群体性，特别是群体性生产方式的产生，是为了实现单个个体无法实现的群体功能和目标。而在人类群体（即团队、集体、部门和组织等）在实现单独个体无法实现的目标的过程中，表现为通过群体成员间的任务分工，各司其责，互相依赖，由此实现群体性生产过程和产出。因此，一般来说，领导效能（Leadership Effectiveness，也称为领导有效性），即特定群体及其成员（包含领导者）执行基本任务分工所取得成功的程度[①]，具体体现为领导者实施领导职能时

---

　　① 非德勒、加西亚：《领导效能新论》，三联书店1989年版，第11页。

的行为过程及相应的结果，其中行为过程主要对应于群体及其成员的行为表现和效率，结果主要对应于领导行为的效果和效益。基于这个定义，可以把领导效能具体归纳为如下三个方面[1]：

1. 目标达成。在组织层面上，任何组织最终要达成的目标可以分为满足服务对象特定需要的产出（产品或服务）和组织的存续。前者表现为通过特定内部生产过程的维持进而得到特定的产出，实现组织既定功能和生产或提供特定的产品与服务；后者则表现为因外界环境因素的变化，组织进行外部适应而实现调整和变革的过程。因此，带领和激励群体或组织成员实现组织各种目标，就必然是领导效能的应有之义。

2. 维持内部过程的流畅。如前所述，任何群体，特别是正式团体或组织，其产生的原因在于通过群体性生产方式，能够履行个人无法履行的特定职能或任务，并达成个人无法达成的特定目标，而这些目标都必须通过群体协同行动才能实现。因此，维持组织结构和内部流程的有序稳定、组织成员或单元间的协同行动，如群体凝聚力、生产过程高效运行，就成为了群体或组织共同目标实现的前提条件，是领导有效性的核心所在。

3. 外部适应性与组织革新。任何组织或机构在维持内部稳定运行的基础上，都需要保持对外部环境的敏感性，并做出适宜的调整和变革，以实现长期可持续性发展。外部适应性效能具体表现为组织或机构建立时的经营理念与哲学、使命与愿景、发展方向与战略目标、创新性的文化与精神等等。如研究表明的那样，那些卓越的公司保持长盛不衰的原因之一，即建立了完善的组织生态、制度和强有力的组织文化[2]。

综合来看，维持内部过程的顺利运转，保证了群体或组织特定职能和特定时期内产出的实现，而根据外部环境的调整和变革，则是相关组织或机构存续的保证，这些因素都是领导有效性的具体体现。因此，可以说，有效领导是决定任何人类集体的成功、幸福和集体维系最为决定性的因素之一，不论这样的集体是群体、组织或是国家[3]。

---

[1]　Nahavandi A. The art and science of leadership . Prentice Hall, 2006: 5.

[2]　吉姆·柯林斯、杰里·波勒斯：《基业长青》，中信出版社 2009 年版，第 23、131 页。

[3]　非德勒、加西亚：《领导效能新论》，三联书店 1989 年版，中文版序言，第 1 页。

二 领导效能的具体表现

如上所述，根据性质，可以把领导效能分为目标达成、内部过程维持和外部适应性与组织变革三类。此外，在效能的输出上，又可分为群体性效能和个体性效能两个层次，以及领导者自身的直接效能和通过影响其他成员产生的间接效能。根据这三个维度，在现实组织中，领导效能表现为不同的具体内容（见表10—1）。

表 10—1　　　　　　　　　领导效能结果产出的不同维度

类型/层次	领导者			组织成员		
	目标达成	内部过程	适应变革	目标达成	内部过程	适应变革
群体性	愿景与使命确立；组织重大决策、战略决策、调整与规划；组织经营效益等	集体领导体制与机制；接班人计划；组织文化建设；组织整体协同等	组织结构调整；流程再造；质量运动；学习型组织与组织学习等	研发新产品/服务；业务单元销售额；业务单元利润；服务客户数量与满意度等	凝聚力；合作与协同；集体效能感；集体心智模式；集体满意度等	团队学习与知识分享；信息分享；流程再造、优化；业务单元或团队重组等
个体性	对下属教练与辅导、个体领导者全权负责事务的决策、外部沟通客户访问量等	领导能力素质提升；组织沟通与协调；下属激励、协助与任务推进等	信息获取、分享与反馈；变革倡议、计划、组织和实施；产品与流程创新等	工作任务量；业务销售量和销售额；服务客户量；客户满意度等	岗位流程优化与改进；技能提升；组织公民行为；员工满意度；员工忠诚度等	信息获取、分享与反馈；变革倡议、认同和执行；客户导向产品与流程创新等

首先，群体性效能即具有相互联系和依赖的组织成员之间的共同效能，包括集体性领导和组织业务单元（包含团队、部门、分支机构和组织整体）的效能。例如，对于组织中高管层来说，其核心职责是负责组织愿景和重大经营决策制定等，因此其最直接的目标产出即组织愿景和重大战略决策等；而对于组织中的职能性或项目团队，其直接的目标产出则与其职能直接相关，如研发团队所研发的新产品、新技术，销售部门的销售额，公共部门一站式服务及其服务质量和客户数量等。在内部过程上，则包括集体领导体制机制建设、接班人计划和文化建设等，如中国集体领导体制中的集体分工协作机制、集体交接班机制、集体决策、集体学习与调研等机制，

体现了集体领导过程的高效性和优势①；而对于任务团队或部门等组织内部业务单元，过程效能则体现为团队或部门等的士气和凝聚力、合作和协同性、集体忙乱模式和集体满意度等。在外部适应和组织变革上，领导集体的效能则可能包括发起和实现组织结构调整、流程再造和质量运动等组织革新，以及与这些组织革新相应的学习型组织建设和组织学习的发起与执行，以及新的组织形式和管理方式方法的发明等；在任务团队或部门等业务单元中，则表现为团队学习与知识分享，经营和环境信息的分享，为适应组织调整和外部环境变化而发起和实施的团队作业模式或流程等方面的改进创新等。

其次，在领导者和组织成员个体层面上，同样表现出目标达成、内部过程和外部适应性与变革创新三类领导效能。对于个体领导者，其目标达成效能主要是指领导活动的直接产出，如对下属的培养与辅导、由具有完全决策权的领导者做的相关决策、与组织有业务往来外部相关者的沟通协调等，且对一些中基层领导者来说，目标达成也可能表现为销售和客户服务等；而对于一般的组织成员，其个体目标则可能包括与岗位和职责相关的工作任务、销售量和销售额、客户服务量与客户满意度等。在内部过程中，个体领导者的领导效能可能包括领导能力素质提升、组织沟通与协调、对下属的激励与协助等；而一般的个体成员相关的领导过程效能则有岗位流程优化与改进、技能提升、组织公民行为、组织满意度、组织承诺和忠诚度等。在环境适应与组织革新上，个体领导者的直接效能与组织个体成员类似，包括外部环境信息的获取、分享和反馈，为应对变化而发起变革，变革的实施和实现，以及产品与流程创新等。

最后，需要指出的是，由于不同层次和类型领导效能的性质和特征各异，其影响因素和实现方式进而各不相同。比如对于整个组织层面的重大决策和组织整体赢利等目标达成，事实上不可能完全归功于组织的最高领导者（如：CEO或行政首长），必然是整个领导集体或高管层成果。虽然最高领导者很多情况下确实具有决定性的影响，但事实上很多时候是无法清晰界定是否组织最高领导者个体的贡献和效能。因此这里的分类与阐述主要

---

① 胡鞍钢：《中国集体领导体制》，中国人民大学出版社2013年版。

希望有助于领导者对领导效能有更深入科学的认识，以帮助领导者进行效能提升。

三 领导效能的特征

一般来说，领导者处于相对较高的组织职能层级，其核心职能是组织协调和人员激励等，他们并不直接参与产品的生产或为顾客（特别是终端客户）提供服务。因此，领导效能具有全局整体性、过程与间接性、不易衡量性、未来导向性和层级差异性等特征。

1. 全局性与整体性。由于领导者是从组织的战略制高点，制定整个组织或职能单元（如团队、部门等）的战略目标和实施策略，因此领导决策与实施是在整个组织或职能单元中进行，决策正确与否、战略实施坚决与否，决定着整个组织或职能单元的效能与成败。如联想集团20世纪末开始实施国际化战略，但从21世纪初始国际化战略不扩反收，标志着国际化战略的失败，经营亏损，进而导致高管层变动与大规模裁员。可见，由于领导者掌握着组织资源的调配和整体经营策略与行为，决定着整个组织的运转，因此，领导效能表现为全局性和整体性，这也是领导效能最突出的特征。

2. 过程性与间接性。如果说领导是"同别人合作并且通过别人去实现目标"①的过程，换言之，领导者通常并不直接从事组织特定产品或服务的生产与提供过程，更多的是通过组织协调组织内的人员去实现组织目标的过程。正如上文所述，无论是组织内部运营过程的维持，还是外部适应性与组织变革，这些都不是组织最终的产出或成果，而是用于实现组织生产或服务的工具、技术、方法和过程。因此，领导职能的本质决定了领导效能具有过程性和间接性特征。

3. 不易量化和精确测量。由于领导职能对组织运营的整体性和由上至下的跨层级的影响，且主要体现为对组织内部流程的影响，即使是其最终的结果产出，也主要是组织整体运行和经营效果与效益，或者是分机构、部门、团队等单元体整体性的运行效率与结果产出，因此很难将这些组织

---

① 罗宾斯等著：《管理学》，李原等译，中国人民大学出版社2012年版，第10页。

运营过程机制或组织单元体整体运营效果进行明确的量化和分割，而归功于具体的个体领导者。例如长期以来一直为人们所诟病的企业 CEO 薪酬高出普通员工几十倍甚至成百倍，原因就在于无法将组织良好的经营状况完全归功于领导者，因为如果没有得力的下属或高效的组织成员对组织的贡献，领导者是不可能取得具体运营的实际产出和获利的。因此，有关高层领导经营效能的准确测量仍然是亟待进一步深入探索和研究的问题。

4. 未来导向性。未来导向性也即领导职能对组织运营效果影响的长期性和有待实现性。例如，组织的重大决策或战略规划等，往往是一种基于过往经营和当前现实相关信息，对未来若干年的一种运营部署，决策或规划的好坏往往要若干年后才能实现和观察到；再如组织革新，往往是在变革之初会经历短暂的绩效下滑，而且这种下滑的期限往往会因不同组织或不同行业而不同，因此很难短期内去评价由领导者发起和推动的革新的最终效果，有些情况甚至在革新还没完成的情况下，主要领导者就被迫离开组织。显然，针对领导效能的长期性和未来导向性，组织需要建立积极可行的领导效能评估和纠偏机制。

5. 层级差异性。由于组织协调的需要，组织中必然存在层级性。但由于不同层级岗位职能职责各异，因此，不同层级领导职能的实现过程和结果产出必然存在差异。具体来说，层级越低，领导效能越表现为具体的、易衡量的直接结果产出，如：产品生产、销售、客户服务等；而层级越高，领导更多地表现为过程性，因而也就越不易观察和测量，如：战略决策、流程再造等。因此，这表明了领导效能的层级差异性。

第二节　领导效能评估

一　领导效能评估概述

所谓领导效能评估，即在特定时空范围内对领导者的领导行为过程及其产出和效果，进行定量测量和定性评定。领导效能评估本质上是一个对领导职能履行时的过程和产出，进行信息收集而对过程和产出是否达到预期计划、标准和目标的决策过程。由于领导效能受到领导者个人自身因素、组织因素和内外部环境等因素的综合影响，因此，对领导者效能的评估也必定是在特定时间（如任期、考核周期、时代性）和空间（也即特定的地理区域和组织情境）范围内进行。评估的内容，包含在群体和个体层面上的领导过程与行为，以及与这些过程和行为相对应的产出和成果。对于过程和行为大多数情况下只能进行模糊性的定性评价，而对于产出和结果，则既可以进行数量的量化评价，也可以进行质量及其社会效用的评价。为对不同的评价内容进行客观准确的评价，在方法和指标设计上应灵活而有所区别，在评价过程与程序上，则必须保证科学和客观。

在实际操作中，领导效能评估即要回答如下问题：为什么而评估？评估什么？由谁评估？何时评估？如何评估？结果如何用？因此，领导效能评估活动具体包含效能计划、计划实施、评估实施、结果反馈和结果应用等方面。

二　领导效能评估的一般过程与环节

（一）领导效能评估的一般过程

与组织绩效考评和管理类似，领导效能评估也遵循效能计划、计划实施、评估实施、评估反馈和结果应用的发展循环（见图10—1）。而从目标实现和发展提升的目的出发，可以把领导效能评估的一般过程归类为前馈控制、过程控制和反馈控制三个环节。下面分别进行具体阐述。

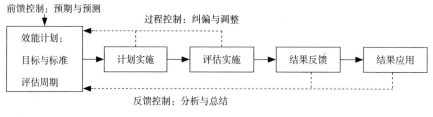

图10—1　领导效能评估的过程与环节

（二）前馈控制

前馈控制即效能计划制定阶段，其作用主要是目标及其实现的预期和预测。包括设定效能预期和目标（如：机构改革、组织业务转型、实现盈利等），对预期目标进行分解，并落实到具体负责部门和个人等；根据具体目标确定效能标准（如：具体职能部门完成撤并，建立新业务研发团队和销售团队，利润同比增长10%等），并确定完成期限，即评估周期（如：月底、季度、年度等）。

需要指出的是，目标预期确定和分解，一方面是组织根据历史经验，自上而下和自下而上综合确定的过程；另一方面也是对组织内外部影响因素预测（如：组织内部人力资源、财务预算，组织外部全球或区域性的经济形势、地区性或国家政治与政策变化等）的基础上进行确定的。组织内外部环境影响因素的预测一方面是预期目标制定的依据，另一方面也为后期计划实施过程中可能出现的问题进行预测，并制定应对策略或应急预案的过程。

目标的合理性（即目标应具有一定的挑战性），实现的可行性（即目标与组织长期发展战略和核心竞争力一致），对不确定性因素的应对能力（即外部适应性，是体现领导效能关键性因素），将影响到领导效能最终达到的水平。尤其要注意对于领导者的政治素质评估方面的关注[1]。

（三）过程控制

过程控制包括领导效能计划实施和评估实施，主要作用在于对目标实现过程的纠偏与调整。计划实施即按照所制定的效能计划，对各评估周期内的各项目标，按照预设的标准和实现路径，实现目标的过程。在效能评估中则是通过多种渠道收集与领导效能相关的各类信息，对目标是否实现并达到预期标准进行分析判定的过程。

无论是计划实施，还是评估实施，本质上都是通过与预期目标和实现路径对照分析，及时反馈，防止组织各单元职能活动偏离预期目标的实现与路径，保证预期目标顺利达成，甚至超预期实现。这个过程对领导者来说，需要做好三件事：①做好人际与职能单元体之间的协调，保持组织目标与行动的整体一致性；②做好资源的调配，给予核心目标优先的支持与帮助；③非预期性事件，特别是危机事件的应对。在出现重大事件时，对组织行

---

① 萧鸣政等：《领导干部政治素质评价标准的研究》，《国家行政学院学报》2018年第3期。

为或目标等做出适宜的调整。

（四）反馈控制

反馈控制主要包括结果反馈与结果应用，主要作用在于进行事后分析，进行原因诊断和对领导效能水平的判定，并做出与效能水平相对应的结果应用的决策，也即分析与总结。分析包括两个方面：①过程分析。对领导者履行领导职能过程中的行为表现，与效能结果进行关联性分析，分析效能结果成功与失败的原因，以及关键影响因素。②结果分析。即把实现达成的目标状态，与效能计划中预期的目标标准进行对照比较，看是否达到了预期目标。过程分析和结果分析的信息将用于新一轮的效能周期计划的制定、实施和评估。

在对结果进行客观评定和分析之后，则需要进行结果反馈沟通面谈，包括：①反馈效能评定的最终结果；②对评定结果和领导职能履行过程进行讨论，并达成共识；③对结果应用的决策（如：薪资和奖励调整、职位调整等）进行讨论并达成共识。

三　领导效能评估的原则

1. 客观公正原则。由于领导效能评估结果直接关系到领导者薪酬福利和职业发展，因此领导效能评估的首要原则即客观公正。这取决于评估信息收集的全面性和准确性，而信息的全面性需要通过多种渠道和多方面收集，准确性则有赖于评价者对被评估对象的知情和评估态度的公平公正性，而且需要在评估的过程中分阶段做好信息的记录，并且一视同仁，对所有被评价者采取相同的流程和方法。

2. 主体知情原则。任何评估都必须是在主体知情的情形下才具有可行性。这意味着，在选择对领导者的效能表现进行评估时，必须选择与领导者有直接接触的人员，如直接上下级、服务对象或外部合作伙伴等。但对于高管级别或政府的高层领导者，由于其行为和日程具有较大的灵活性和隐蔽性，因此对于高管或高层领导者效能的评估，这有赖于组织运营效能信息的披露。如对于上市公司来说，需要对外定期进行公司经营业绩公布，在组织内部也需要进行定期的经营业绩通报与反馈；对于公共部门来说，特别是政府部门，则需要实施信息公开制，对财政使用情况，组织及相关部门和人员的工作行为表现进行内部通报和对外公布等，以使得评估主体能了解组织运营情况，进而对组织领导效能进行评估。

3. 综合性原则。综合性原则具体体现为，对领导效能的评估应该立足于长期可持续发展的角度，在结果上不只看短期的组织运行效率与效果，还需要评估领导者履行领导职能过程中的表现。举例来说，中国 20 世纪末、21 世纪初以来，经济实现了飞跃发展，从国家经济发展的成果来说，举世瞩目，但却是以土地、空气和水资源污染，能源过度消耗为代价的，显然这是因为过度追求结果而忽视过程导致的，虽然实现了短期快速发展，但也即将付出长远代价。此外，综合性原则还体现为不只是局部或某些子单元效能领先，还体现为实现组织或社会整体效能先进。中国的改革开放确实让一部分人先富起来了，但人们也看到在这个经济粗放式快速发展过程中，一些人通过不公平的方式致富的情形。

4. 发展性原则。发展性原则指将领导效能评估的过程与结果，作为领导者优势挖掘与发挥，短板发现与提升的重要途径。通过对领导过程及其行为表现的观察与评估，可以发现领导者的优势特长与行为风格，通过使领导者潜能得到最大发挥，实现效能最大化。通过领导行为过程和成果的分析，发现领导者的欠缺，进而通过领导力开发，以及营造支持性的环境氛围和人员匹配等，达到促进领导者发展提升的目的，进而提升组织效能。

5. 多信息源原则。领导效能评估作为一种组织人员考核职能，实质也即对领导者行为活动和效果进行信息收集、分析和决策的过程。从人类有限理性的视角出发，人类决策之所以不可能精确，既有个人认知能力的有限原因，更是因为人类拥有信息有限性导致的。而信息的全面和准确性，主要取决于从多种信息源收集领导者效能相关的信息，如企业中对管理层效能评估的信息源可能需要包括公司股票市值、第三方机构对组织的评估、董事会对管理层的评估、组织内部员工对领导者的评估等。因此，在领导效能评估中，为了做出准确有效的评价，需要从不同来源获取相关的信息。

第三节　领导效能的影响因素与提升

一　领导效能的影响因素

如前所述，领导效能分别体现在领导者自身和下属两个载体上，在层次上又分别体现在个体水平和群体水平上，因此领导者自身因素、下属特征、组织因素和外部环境因素，在特定的时空域中，都会对领导效能产生影响。下面分别从领导者因素和环境因素两大方面，对这些影响因素进行归类分析。

（一）领导者因素

领导者因素主要指领导者自身的人口统计特征和能力素质等，是领导效能最直接的影响因素。通过对相关研究总结，对于个体领导者，主要包括年龄、任期、教育水平、能力素质和人格特质等；对于群体领导者，则体现在领导集体构成和领导团队特征等，具体如下。

1. 个体领导者因素

（1）年龄。研究表明，年龄可能影响个体领导者的战略决策与目标确定效能。例如，有实证研究表明，年龄与综合新信息的能力和制定风险决策的能力负相关，年轻的管理者与更大的战略改变相联系[1]。这意味着，随着年龄增长，个体领导者在战略决策与目标确定时有可能更为保守，且不愿意冒变革的风险。此外，有关中国地方政府官员的研究也表明，由于年轻官员具有较大的晋升空间和可能性，他们具有更大的积极性和动机去推动所执政地方各项考核指标，特别是地方的经济发展目标[2]。由此可见，基于自身职业发展和自身利益的考量，年轻的个体领导者有可能表现出更强的工作动机，进而实现更好的领导效能。

（2）教育水平。研究表明，领导者的受教育水平和专业学科类别有可

---

[1]　转引自边慧敏、廖宏斌主编《领导学》，东北财经大学出版社2009年版，第216页。

[2]　Gao N, Long C X, Xu L C. Collective Leadership, Career Concern, and the Housing Market in China: The Role of Standing Committees. Review of Development Economics, 2016, 20(1):1–13.

能对领导效能产生影响①。

对于受教育水平，已有研究表明：①领导者的受教育水平与创新正相关，即受教育水平越高，创新的可能性更高；②领导者的受教育水平与团队战略变化正相关，即受教育水平越高，领导者引领组织战略变化的能力相对更强，这种能力对于多样化经营组织，或复杂动态的环境中尤为重要；③受教育水平越高，对组织的国际多样化经营程度的正面影响越大；④受教育水平越高，聚集战略资源的相对效率越高。

对于受教育专业学科类别，主要表现在对领导者认知方式和价值观等倾向性的影响，进而影响领导者的思维方式和行为方式等。例如，研究表明，科学和工程方面的理论专业化与团队战略改变正相关，这意味着经受过科学与工程理论专业训练的领导者，可能具有更好的实施组织变革与对外适应的能力②。且从美国通用电气、杜邦集团和通用汽车等大型集团公司，在第二次世界大战之后的组织变革与管理规范化进程中，都是由一些工程背景的领导者实施的，如：韦尔奇、皮埃尔·杜邦、斯隆等③。

（3）任期。研究表明，领导任期与绩效之间为曲线关系：在领导者任职早期团队往往能够产生绩效提升，之后会进入一个转折点，团队绩效和创新随之下降和减少④。不过，任期较长的领导者似乎支持更多的变革⑤，且与群体凝聚力和共享认知结构存在积极联系⑥，进而有利于组织变革和组织绩效。因此，领导任期与领导效能之间并非简单的积极线性关系，一方面长任期可能有助于领导效能，但这种积极关系有可能因为其他因素的影响，而使得任期长领导者的效能表现下降，因此需要与其他影响因素一起考察。

（4）能力素质。有关领导者能力的研究，一直受到学者们的关注。表

① 转引自边慧敏、廖宏斌主编《领导学》，东北财经大学出版社2009年版，第216页。

② Wiersema M F, Bantel K A. Top Management Team Demography and Corporate Strategic Change[J]. Academy of Management Journal, 1992, 35(1):91−121.

③ 小艾尔弗雷德·D. 钱德勒：《看得见的手：美国企业的管理革命》，商务印书馆1987年版。

④ 转引自边慧敏、廖宏斌主编《领导学》，东北财经大学出版社2009年版，第217页。

⑤ Wiersema M F, Bantel K A. Top Management Team Demography and Corporate Strategic Change[J]. Academy of Management Journal, 1992, 35(1):91−121.

⑥ Hambrick D C, D'Aveni R A. Top Team Deterioration as Part of the Downward Spiral of Large Corporate Bankruptcies[J]. Management Science, 1992, 38(10):1445−1466.

10—2 显示了 20 世纪中期到 21 世纪初期，关于影响领导效能能力素质综述与无分析研究的结果。如表所示，在这些研究中，认知能力（智力）、情绪智力、诚信和责任心等始终是领导效能较好的预测因子，也说明，这些因素可能是领导效能的重要能力素质。

表 10—2 领导能力素质要求主要研究汇总[①]

Stogdill (1948)	Mann (1959)	Stogdill (1974)	Kirkpatrick and Locke (1991)	Zaccaro, Kemp, and Bader (2004)
智力	智力	成就力	驱动力	认知能力
灵敏性	男性气质	毅力	动机	外向性
负责性	调节能力	洞察力	诚信	责任心
主动性	支配性	主动性	信心	情绪稳定性
毅力	外向性	自信	认知能力	开放性
自信	稳健性	负责性	任务知识	宜人性
社交性		合作性		动机
		容忍力		社会智力
		影响力		自我监督
		社交性		情绪智力
				问题解决

（5）个人动机。由于领导者，特别是高阶职位的领导者，职位层级和薪酬福利等都已经达到了较高的水平，生活水平和家庭婚姻都比较稳定，其生存、安全和归属等低层的需要基本上得到了满足，自尊和自我实现需要成为了领导者的主导性需要，此时，组织可以通过特定的激励措施，如：组织设立的领导者荣誉表彰、对领导者卓越绩效的积极认可等，引导和激发与所任职位相关的领导者成就动机。

2. 领导团队的因素

领导团队结构是影响领导效能的重要因素。一般来说同质性团队凝聚力强，决策效率高，有利于常规性任务的处理；其缺点是有可能因信息不够全面而导致决策偏差，创新性不足等。异质性团队成员具有多样化的信息，能带来多样化的观点，有利于创新；其缺点是有可能导致决策效率低下，甚至是领导团队冲突和凝聚力低。此外，团队规模也是影响领导效能的一

① 转引自Northouse, P. G. (2012). Leadership: Theory and Practice (6th EDs). California: SAGE Publications, Inc., p. 23, 有删减。

个因素，人数太少，则信息量和能力结构等不足以实现预期目标；人数太多，则增加了人际协调的困难，且有可能出现人员冗余浪费。总之，合理的知识结构、经验结构、能力结构和个性特征结构，是高效领导团队的必要条件。

（二）情境因素

1. 组织内部环境因素

组织环境因素可以分为组织物理环境（如：办公环境、工作设施、办公地点及其周边环境）和社会环境（如：群体构成环境、组织文化、任务特征、人力、物力、财力资源等）两方面。对于物理环境，如办公地点离组织成员居住地远近有可能影响到成员的工作时间和效率，办公室舒适的工作环境影响员工的心境，办公设施对工作效率的影响等。而对于社会环境，如等级化的组织结构影响决策与工作效率，开放良好的组织氛围和包容试错的组织文化有利于组织创新，工作任务复杂性或不同的群体任务类型（如：决策、创意、生产等），以及组织目标设定的合理与否，都影响到个体或群体的效能表现。

2. 组织外部环境因素

世界进入信息技术时代，世界经济全球一体化，如人们所说，唯一不变的就是变化。环境的动态性、复杂性和不确定性，已经成为世界各国和各类组织，经济发展与运行的重大挑战。因此，在当前时代，对环境复杂性和不确定性的应对，是决定领导效能高低的重要因素。组织外部环境因素大致可以分为三大类：①经济形势因素。一个地区、国家及至全球的经济形势，将对组织绩效产生重大的影响。如 2007 年萌芽于美国的全球金融危机，2008 年对中国的经济发展产生了明显的影响，中国经济增长明显放缓，对各行业，如外贸、房地产等，产生了较大的影响。②政策法规环境。一方面是完善有效的政策法规环境能够促进组织良好运营，另一方面不良的政策法规或执行不力，则有可能抑制经济发展。如：对知识产权的保护、税收政策、关税政策、货币金融调控政策等。③行业环境。包括行业发展阶段与现状、行业竞争态势、科技创新与技术应用等。

总体上，组织内部环境因素是领导者可控的因素，而组织外部因素则通常是领导者难以控制的因素。一般来说，领导者必须通过内部环境的调整或变革，以响应和适应外部环境对组织运转的影响。

二 领导效能的提升机制

领导者作为领导效能的载体,其效能高低受到领导者动机、能力和环境共同的影响,因此,领导效能提升可从领导者激励、领导者能力素质提升和有利组织结构与情境的创设三个方面进行。

(一)建立有效的领导者激励机制

由于领导效能,特别是层级越高的领导者,难以量化精确衡量,因此其效能的变化不易得到实质性测量。对于中基层管理人员的激励,请参照第8章相关内容。在此,主要对组织中的高层管理人员的效能提升,进行相应的阐述。

1. 建立未来导向型效能激励机制

未来导向型效能也即组织发展型效能,是对领导者,特别是高层领导有效性最为关键和核心考量标准,因为生存和可持续发展是任何一个组织永恒的命题。无论私营部门还是公共部门,在对领导者绩效评估都经历了从注重短期经济绩效,到注重长期可持续发展绩效评估的转变。以中国为例,改革开放四十年,各级政府的核心目标即经济发展,唯 GDP 指标为是,进而导致资源过分消耗,环境污染、气候恶化等严重问题。因此,党的十六大以来提出了"科学发展观"、"绿色 GDP",以及十八大以来提出的"创新、协调、绿色、开放、共享"五大发展理念,都强调了经济与社会的可持续性发展,相应地也成为了对政府及其相关机构领导人员绩效评估与激励的重要指标和依据。在私营部门,诸如平衡计分卡等绩效管理思想和方法的提出,以及对高管普遍实施的期股和期权等都强调了对组织长期可持续发展的重视。正因为在很大程度上,领导者,特别是组织高层领导者对组织的发展方向和战略具有极大的影响,因此,从组织长期可持续发展的角度上,需要设置与组织创新和变革相关的薪酬与奖励制度与内容,激励领导者着眼于组织的长期可持续发展效能的提升。

2. 与组织成员业绩关联性激励

如前文所述,领导效能具有间接性的特点,因为领导者的主要职能是目标设定、资源配置、人际协调和人员激励[①],主要表现为对组织目标实现

---

① Barnard, C. The Functions of the Executive. Cambridge, MA: Harvard University Press.1938.

的过程控制，因此领导效能的好坏实际上体现为，领导者与成员之间的互动和人员激励上。因此，组织需要建立领导效能与组织成员业绩和组织单元体整体效能相关联的激励机制。例如，部门主管的绩效奖励部分取决于部门所有成员的平均绩效表现，领导者的利益组织或部门整体利益关联等。

3. 领导者自我激励

相对于中基层领导者和一般员工，由于高层领导者无论是经济还是职业发展，都已经达到了相当的高度。因此，从需要层次上来说，组织中的中高级领导者的生理与安全等低层次需要都已得到了满足，更多地表现在了自尊和自我实现等高级需要。但由于中高层领导者处于组织层级的顶端，其工作具有综合、长远性，每天处理的事务繁重复杂，但却无直接定期的评估反馈，因此，处于组织高层级的领导者更多的时候需要进行自我激励。这种激励主要来源于个体自身的成就动机、事业心、责任感，以及从工作中感受到的满足感和乐趣等。

总体上来说，由于组织高层领导者是组织资源和发展方向的决策者和管理者，对组织成效，以及发展和命运影响极大。从当前国内外的实践来看，对高级领导者的激励一般都是综合激励模式，如：年薪制短期激励，期权和期股的长期激励，加上组织精神嘉奖和认可，以及社会媒体和业界人士的赞许和认可等。这种综合激励模式的采用，也说明了领导者效能内容及其评估和发展的复杂性。

（二）领导者能力素质提升与领导者继任计划

领导者能力素质提升分为自我开发和领导者继任计划两大类。

1. 领导者能力素质的自我开发

主要是领导者个体根据自身的职业定位和职业生涯发展需求，自己主动寻找相关途径提升自身能力素质的过程。形式包括向内部领导者观察模仿学习，参与组织内部的群体性学习活动，职能技能开发与培训活动，继续教育和阅读学习等。

2. 基于能力职位层次差异的领导力开发

美国学者 Katz（1955）[①] 提出，领导效能取决于基本技能，而不是人格

---

① Katz R L. Skills of an Effective Administrator [J]. Harvard Business Review, 1955, (1):33-42.

特质。领导者应具备的三种基本技能，分别是技术技能、人际技能和概念技能，且这三种技能因领导者职务层级不同其必须具备的水平要求也不同。一般来说，基层领导者需要具备更多的技术技能，其次是人际技能，而概念技能相对更不重要；中层领导者最重要的是人际技能，次之是概念技能，技术技能则相对不重要；而对于高层领导者来说，最重要的则是与愿景使命和战略制定相关的概念技能，次之则是人际技能，既包括组织内部人员协调，也包括对外的联系与沟通，最不重要的则是技术技能，因为高层领导者并不直接从事生产与服务活动（见图10—2）。因此，组织在进行领导技能开发中，需要根据层级制定差异化的开发计划。

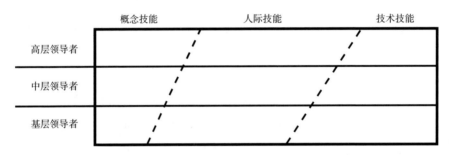

图10—2 不同层级领导者技能水平要求

3. 建立正式规范的组织领导继任开发计划

包括有针对性和有目的性领导者轮岗和多任务培养计划，建立有效的导师制和教练计划，建立不拘一格的领导人才任用机制等。在当今全球一体化和环境复杂不确定的环境中，领导继任开发计划不应该成为特权，而应该由传统的个别领导者或高层领导者培养开发，转变为全员式领导力开发，以图建立全员领导式组织（leader-ful organization）和实践[1]，进而把单个领导人才开发培养计划转变成领导人才波递进式培养机制[2]。

（三）建立集体性领导体制机制

在信息技术革命时代之前，世界政治和经济环境相对稳定，经济全球

① Raelin J A. We the Leaders: In Order to Form a Leaderful Organization [J]. Journal of Leadership & Organizational Studies, 2005, 12(2):18–30.

② 大卫·克拉特巴克：《高效继任规划：如何正确识别和培养领导者》，中国电力出版社2015年版。

一体化格局尚未成型，组织依赖于单一领导者的领导体制机制具有较好的可行性。然而，在人类进行信息技术和全球一体化时代之后，无论是社会，还是经济政治，它们的共同特征就是快速变化动态性和不可预测性，在这样的时代和环境背景下，任何组织的正常运转和发展，都不是单个领导者能够独立完成的任务，因此，集体/团队领导则成为当今时代组织领导形式的必然选择。具体来看，集体性领导体制机制体现在两个方面：①各层级领导团队或领导班子的建设；②领导职能的集体运行机制。

首先，在领导团队或领导班子建设方面，建立高效能领导集体或团队的总原则是"思想统一，能力互补"。所谓"思想统一，能力互补"，即领导集体或团队成员，特别是正、副职搭配，在思想观念、管理理念、价值观和目标与使命认识上必须一致，但在性格和能力上则需互补。在正、副职搭配上，典型例子如苹果公司的乔布斯与库克，两人对公司目标和愿景的认知具有一致性，但两人在性格特质和工作风格上却是两极差异；再如阿里巴巴的马云能言善辩、天马行空，而其搭档陆兆禧则安静爱思考、决断力和执行力强，两人被员工形容为一个"外星人"和一个"地球人"，但两人对互联网的认识却高度一致。关于领导集体建设，中国政府及相关机构的集体领导体制则是这方面的典范。具体表现为 2014 年 12 月中共中央办公厅印发的《2014—2018 年全国党政领导班子建设规划纲要》明确指出，"把坚定理想信念作为第一位任务，……选优配强各级领导班子，加强党政正职培养选拔，保持领导班子合理年龄结构，优化领导班子知识专业经历结构，合理配备女干部、少数民族干部和非中共党员干部"[①]。也即中国政府及各类机构在领导班子配备中，在思想信念上要坚定一致，但班子成员间在年龄、专业经历、性别等方面则强调了多样互补性，在实践中证明了这种集体领导结构的高效和优越性。

其次，在领导职能的集体行动机制上，总体原则为"尊重差异，平等独立参与；集体民主决策，分工负责"。尊重差异即认同领导集体不同成员具有不同的知识、经验、能力特长与欠缺、个性特征等，不因这些差异而对不同成员差别对待。集体民主决策即充分发挥每个领导集体成员的知

---

① 见"中共中央办公厅印发2014—2018年全国党政领导班子建设规划纲要"网址：http://politics.people.com.cn/n/2014/1225/c1001-26270868.html.

识、经验、能力和个性优势，不带偏见地让每个成员表达自己的主张和见解，集体商议，消除异议，整合共识。分工负责即决策共识一旦达成，则领导集体成员根据各自的职责分工，充分发挥各自的聪明才智，在集体成员的支持与互助下，高效实现预期目标。中国集体领导体制中的集体分工协作机制、集体调研和集体决策机制等，正充分体现了集体领导协同机制的优势。

总之，集体或团队领导机制已经成为当前复杂多变环境中组织领导机制的必然选择，这也正体现在西方学术界正在兴起的对集体主义领导机制的研究中，如西方学者们提出的共享领导、网络领导、复杂性领导等。集体式领导的核心即"去领导者中心"，这与当前学术界和实践所提倡与实行的领导授权和扁平化组织结构的理念是一致的。

（四）建立有效组织结构与应对机制

在环境高度动态变化、复杂和不确定的情境下，组织需要提升自身的环境适应能力，也即提升对环境变化的迅速的响应能力和变革机制。通常来说，这些机制包括授权和分权化、扁平化组织、建立应急预警和应对机制、灵活的工作与雇用方式等。

在这些机制中，授权和组织结构扁平化，是组织环境适应力提升的基础。由于员工通常直面市场和客户，他们掌握了市场与客户的直接信息，给予他们充分信任并授予必要的决策权，有利于组织在迅速变化的环境中抓住市场机会，积极应对非预期事件。而组织结构扁平化，通过组织层级的减少以及网络交叉联结，有利于信息的传递，而且扁平化的一个特征之一即组织工作任务团队化，团队化将有利于提升组织的灵活动态性，这也是近些年来团队化越来越受到组织欢迎和普遍采用的原因所在。通过分权化、团队制灵活的工作方式、组织结构扁平化信息传递的优势，结合大数据技术、人工智能技术等，建立高效的组织应急预警和应对机制。

最后，需要关注的是，工作场所正在发生的变化。伴随经济全球一体化的特征是，组织边界模糊化甚至消融。在知识技术高速迭代变化，颠覆式创新此起彼伏的时代，组织已经不可能面面俱到，这也是自第二次世界大战后美国许多组织由原来的多样化经营，回归专注核心业务的原因。但创新往往又需要跨学科、跨领域，这就促进了组织之间打破边界，互利合作。这些合作不仅仅是技术和产品研发与创新，甚至包括人力资源的共享。而且未来的组织势必需要在工作任务的全职员工完成、外包和众包之间做出选择，未来的工作场所将更加地开放无边界，将有越来越多的组织采用第三方人力资源共享平台，在全球范围内搜罗优秀人才，并为之所用[①]。这需要组织建立更加灵活的用人、评估和激励机制。

本章小结

本章阐述了领导效能及其评估的概念内涵，领导效能的具体表现和特征，深入阐述了领导效能评估的一般过程与环节和领导效能评估的一般原则，在综合分析了影响领导效能的个人和情境因素的基础上，介绍了领导效能提升的主要途径。

首先，本章认为领导效能指特定群体执行基本任务分工所取得的成功的程度，包括群体及其成员行为表现、工作效率和效果等，具体体现为目标的达成、流畅的组织内部运行过程和外部适应性与组织革新。

领导效能可以从领导者和组织成员、群体和个体两个维度和四个方面进行分类与评估。领导效能具有全局整体性、过程间接性、不易量化与精确测量、未来导向性和层级差异性特征。

其次，本章认为，通过在特定时空范围内对领导者行为过程及其产出和效果的定性定量评定，领导效能评估能起到领导效能监控纠偏和提升的作用。

领导效能评估的一般过程包括效能计划、计划实施、评估实施、结果反馈和结果应用五个基本环节，效能计划属于前馈控制，计划实施和评估实施属于过程控制，结果反馈和结果应用属于反馈控制。

通过前馈、过程和反馈控制形成一个完整的领导效能有效控制环和体系。领导效能评估与管理需要遵循客观公正、主体知情、综合性、发展性和多信息源的原则。

最后，整体上，影响领导效能的因素包括领导者因素和情境因素。其中，领导者因素包含领导者个体因素（如：年龄、教育水平、任期、能力等）

---

① 约翰·布德罗、瑞文·杰苏萨森：《未来的工作：传统雇用时代的终结》，机械工业出版社2016年版。

和领导集体因素有领导集体规模、氛围和凝聚力等；情境因素包含组织内部环境因素（如：工作物理环境和组织社会环境）和外部环境因素（如：经济形势、政治法规和行业环境）的影响。

组织可以通过建立未来导向型和把领导者个体绩效与组织成员业务相关联的激励机制，领导者能力开发和组织人才梯队建设与领导继任开发，建立集体性领导体制机制，以及建立有效组织结构和应对机制等途径，提升领导效能。

案例与讨论
建立领导干部科学有效的绩效考评体系 [①]

材料一　党政干部考核制度建立完善

从 1979 年《关于实行干部考核制度的意见》正式提出对党政干部进行定期考核，到 1988 年制定《县（市、区）党政领导干部年度考核方案》和《地方政府工作部门领导干部年度考核方案》；从 1989 年出台《中央国家机关司处级领导干部年度工作考核方案》，到 1995 年下发《关于加强和完善县（市）党委、政府领导班子工作实绩考核的通知》，再到 1998 年颁布《党政领导干部考核工作暂行规定》，对干部考核的方式、内容、程序等进行规范……坚持继承与创新相结合，积极推进干部考核评价工作的科学化、民主化和制度化，始终是贯穿党的干部工作的一根红线。

2000 年 8 月，中共中央批准下发《深化干部人事制度改革纲要》，明确提出要建立健全党政领导干部定期考核制度，研究制定以工作实绩为主要内容的考核指标体系。2002 年 7 月，中共中央印发《党政领导干部选拔任用工作条例》，规定了党政领导干部应当具备的六项基本条件，以及干部考察的内容、范围、方法、程序、参与人员等，对建立健全科学的干部选拔任用机制和监督管理机制，发挥了重要作用。

当前，各级领导干部的工作作风、思想观念、精神状态总体是好的，在改革开放和现代化建设中付出了极大的努力，做出了显著成绩。但也应

---

① 改编自《探索建立体现科学发展要求的干部考核评价体系》，见http://www.cctv.com/news/china/20060126/100032.shtml

当看到，一个时期以来，一些地方片面强调经济数据和经济指标，一些干部热衷于上项目、铺摊子，搞华而不实、劳民伤财的"形象工程"、"政绩工程"，给地方发展造成了长期的包袱和隐患，侵害了群众利益，影响了党群、干群关系。

材料二 党政干部综合考核评价办法的出台

根据中央的统一部署，中央组织部从 2004 年开始，就建立体现科学发展观要求的干部综合考核评价办法，进行了一系列调研。上半年，在国家统计局的参与下，结合省部级后备干部考察工作，就地市党政领导班子工作实绩考核评价办法进行研究，并选择 7 个省区、27 个市州进行试点；10 月，成立干部政绩考核评价工作协调小组及专题调研组。随后举办有 15 个省区市党委组织部门、12 个中央国家机关负责人和部分专家学者参加的专题研究班，就干部政绩考核评价体系进行了深入探讨。

2005 年，构建科学的干部综合考核评价体系步伐进一步加快。专题组在组织人员赴国外调研的同时，邀请专家学者讲课，广泛听取意见。5 至 7 月，选择内蒙古、浙江、四川三省区的 28 个县（市、区）进行试点。8 至 9 月，又在三省区的 8 个地级市进行试点。试点中，共考核地方党政领导班子 51 个，党政领导干部 504 名，其中党政正职 71 名；先后有 4886 人参加个别谈话，8223 人参加民主测评，12117 人参加民意调查。

试点选择的地区，既有东部的，也有中西部的；既有发达地区的，也有欠发达地区的；既有情况相对简单的，也有情况较为复杂的。专题组有关负责人对试点安排作出这样的解释："在我国特定的国情条件下，新的考核评价办法必须能够经受不同情况的检验，并根据反馈的意见不断完善。"

与现行的干部考核评价方式相比，试点地区推行的干部综合考核评价办法到底有哪些新的发展？

中央组织部有关负责人介绍，试点采取的综合考评办法，坚持以德才素质评价为中心，立足选准用好干部，包括了民主测评、民意调查、实绩分析、个别谈话和综合评价五个基本环节。试点中，各地在继承传统的基础上进行了大胆创新，并在实践中逐步得到规范：

——民主测评。针对以往民主测评存在的测评内容比较笼统、参加测评人员准备不足、测评结果运用不充分等问题，各地采取了分类设计和规范测评内容，提前发放评价要点和民主测评表，运用计算机技术对测评结果进行数据分析并形成简洁直观的线性分析图等方式，进一步提高了民主测评的效果，保证了测评结果的有效利用。

——民意调查。让广大群众参与到领导干部选拔任用和考核过程中。为了更好地体现群众的参与性和代表性，内蒙古、浙江、四川三省区比较实验了多种具体方式，包括"两代表一委员"（基层党代会代表、人大代表、政协委员）问卷调查、入户调查、网上调研、座谈会调研等。通过比较试验，最终形成了共识：对县级以上地方党政领导班子和领导干部进行民意调查，参与范围以来自基层的"两代表一委员"为主；调查的适用对象以党政领导班子、班子正职和拟新提拔人选为主；调查的内容既可以是领导班子的工作状态和工作成效，也可以是领导干部的作风形象；调查结果以群众的认可度来体现。

——实绩分析。在内容设计上，坚持树立和落实科学发展观，紧扣物质文明建设、政治文明建设、精神文明建设、和谐社会建设和党的建设几个方面，提炼出核心指标。在实绩分析操作方法上，将有关职能部门能够提供、可以量化的指标，由统计部门归口综合统计分析；将难以量化的有关内容，整合到民意调查中进行，通过群众满意度来检验；在实绩分析结果运用上，既重统计数据，又重群众评价；既重增长速度，又重发展质量；既重当前成果，又重主观努力和客观条件；既重纵向比较，又适当进行横向比较。

——个别谈话。增强这种传统考评方式的针对性和深入程度，进一步提高个别谈话质量。

——综合评价。充分运用各个考察环节成果，在全面掌握考评信息的基础上，采取类型分析、数据分析、比较分析、历史分析、环境分析等方法，通过考察组集体研究，客观公正地对领导班子和领导干部作出评价。

这五个环节环环相扣，相辅相成，每个环节都注重以科学发展观和正确政绩观为指导，使科学发展观成为贯穿干部综合考核评价全过程的思想红线，得到试点地区干部群众的充分肯定。

材料三　上海：环保纳入干部考核 公众满意度将成重要指标

上海市环保局 2006 年编制完成的 2006—2008 年"上海新三年环保行

动计划"中，准备将环境指标纳入干部的考核体系。2006 年以来，上海部分区县逐步推行这一考核机制。浦东新区制定了环境保护实绩考核试行办法，将区下属各部门和陆家嘴、金桥、外高桥、张江 4 个功能区域列为一级考核对象，各开发小区和各街镇为二级考核对象。

　　一级考核项目分为日常环境保护、环境与发展综合决策、执行环保法律法规、目标任务完成情况和解决环保突出问题、环保实绩 5 类；二级考核项目分为环境政策法规执行、环境质量、目标任务完成情况和解决环保突出问题、环境污染事故、公众满意度 5 类。为体现可操作性，考核办法规定，一级考核对象采用年度考核方式，二级考核对象则采取年度与季度考核相结合方式。其中，环境质量指标每季度考核一次，其他指标每年度集中考核。考核结果分为优秀、良好、合格和不合格 4 个档次，纳入机关目标管理体系，由组织人事部门会同环保部门负责具体实施。

　　另外，嘉定区将环保工作列入各街镇党政正职年度绩效考核，并在20% 的年度社会发展综合考核中确定一定比例。宝山区政府则建立了区、镇、街道、工业园区以条为主，条块结合的环境保护责任考核体系，把块上的环境目标列入区政府对镇、街道、工业园区经济、社会事业发展的总体考核之中，考核结果直接与被考核单位领导的工作实绩与奖励挂钩。而闵行区在考核中实行倒扣分制，依据镇、街道与区政府签订的 2005 年环保目标责任书的完成情况进行考核，每扣一分，将相应扣减领导干部的基本奖、财政收入奖等。

　　此次新一轮三年环保行动计划，不仅将环保指标纳入干部考核体系，而且考虑将"公众满意度"作为重要评价指标，让老百姓评价当地政府的环保业绩。据悉，该市环保局目前正积极与组织部门交流沟通，以探讨一套科学合理、切实可行的运作方法。

讨论

1. 结合本章内容，试述一个科学的领导干部绩效考评体系包含哪些内容？

2. 政府和公共部门领导干部的绩效考评有哪些突出的特点？在领导干部绩效考评实践中应该如何实现？

3. 结合当前中国经济社会发展的现状，分析讨论 2006 年以来，中国政府和公共部门领导干部绩效考评发生了哪些变化？优缺点分别是什么？

参考文献

边慧敏，廖宏斌主编：《领导学》，东北财经大学出版社 2009 年版。

大卫·克拉特巴克：《高效继任规划：如何正确识别和培养领导者》，中国电力出版社 2015 年版。

胡鞍钢：《中国集体领导体制》，中国人民大学出版社 2013 年版。

罗宾斯等著，李原等译：《管理学》，中国人民大学出版社 2012 年版。

苏保忠：《领导科学与艺术》，清华大学出版社 2009 年版。

小艾尔弗雷德·D. 钱德勒：《看得见的手：美国企业的管理革命》，商务印书馆 1987 年版。

非德勒，加西亚：《领导效能新论》，三联书店 1989 年版。

吉姆·柯林斯，杰里·波勒斯：《基业长青》，中信出版社 2009 年版。

约翰·布德罗，瑞文·杰苏萨：《未来的工作：传统雇用时代的终结》，机械工业出版社 2016 年版。

萧鸣政等：《领导干部政治素质评价标准的研究》，《国家行政学院学报》2018 年第 3 期。

人民网"中共中央办公厅印发 2014—2018 年全国党政领导班子建设规划纲要"网址：http://politics.people.com.cn/n/2014/1225/c1001-26270868.html.

Barnard, C. (1938). The Functions of the Executive. Cambridge, MA: Harvard University Press.

Gao N, Long C X, Xu L C. Collective Leadership, Career Concern, and the Housing Market in China: The Role of Standing Committees[J]. Review of Development Economics, 2016, 20(1):1-13.

Hambrick D C, D'Aveni R A. Top Team Deterioration as Part of the Downward Spiral of Large Corporate Bankruptcies[J]. Management Science, 1992, 38(10):1445-1466.

Katz R L. Skills of an Effective Administrator[J]. Harvard Business Review, 1955, (1):33-42.

Nahavandi A. The art and science of leadership [M]. Prentice Hall, 2006, p. 5.

Northouse, P. G. (2012). Leadership: Theory and Practice (6th EDs). California: SAGE

Publications, Inc.

　　Raelin J A. We the Leaders: In Order to Form a Leaderful Organization[J]. Journal of Leadership & Organizational Studies, 2005, 12(2):18−30.

　　Wiersema M F, Bantel K A. Top Management Team Demography and Corporate Strategic Change[J]. Academy of Management Journal, 1992, 35(1):91−121.